A World History of Philosophy and Religion

哲學與宗教全史

人類三千年的思考之旅

立命館亞洲太平洋大學校長
出口治明 著
黃詩婷 譯

序言

為什麼現在要了解哲學與宗教？

1 哲學與宗教是人類智慧的泉源

那名男子坐在像是岩石的地方、右手肘支在左大腿上，略略低著頭，右手手背還抵著下巴。這是羅丹非常有名的雕刻作品《沉思者》——這副模樣的確像是沉浸在思考中。

但這個人究竟在想些什麼呢？據說羅丹本人將這座雕像命名為《詩人》，但在他死後，作品卻被改稱為《沉思者》。

會改名為《沉思者》，據說是翻鑄這座雕像的工匠盧第耶（Rudier）的想法。

另外，法國有位哲學家帕斯卡也曾說過：「人類是會思考的蘆葦。」

如果以動物的角度來看，就會發現人類並不高大，也沒有尖牙利爪；既不擅長爬樹，跑得也沒有多快，更無法在水中生活。即便如此，人類仍能成為地球霸主的原因，正是在於具備「思考力」這項最有力的武器。

思考再思考，人類征服了自然、創造了文明，進而產生文化；同時，幸與不幸也接踵而來。不管在哪個時代，人類總是在思考。其中少數具有卓越思考力的人們，創造了世界、人生、死後世界的抽象概念與思維，並將此做為人生意義的寄託。大致上來說，我認為這就是哲學與宗教逐漸形成的過程。

羅丹
（1840-1917）

「不過人類早就踏上月球，人工智慧也越來越發達，應該不需要什麼哲學或宗教了吧？思考世界、人生、死後世界之類的有什麼用呢？先別說其他的，這些東西很複雜吧？」

抱持著這種想法的人，我想應該不少吧。

但人類也具備了編織夢想、希望和理想的理性（思考力）；只要有愛憎等情感，就會有無止盡的煩悶與苦惱。如此一來，無論身處任何時代，都需要哲學與宗教。從這個角度來看，「為何需要了解哲學與宗教？」這個問題，其實是人類自古以來反覆提出的疑問。時至今日，恐怖攻擊橫行、難民問題擴散全球，同時也有進入網路社會後才出現的匿名誹謗、對「非我族類」抱持偏見與憎惡等情況，這些問題可說日益嚴重。

《沉思者》

在這樣的時代，哲學與宗教是否能成為人類的力量？如今全球各國都迎來了新時代或新局面，因此我希望大家能針對這一點，回到原點好好思考。

有一次，我問某位哲學家友人：「為什麼你會專攻哲學呢？」對方回答：「因為這是思考世界一切事物的學問。」

現代的學問分類非常細緻，重視的是「小題大作」，甚至許多人一旦關進學術象牙塔，就再也出不來了；另一方面，這種現象也使得完整理解世界的必要性更加獲得凸顯。我非常喜歡歷史，每次想要著手解析人類悠久的歷史時，就會發現有無數哲學家曾挑戰全面性地理解世界，也有許多宗教家希望能拯救所有恐懼疾病、爲老死而奮戰的人們。

這些打算完整掌握世界、拯救世上痛苦黎民的偉大先進們，各自擁有什麼樣的思想與事蹟呢？這正是本書想介紹給大家的。如果本書能稍稍做爲各位理解世界時的參考，對身爲作者的我來說，可說是至高無上的愉悅。

另一方面，我也有以下的想法。

在各式各樣的商業領域裡，經常帶來工作靈感、遇上瓶頸時能提供全新創意的，往往不是該業種的專業知識和數據，而是性質完全相異的世界歷史。從這個觀點來看，學習那些誕生於人類知識糾葛中的哲學與宗教，對於商場來說，應該也很有利才是——這也是我撰寫本書的目的之一。我認爲哲學和宗教，至今仍是人類智慧的泉源之一。

說不定各位會覺得「哲學和宗教的差別明明就很大」或「有哲學應該就夠了」。針對這樣的疑問，答案其實非常簡單。不論是伊本．西那、湯瑪斯．阿奎那，還是康德等偉大的哲學家，都曾投入大量精力，解析哲學與宗教之間的關係，這是由於從歷史事實的角度來看，哲學與宗教的關係原本就難分難解的緣故。

出於某些偶然，我在花甲之年成立了一家新創企業，而它也是日本在第二次世界大戰後，第一家以個人之力從零開始創立，且不屬於任何企業旗下的人壽保險公司。

當時我經常思考的就是：與人類生死相關的「人壽保險」究竟是什麼？這個問題其實基礎得不得了，而我得到的結論是「想打造一個保費只需要現行金額的一半，就能讓保戶安心生養育兒的社會」。爲了達到保費減半的目標，因此只透過網路，也才有了全球第一家網路人壽保險公司。這不只需要人壽保險相關的知識與技術力，對人類生死、種族存續等方面相關的哲學和宗教性考察，也幫了我不少忙。

就在即將步入古稀之年時，又因爲幾個不可思議的偶然，我在日本首次舉辦的國際性校長公開遴選活動中，獲推舉出任立命館亞洲太平洋大學（APU）校長。APU的六千名學生中，有半數是來自全球九十二個國家地區的留學生，換言之，是一個宛如「年輕版聯合國」的「小小地球村」。

當然，校園中的宗教信仰也是五花八門。在APU工作後，對於這個世界的多樣化（或說差異性）可說深有所感，而我也才眞的明白了李維史陀所說、「出生成長的社會環境會形塑一個人的意識思想」是什麼意思。回顧過往，我人生的每個重大轉折，總是有哲學或宗教相關的智識助我更進一步。

既然如此，理解哲學與宗教的大致流向，對商場也勢必有所幫助。

一般認爲，「神」這個概念大約誕生於一萬兩千年前的馴化時代（由狩獵、採集社會轉型爲定居的農耕與畜牧社會）。自此以後，人類的大腦似乎就沒有再繼續演化。西元前一千年左右，可能是世界上首位宗教家的瑣羅亞斯德誕生於波斯地區；西元前六二四年左右，哲學家泰利斯誕生在希臘地區。之後超過兩千五百年的漫長歲月裡，有許多宗教家及哲學家登上世界舞臺。本書盡可能收錄他們的肖像，因爲我希望各位能透過他們的樣貌，感受他們在各自所處的時代環境中思考或煩惱些什麼、如何度過人生。蘇格拉底、柏拉圖、笛卡兒，或是佛陀、孔子等人，都是大家的鄰居。他們與你我相同，是有血有肉的人類，他們的生活方式或許也有値得大家參考之處。

2 話說回來，什麼是哲學？什麼是宗教？

人類從一開始就抱持的兩個疑問

要分別給予哲學與宗教適當的定義是非常困難的。

因此，與其問「哲學是什麼」「宗教是什麼」，不如從人類自古至今不斷探問的問題來思考。大致上，這些問題可以歸納成以下兩個：

- **世界是如何形成的？世界是什麼所構成的？**
- **人類從何處來？該往何處去？又是爲何而生的？**

《我們從何處來？我們是誰？我們向何處去？》

高更
（1848-1903）

夜晚的森林裡一片黑暗，晴朗的夜空中能看見所有星星；不管季節如何變遷，始終在生死夾縫中來去的人類，也許終生都抱著這樣單純的疑問吧。十九世紀末，法國畫家高更在法國領土大溪地畫著一幅畫。當時的高更因病即將離開大溪地，而這幅作品有個很長的標題：《我們從何處來？我們是誰？我們向何處去？》

高更認爲這幅畫是自己畢生傑作。而人類這單純的疑問，想必也將超越時代，一直存在。

世界是如何形成的？人類從何處來，又該往何處去？

即使一次次試誤，仍努力回答這個根本問題的，正是哲學與宗教——雖然我很想直接這樣告訴大家，接著就進入本文；不過在那之前，我們還是先看一下「哲學」和「宗教」這兩個來自西方的詞語是如何擁有東方定義的吧。

如何定義「哲學」與「宗教」？

【哲學】①（philosophy）拉丁字根「philosophia」是「愛智」之意。西周認為其意義為冀求賢哲之明智，並依據周敦頤所說的「士希賢」，譯為「希哲學」，之後便固定譯為「哲學」。從整體掌握並理解事物根本原理之學問。在古希臘時期用來表示一般學問；到了近代，由於各學科的分化和獨立，因此逐漸演變為批判性思索各學科之意；或指以建立基礎，追求學問、世界、社會關係、人生等原理為目標的學問。包含認識論、倫理學、存有論、美學等主題。②一般而言，指透過經驗等建立的人生觀與世界觀，及貫串整體的基本思考方式、思想。

以上文章引用自《廣辭苑》第七版。稍微說明一下，西周是日本明治時代的啓蒙思想家，他將畢達哥拉斯首先使用的希臘語「philosophy」譯成「哲學」，《廣辭苑》裡頭寫的就是這段經過。

或許大家都知道「philosophy」這個字的意思是「愛（philo）智慧（sophy）」。譯爲「愛智學」應該也不錯，但或許是覺得這樣太直白了，因此借了宋明理學的開山祖師爺周敦頤說過的「士希賢」，譯爲「希哲學」。「希」有「冀求」之意；「哲」則有「智慧」「事理」之意。換句話說，「希哲學」的意思就是「冀求智慧之

西周
（1829-1897）

學」，是新創的詞彙。之後爲了更容易傳誦，便逐漸改稱呼爲「哲學」。

接下來，關於宗教，同樣引用《廣辭苑》的說明。

【宗教】（religion）神明或某種超越性的絕對存在。與卑俗之物有所區隔及禁忌之神聖事物有關的信仰、活動、制度及其體系。皈依者會經營精神性的共通社群（教團）。包括：泛靈論、自然崇拜、圖騰崇拜等自然宗教；特定民族所信仰的民族宗教，以及如佛教、基督教、伊斯蘭教等世界性宗教。大多具備經典、教義、典儀等形式。有創教者的宗教稱做「人為宗教」，以與「自然宗教」區別。

「宗教」這個詞彙的出現，是因爲需要翻譯幕府末年時進入日本的「religion」一字。「religion」是英文，字源是拉丁文的「religio」，是由表示「再次」的字首「re」，加上有「連結」之意的「ligare」而成，應該是想用來表示「讓神與人再次連結的事物」吧。然而關於「religion」該怎麼翻譯，自幕府末年到明治初期，意見始終分歧。據說當時還有「宗門」「法教」「教門」「神道」「聖道」……等各種不同的譯名。一八八四年修訂出版的《哲學字彙》一書中，將「宗教」做爲「religion」的固定翻譯，後來也就沿用至今。

前面雖然以詞典說明了哲學與宗教的定義，但總覺得有點難以理解；因此我們繞點路，回頭用英英詞典查詢一下「philosophy」和「religion」的定義吧。我使用的是《牛津高階英語詞典》縮印版。這部詞典最初是在一九四二年由英國牛津大學出版社所出版，廣爲各國使用。

〔phi-los-o-phy〕（n.）love of wisdom and the search after knowledge, esp, of the cause of natural and phenomena, the facts or truth of the universe, and the meaning of existence.

（對智慧的熱愛與對知識的追尋，尤其是對自然與現象的起因、宇宙的真實或真理及其存在意義。）

〔re-li-gion〕（n.）belief in the existence of a supernatural ruling power, the creator and controller of the universe, who has given to man a spiritual nature which continues to exist after the death of the body.

（相信超自然的支配力量，即宇宙創造者及支配者〔神〕的存在。此存在賦予了人類一種即使死亡後仍能存在的精神性特質〔靈魂〕。）

我在「宗教」的譯文中插入了「神」和「靈魂」這兩項補充說明。相較之下，英英詞典對哲學和宗教「究竟是什麼？」的回答更明確。我們並非住在象牙塔裡，就日常生活而言，有關哲學和宗教的定義，這樣應該就夠用了。

接下來，我們繼續談談人類所懷抱的問題。

3 該如何說明人類的疑問？

自古至今，人類不斷叩問著兩件事：「世界是如何形成的？又是以什麼構成的？」「人類從何處來？該往何處去？又是爲何而生的？」至於不斷針對這兩個問題提出回答的，正是宗教、哲學，以及由哲學衍生出的自然科學。

以順序來說，一開始是宗教，接著是哲學，最後則是由自然科學來回答這兩個問題；尤其是宇宙物理學和腦科學等學科，幾乎導出了這兩個問題大致上的終極解答。

世界是如何形成的？只要把「世界」換成「宇宙」，答案就出來了，也就是「大霹靂」（big bang）理論。在一場大爆炸後，宇宙開始膨脹，充滿各種物質與能量的星球也跟著誕生。星球在壽命終了時，會爆炸成爲超新星而死亡，爆炸的碎片則會飛向四面八方；地球便是從這些碎片中誕生，接著有了生命，人類也出現在世上。我們是從星星的碎片中誕生的。

接下來，關於「人類從何處來？該往何處去？又是爲何而生的？」這個問題，一樣能獲得解答。

人類是從哪裡來的呢？一般認爲，現今人類的祖先「智人」在距今約二十萬年前出現於東非大裂谷。那麼，我們該往何處去呢？目前已知，再過十億年左右，太陽會開始膨脹、地球上的水會消失，所有生物終將滅絕。至於人類是爲何而生的？由於人類也是動物，因此是爲了留下後代而生存。如果再進一步詢問「何謂人類」的話，那麼目前也已確知，人類是一種所有行動和思考都依賴大腦運作的動物。

4 宗教和哲學已經無用武之地？

人類自星球的碎片中誕生，身爲動物的我們爲了留下後代而生存。在這條路上，自然科學爲我們點亮明燈，一路至此。

各位能接受用這個結論來說明自己生存的意義與世界的存在嗎？

另一方面，自然科學也並非就此蓋棺論定。關於宇宙與人類的大腦，最新的科學研究提出了以下的結果：

目前已可使用數學式來說明宇宙的成分。其中約有五％是我們所熟知的碳、氫、氧等元素，約有七〇％是暗能量、二五％是暗物質。如果沒有這些東西，宇宙就無法存在，但它們究竟是什麼，至今仍沒有明確的答案；換言之，宇宙充滿了我們（目前）不知道的能源和物質。

至於人類大腦的運作，則有了以下的新發現。

覺得渴的時候，我們會將手伸向裝了水的杯子，然後喝水。過去一直認爲，這個動作是人類以自己的意志伸出手、拿起杯子喝水，但最近的腦科學研究卻否定了這件事。

「想喝水」這項決策，其實是人類在潛意識下所做的，並往兩方面發出訊息。說得簡單一點，就是大概花費○．一秒產生「想喝水」的意識，以及○．三秒動手拿杯子。因爲有這個○．二秒的時間差，才會讓我們產生錯覺，以爲是自己的意志決定要喝水而伸手。但目前已經確定，人類做出的決策，幾乎都不是由意識所掌控的。

關於人類大腦的運作，我想意識所能及的部分，頂多占一成左右吧。但是當我和日本腦科學研究第一把交椅的池谷裕二教授（東京大學藥學部教授）對談時，他卻馬上否認了這一點。

「絕對沒這回事。應該只有百分之幾而已吧。」

人類的決策與行動，大多數由腦部的非意識區域掌控。構成宇宙的暗能量與暗物質，說不定也和非意識區域很像。

大腦和宇宙至今仍有許多未知之處，就這一點來看，兩者可說十分相似。

另外，還有這樣的研究：

「人類的個性和能力根據基因決定」這個論點曾獨霸天下，但目前已知並不會眞的完全與基因相符，腦部會發生某種「波動」而產生不同的個性與能力。

「波動」是物理學名詞。大致上可解釋爲「能源、密度、電壓等具有擴散性或強度之物理量，偏離空間性或時間性平均值的變動」，或「偏離統計平均值。巨觀來說爲穩定，微觀下則有不斷在平均值上下變動之現象」。腦部會發生「波動」，就表示有遺傳以外的因素——也可說是某種稱為「雜訊」的要素，使大腦產生變化。總而言之，人類的遺傳並非只是單純、毫無變動地將基因「一代傳一代」。

另一方面，宇宙物理學家吉田直紀在他的著作《宇宙一三七億年解碼》中提到，他用電腦模擬能表現宇宙結構的方程式，但不管怎麼做，都無法模擬出宇宙現在的模樣，於是隨機加入了「波動」，沒想到竟然得到了非常接近現存宇宙的模型。背後的理論當然非常複雜且難以理解，但也點出了在大霹靂中誕生的宇宙，至今仍持續變化中的這項事實。

現代的自然科學讓我們了解：基因不保證能完全將人類的個性及能力傳承下去，而宇宙自大霹靂起，也並非一直都是當時的樣子。不論是宇宙或人類的大腦，我們越來越知道哪些是已然明瞭的，哪些仍不明瞭，而我認為，這也表示宗教與哲學未來將會繼續存在。從比重來看，過去一直是由宗教來回答這些永恆的提問，接著是哲學抬頭；而在自然科學誕生後，便由它來說明人類這種生物的一切（幾乎）。但即使如此，自然科學仍非萬能。

關於自然科學告訴我們的這些答案，姑且先放在一邊。接著我們將依時代順序，理解人類從過去到現在，是以怎樣的思考體系和宗教觀來理解世界、如何思考人類生存的意義。

若想對宇宙及大腦有更進一步的了解，我推薦以下五本書給各位，相信你一定會感到新鮮又驚奇。

一、《大腦跟你想得不一樣》，池谷裕二著

二、《大腦專家親身實證的早期教養法》，池谷裕二著

三、《社會心理學講座：封閉社會與開放社會》（社会心理学講義——〈閉ざされた社会〉と〈開かれた社会〉，小坂井敏晶著）

四、《宇宙一三七億年解碼：電腦探測的歷史與進化》（宇宙137億年解読——コンピューターで探る歴史と進化，吉田直紀著）

五、《宇宙論與神》（宇宙論と神，池內了著）

CONTENTS

CONTENTS

CONTENTS

CONTENTS

CONTENTS

CONTENTS

CONTENTS

第8章（1）伊斯蘭教的誕生、發展與挫折

CONTENTS

CONTENTS

CONTENTS

CONTENTS

CONTENTS

第1章

在宗教誕生前

1 為了思考而有語言

如同我在〈序言〉提到的，一般認爲，現代人類的祖先智人，是在迄今約二十萬年前出現在東非大裂谷。

過了大約十萬年，我們的祖先踏上「出非洲」的旅程，開始走向全世界。理由非常有可能是，當時做爲主要糧食的大型動物群數量減少。這是一場人類大冒險。透過大遷徙，人類擴散到歐洲、亞洲、美洲，各自受到當地氣候影響，雖然外觀上多多少少產生了一些變化，但很久以前科學就已經告訴我們，基因的源頭其實是相同的。

最近的研究明確指出，人類有一個名爲FOXP2的遺傳基因，與語言中樞相關。目前最有力的論點認爲，這個FOXP2基因在十萬年前開始漸漸產生變化（正好是人類出非洲前後），並因此帶來了語言。至於爲什麼需要語言，則可認爲是由於腦部進化，因此需要思考的工具。

關於之所以產生語言的原因，有個非常有力的學說。

舉例來說，南美有種猴子，其天敵分別是禿鷹、蛇和美洲獅這三種動物。一旦天敵接近，猴子們就會發出叫聲示警。觀察到這種現象的學者，發現牠們的叫聲會隨著天敵不同而有所變化。雖然人類的耳朵難以判別，但如果將看到禿鷹時發出的聲音錄下來，再放給其他猴子聽，猴群就會望向天空；如果讓牠們聽蛇接近時發出的叫聲，大家就會同時看向地面，因為蛇會沿著樹幹爬上來。要是播放美洲獅接近時的警戒聲，猴群就會望向周圍的樹木，因為美洲獅會從樹上敏捷地出擊。

猴群顯然有辦法聽出這三種叫聲的不同：「有禿鷹喔！」「蛇來了！」「注意，有美洲獅！」這難道不是語言的起點嗎？換句話說，因為需要溝通的工具，所以有了語言。這個學說到現在仍然非常有說服力。但是三種不同的叫聲，只能表示具體的危險訊號，功能實在非常簡單。為什麼能從這樣的叫聲發展成用來編織抽象思考的語言呢？只要有三種不同的叫聲不就夠了嗎？求愛的場景也一樣。只要「嘎！」地叫著，再把食物遞給對方、為對方理毛或擁抱，就能用來表達愛意。因此有些批評者質疑：將滿足這種程度的溝通行為，做為語言產生的起因，未免太過草率；另一方面，目前普遍的觀點則認為，就算人類的大腦發展出思考的功能，如果沒有語言，就無法整理思緒。而為這種論點背書的，正是FOXP2基因的存在。

總而言之，在獲得「語言」這項思考工具後，人類也開始產生了對世界、自己的存在等根本性的疑問。

2 人類是怎麼思考「時間」的？

「空間與自己所處的世界，究竟是怎麼形成的呢？」人類開始思考這些問題後，接著也開始思索時間的存在：太陽的運行與月亮的圓缺，一天的開始與結束。對人類而言，與時間的關係裡，首要就是如何管理它，而從這裡所產生的，就是曆法。

最古老的太陽曆之一出自埃及，其目的在於預估尼羅河的氾濫時間。

尼羅河

尼羅河的水量會在特定時期裡大增、造成氾濫，同時也將上游大量的土石沖刷下來。等到積水退去，留下的便是一大片肥沃的土地，而這片土地也將帶來豐收的農作物。在那個時代，想要存活下去的話，就只能依賴農業，因此人們無不引頸期盼尼羅河氾濫時期到來。經過長久歲月後，大家終於領悟到：大犬座的天狼星若是在太陽升起前出現在天際，就表示氾濫季節即將到來。但那天究竟是哪一天呢？爲了知道這一點，埃及人只能持續凝視夜空、觀察太陽的運行。

古埃及人透過長期觀測，了解以下循環：以日照時間最長的那天（夏至）爲分界點，白天會慢慢縮短；過了最短的那天（冬至）後，白天又會慢慢變長。於是他們發現了「年」這個週期，也就是地球繞太陽公轉的運行時間（約三六五．二四天），並據此制訂出太陽曆。

和「一年」這個概念相比，「一日」的意義應該比較好理解。早上太陽從東方升起，到了夜晚西沉，第二個早上太陽又會升起……如果把這樣的一日當成小循環，那麼一年就是大循環；不過一日得重複循環好幾次好幾次，才有可能累積成一年。問題是，一日和一年的規模差太多了，實在無法充分掌握時間的流動。這時受到關注的，就是夜晚出現在天空中的月亮。從看不見月亮的夜晚（朔）開始，月亮會逐漸變成圓形（望），然後又變成尖細的月牙。埃及人後來也知道，月亮繞地球一圈的週期，大約是二十九個晚上（約二九．五三天）。如此一來，人類便建立了年、月、日的概念。

另外，關於「星期」的概念，最早是來自美索不達米亞的巴比倫人，以日、月再搭配五個當時已知的行星來計算（火星、水星、木星、金星、土星。這些都是肉眼可見的大型星體）。

用月亮的圓缺用來算日子的確非常方便，依此所制訂的曆法就稱爲「太陰曆」。事實上，使用太陰曆的歷史比太陽曆更早，也同樣是在美索不達米亞地區；至於曆法的內容就不詳述了。不過如果以太陰曆來計算的話，一年大約是三五四．三六天。埃及制訂太陽曆的理由，就在於相對太陽的大循環天數（約三六五．二四天）來說，太陰曆短少了十一天左右，這樣就無法規律地掌握能帶來豐收的大氾濫究竟何時造訪，所以才會制訂太陽曆。

另外，還有配合太陽曆而調整天數的「太陽太陰曆」，也就是在太陰曆中加入閏月，以補足短少的天數。早在西元前兩千年，美索不達米亞地區就已經在使用太陰太陽曆了。現在除了伊斯蘭社會仍使用太陰曆，幾乎所有國家都使用太陽曆。

太陽明天仍會升起，春天明年仍會到來。制訂出曆法的人類已經有辦法管理循環不息的時間。但他們同時也發現，儘管活在不斷循環的時間裡，人類的一生卻無法周而復始。出生、學走路、成為大人，最終老死。人類的一生就像一條直線，青春小鳥一去不回來。

司掌自然的循環時間、支配人生的直線時間。當人類明白這兩種時間概念後，說不定很自然便想到這些事情：**人生的直線結束後，會是怎樣的呢？會前往另一個世界嗎？在此生開始前，人又在哪裡呢？**

3 突如其來的變化，馴化與宗教的關係

大家聽過「馴化」這個詞嗎？

馴化有飼養、順從、教化等涵義，指的是一種生物的成長與生殖，逐漸受另一種生物利用與掌控的過程。

不論是栽培植物，或是將動物變成家畜，都有項不可或缺的條件：人類必須採取定居生活。

爲了尋求更多獵物而走上大遷徙之旅的人類，從東非出發，往全世界移動。從這個角度來思考定居生活，就知道這未必只有好處：大家若同住在一起，光是要處理排泄物就很麻煩了，更何況所有人晚上都會聚集在狹窄的地方一起睡覺，要是有人生了病，就很容易傳染給其他人。與其想辦法過這種日子，還不如一邊找更好吃的食物，一邊移居到新土地生活還比較輕鬆。

既然如此，人類又爲什麼會定居？難道是從「走遍世界，找尋好吃的食物並生存下去」的想法，轉變爲「我不要再移動了。我要支配周圍世界生存下去」嗎？至於人類的意識爲什麼會有這樣的轉變，目前還沒有定論（也有人指出，是因爲無法再自由移動了，因此不得不定居下來）。

據說人類的大腦在開始定居生活的馴化時期裡，完成了最後的發展，從那之後都沒再演化過。

人類不但開始定居，也開始支配世界：支配植物以開始農耕、支配動物以進行畜牧，還支配金屬以冶煉。植物、動物、金屬，一切全都在人類的支配之下。所謂的「馴化」，同時也意味著人類從狩獵採集生活轉變爲農耕畜牧生活。

根據推測，馴化開始於距今約一萬兩千年前的美索不達米亞。依序將周遭事物置於支配底下的人類，接下來想控制的，則是推動這個自然界的原理本身。誰讓太陽升起？誰來決定人類的生死？儘管一開始其實並沒有「神」之類的詞彙或概念，但人類已經認爲，必然有某種存在創造出自然界的法則。能證明這項推論的有力證據之一，是從美索不達米亞的古代遺蹟中，挖掘出不管怎麼看都象徵著女性的土偶。其用途及具體目的難以推測，但想必具有什麼特殊意義，除了用於

哥貝克力石陣 © Teomancimit

敬拜，找不到其他可能。土耳其的哥貝克力石陣（Archaeological work in Gobekli Tepe）被認爲是全世界最古老的神殿，建造在大約一萬兩千年前。我們可以推測，當時的人類想必曾在這個時期面臨極大的轉變。

由以上說明，我們可以推論出人類經過馴化後，發展出「宗教」這個概念。附帶一提，古埃及人制訂太陽曆的過程裡，也帶有「支配時間」這個馴化的概念。

第2章
瑣羅亞斯德教對世界的影響

查拉圖斯特拉（約西元前 13 世紀 - 前 7 世紀）
擷取自《雅典學院》（拉斐爾繪）

開始意識到超自然存在的人類，在歷經對太陽神與大地母神的單純信仰後，也開始意識到自然萬物皆有神，步入原始的多神教時代。在這之後，給予後世宗教諸多影響的人類史上第一個世界宗教也誕生了，那就是瑣羅亞斯德教。

西元前一千年（前後誤差約三百年）左右，在古波斯，也就是現在伊朗高原東北部，有一位名爲「查拉圖斯特拉」（Zarathustra）的宗教家誕生了；若以英語來念他的名字，即爲瑣羅亞斯德（Zoroaster）。

在當時的社會中，查拉圖斯特拉似乎是少數擁有具象思考能力的人，這使得瑣羅亞斯德教的教義既明確，也非常有邏輯。

一般認爲，查拉圖斯特拉所創的瑣羅亞斯德教，其內容基本上以移居至波斯的雅利安人民族信仰爲主。波斯古王朝中，以後來拓展爲世界帝國的阿契美尼德王朝（西元前五五〇～三三〇年）較爲人所知，而在此王朝創建者居魯士二世（西元前五五〇～五三〇年在位）的時代，人們已經普遍信仰瑣羅亞斯德教。

瑣羅亞斯德教以波斯為中心，傳播至中亞地區，甚至在唐朝時期傳入中國——稱為「祆教」。波斯的阿契美尼德王朝遭亞歷山大大帝擊潰後，接續的王朝分別是塞琉古王朝和安息帝國。等到打倒安息帝國的薩珊王朝（二二六～六五一年）登場後，瑣羅亞斯德教成了國教，其典籍也在薩珊王朝初期完備。

1　「舞蹈宗教家」摩尼的出現

進入西元三世紀時，瑣羅亞斯德教的典籍已經編纂完成，名為《波斯古經》（*Avesta*）。這部典籍內容包括查拉圖斯特拉的話語，以及他死後添加進去的部分，據說共有二十一卷，但現存大約只剩四分之一。

薩珊王朝傳至第四代的巴赫拉姆一世（二七三～二七六年在位）時期，瑣羅亞斯德教的地位已經提升到接近國教。據說，當時瑣羅亞斯德教的大神官科提爾，非常努力遊說巴赫拉姆一世接受信仰，而瑣羅亞斯德教為了鞏固自己的地位，甚至還發生了「宗教霸凌」。

我們把時間往前推一點。巴赫拉姆一世的前任，也是薩珊王朝的明君沙普爾一世在位（二四一～二七二年）時，巴比倫尼亞地區（位於美索不達米亞中南部，約位於今天的伊拉克和敘利亞）出現了一位名爲摩尼（二一六～二七六／二七七年）的宗教家。

摩尼不但貫徹了瑣羅亞斯德教的善惡二元論，甚至創造出規模更宏大的二元論教義；此外，他也是一位非常特別的宗教家，以舞蹈來傳播自己的論點，可說是舞蹈宗教的始祖。由於沙普爾一世的寬容，摩尼的論點一下子便廣傳全波斯，經過中亞往東傳播到中國（明教），往西則遠及北非，就連出生在北非的基督宗教神學家——希波的奧斯定（聖奧斯定，三五四～四三〇年）原本也信仰摩尼教。

但沙普爾一世死後，摩尼教的勢力由於受到科提爾的打壓而逐漸衰退，摩尼本人也被巴赫拉姆一世判處死刑。之後，瑣羅亞斯德教的地位再次提升。

薩珊王朝在西元六五一年被伊斯蘭帝國所滅，之後波斯地區便一直處在伊斯蘭教的支配下。

到了今天，瑣羅亞斯德教成爲只在印度及中東還有少數信徒的小型宗教，但它卻爲後世宗教帶來許多重要的影響。

摩尼
（216-276/277）

希波的奧斯定
（354-430）

2 善惡二元論與最後審判

瑣羅亞斯德教的創世主神是阿胡拉．馬茲達，同時世上有善神也有惡神。瑣羅亞斯德教告訴信徒，善神與惡神始終在互相對抗。

善神集團以人類守護神斯彭塔．曼紐等七位神明為首，惡神集團則是以司掌所有邪惡與毒害的大魔王安哥拉．曼紐（又被稱為阿里曼）率領的七位神明為主，雙方的眾神明個性也都相當鮮明。從這邊可以看到，七不但是「聖數」，同時也符合一週的循環。

瑣羅亞斯德教認為，宇宙從開始到結束總共有一萬兩千年，每三千年為一期，共有四期。查拉圖斯特拉曾表示「當今是善神與惡神對抗最激烈的時代」。如果日子一直過得非常苦，那麼就是惡神頭子安哥拉．曼紐占上風；如果有很長一段時間都過得非常舒適，那必然是善神統領斯彭塔．曼紐扳回一城，打了勝仗。

善神與惡神的混戰終將在一萬兩千年後結束，而在世界終結時，阿胡拉．馬茲達會進行最後審判，祂會決定包含生者與死者在內的所有人類是善或惡，並加以審判、分類；惡人將墜入地獄，一切都會毀滅，而善人將獲得永遠的生命，屆時就能在天國（樂園）生活。這就是查拉圖

阿胡拉．馬茲達
© Ziegler175

斯特拉的論點。正因爲如此，人活在現世時，必須累積三德（善思、善語、善行）才行。

查拉圖斯特拉認爲時間是線性的（由創造天地起到最後審判爲止），並推論出非常具戲劇性的善惡二元論。就宗教而言，以善惡二元論來解釋這個世界，可說是非常具有說服力的做法。

這裡請容我稍微岔個題。或許很多人都有這樣的疑問：假設這個世界是由一位正義之神創造出來的，那麼世界上應該充滿了正義才對，也就沒有道理會出現暴君或殺人狂。只要活得端正高潔，所有人應該都能得到幸福才對。既然如此，人生爲什麼充滿痛苦呢？如果眞有神明，應該可以拯救所有人啊！

作家遠藤周作的小說《沉默》就是以鎖國時期的日本爲背景，描寫一位葡萄牙籍神父在無法公開傳教的狀態下，因屢見日本信徒遭到拷問而備感痛心，後來甚至連他本人都被逼到叛教邊緣的故事。神爲什麼不拯救自己呢？信仰一神教的人類，應該如何思考活在當下的痛苦呢？《沉默》便是從正面探討這些問題的作品。但反過來說，一神教所抱持的矛盾（全能之神爲何無法解決現世的痛苦），也有能激發人類思考的作用。最好的證明，就是以希波的奧斯定爲首的後世哲學家們，無不認眞探討這個問題。回到前面所說的，如果單純從宗教教義的觀點來思考的話，善惡二元論能把活著所遭遇的痛苦、現世與來世的關係全部放入同一個時間軸上，以簡單易懂的方式來說明。

3 守護靈與洗禮

瑣羅亞斯德教相信精靈的存在，稱之爲「佛拉瓦奇」（Fravaši）。所謂的精靈，指的是寄宿於世上萬物的靈性存在，當然也會停留在人身上。人們相信，祖先的佛拉瓦奇會成爲守護在世者的守護靈，而這也是祖靈信仰的起源。

死去的祖先希望與自己有血緣的生者能守護自己的靈體，也因爲希望他們保護自己，而成爲那些人的守護靈。瑣羅亞斯德教的觀點正是「互相保護」的概念，因此活在世上的人必須好好敬拜祖先、確實祭拜祖靈。而這種概念廣爲流傳，至今仍未消失。舉例來說，日本在陰曆七月十五日前後，會舉辦祭祀祖先的盂蘭盆祭，許多人都以爲這是佛教的活動，但目前有部分研究認爲，追本溯源，這應該來自佛拉瓦奇信仰。

另外，瑣羅亞斯德教有一個稱爲「Navjote」的入教儀式，後來被基督教採用，也就是大家所熟知的「洗禮」。不過瑣羅亞斯德教並不像羅馬天主教那樣，會爲剛出生的嬰兒施行洗禮。舉行 Navjote 儀式的時間約在七到十五歲之間，也就是開始具備判斷力的時期。

入教儀式 Navjote © Tyabji

在瑣羅亞斯德教的教義中，認爲對於世界一無所知的孩童不可能理解宗教。在這方面，瑣羅亞斯德教的想法頗具邏輯。在 Navjote 儀式當天，入教者會身穿清潔的內衣和全新的白色服飾，這是因爲瑣羅亞斯德教非常重視代表潔淨的白色。

4 崇拜並祭祀火焰

瑣羅亞斯德教並不崇拜偶像，取而代之的是對火焰崇敬，因此又稱「拜火教」。

查拉圖斯特拉是雅利安人。他們原先居住在裡海北方，後來在西元前一五〇〇年左右進入印度，並在約西元前一二〇〇年時來到伊朗。

一般認爲，沿著裡海一路往南的雅利安人，在民族大遷徙的過程中，應該曾路過亞塞拜然的巴庫一帶：這裡是石油產地，至今仍時常可見自然起火的現象。對雅利安人而言，不管什麼氣候之下都能持續燃燒的火焰，或許讓他們產生了宛如見到神明般的崇敬之心，而帶著這份心情抵達印度的雅利安人們，便創造出婆羅門教的火神阿耆尼。這一點對於在伊朗創立新宗教的查拉圖斯特拉來說，應該也有重大的意義。

在現今伊朗亞茲德的一座神廟中，據說有著由查拉圖斯特拉點燃的「永恆之火」，未曾熄滅，至今仍持續燃燒；而在巴庫，也有祭祀「永恆之火」的遺蹟。另外，前面提到的火神阿耆尼對佛教有非常大的影響，而這種對「永恆光明」的崇敬也隨著佛教的傳布來到中國和日本。例如比叡山的延曆寺，有座未曾熄滅的「不滅法燈」，據說就是高僧最澄大師自唐朝學佛返國後所點燃的。

5 大家都是跟瑣羅亞斯德教學的

由於瑣羅亞斯德教有最高神明阿胡拉．馬茲達，使它乍看之下很像一神教；但又有善神與惡神集團等多樣化的神祇，因此也有多神教的特色。

向這個誕生於波斯最古老宗教學習最多的，就是閃族的一神教。據說閃族是諾亞其中一名兒子「閃」的血脈，居住在亞洲西南方（美索不達米亞、巴勒斯坦、阿拉伯一帶），而他們也創立了許多一神信仰；具體來說，指的就是猶太教、基督教與伊斯蘭教。

閃族有個支派，相信唯一眞神爲了拯救人類，選擇了亞伯拉罕爲先知。一般認爲，他是猶太人的祖先，而不論是猶太教、基督教或伊斯蘭教，都視亞伯拉罕爲「信仰之父」，廣受愛戴尊敬，因此，閃族一神教也被稱爲「亞伯拉罕諸教」。在閃族一神教當中，不論天地創造、最後審判、天國與地獄，還是洗禮的儀式，都可以看到瑣羅亞斯德教的痕跡。

對現代社會影響甚深的宗教，大致上可區分爲三大類：閃族一神教、印度宗教，以及東亞宗教。誕生於印度的宗教，以印度教和佛教最具代表性；東亞宗教則以儒教（儒學）、道教，和日本神道教爲主。至於「中國化」的禪宗和淨土宗，雖然也是佛教的一支，卻無法歸類於印度佛教。

留存至今，並對人類產生重大影響的宗教，大概都不出這三大類。値得一提的是，猶太教、基督教和伊斯蘭教這三個「閃族一神教」的信徒總人數，目前可是占全球總人口一半以上呢。

6 尼采與瑣羅亞斯德教

十九世紀後半的德國哲學家尼采（一八四四～一九〇〇年）有一部名爲《查拉圖斯特拉如是說》的著作，所論述的是其哲學中的重大命題「永劫回歸」，而「查拉圖斯特拉」指的正是瑣羅亞斯德。

但書中的內容和瑣羅亞斯德說過的話幾乎沒有任何關係。可想而知，尼采只是借用了善惡二元論始祖瑣羅亞斯德之名，來闡述自己的思想；當然，尼采也可能學習過瑣羅亞斯德教的典籍《波斯古經》，並從中汲取與自己想法接近的東西。

尼采
（1844-1900）

另一方面，他所提倡的「永劫回歸」，事實上很可能參考了婆羅門教經典《梨俱吠陀》（*Rigveda*，獻給神明的禮讚詩歌）等書籍，因爲其中包括了婆羅門教的輪迴轉世思想，概念是循環式的時間流，認爲時間和人的性命都是永遠輪迴持續下去的。

因此，我們也可以說，雖然《查拉圖斯特拉如是說》借了瑣羅亞斯德的名字，但是與瑣羅亞斯德教其實並無關係。

第3章

哲學的誕生與「知識大爆炸」

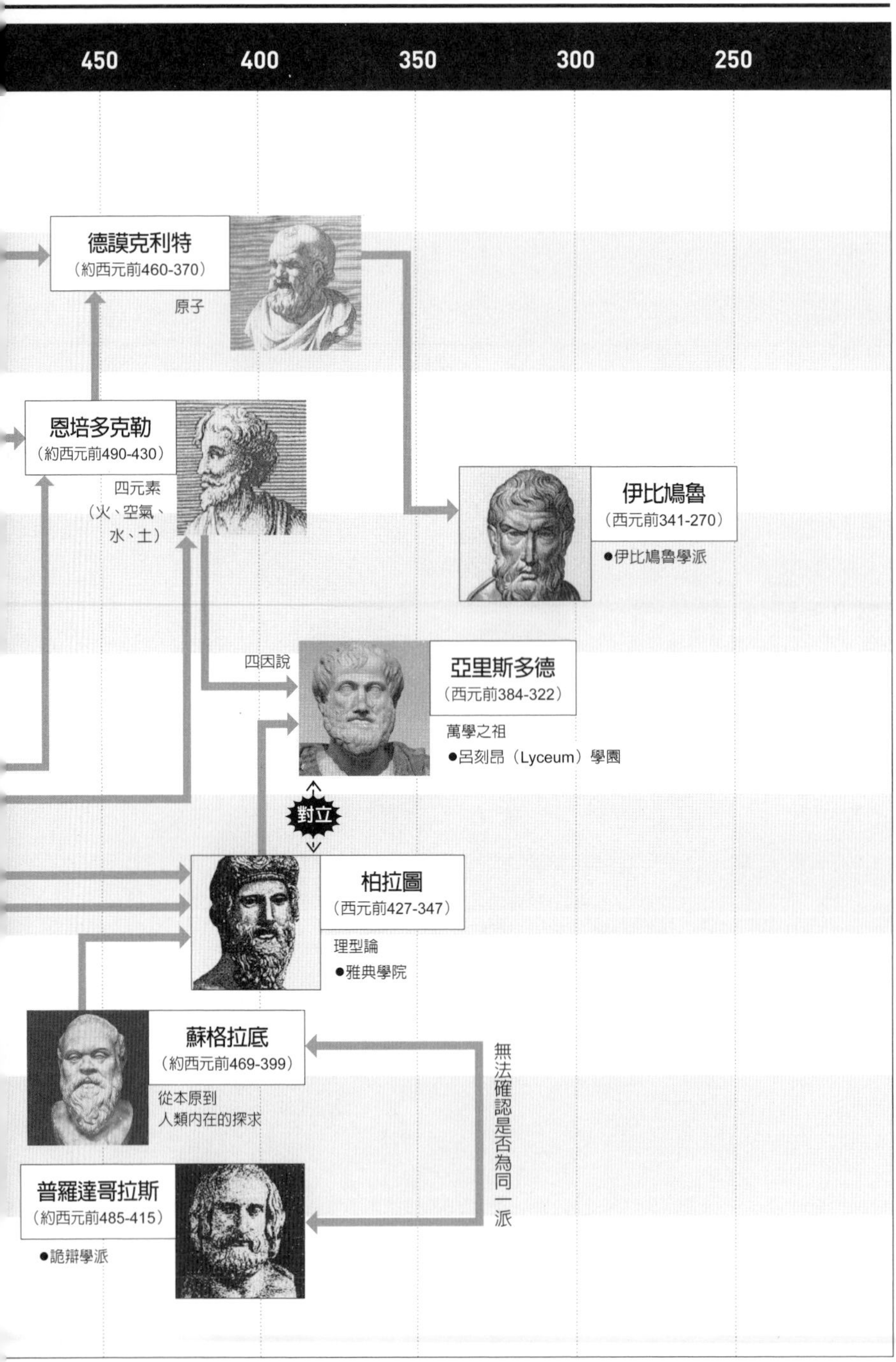
450
400
350
300
250
德謨克利特
（約西元前460-370）
原子
恩培多克勒
（約西元前490-430）
四元素
（火、空氣、
水、土）
伊比鳩魯
（西元前341-270）
●伊比鳩魯學派
四因說
亞里斯多德
（西元前384-322）
萬學之祖
●呂刻昂（Lyceum）學園
對立
柏拉圖
（西元前427-347）
理型論
●雅典學院
蘇格拉底
（約西元前469-399）
從本原到
人類內在的探求
無法確認是否為同一派
普羅達哥拉斯
（約西元前485-415）
●詭辯學派

古希臘哲學流變

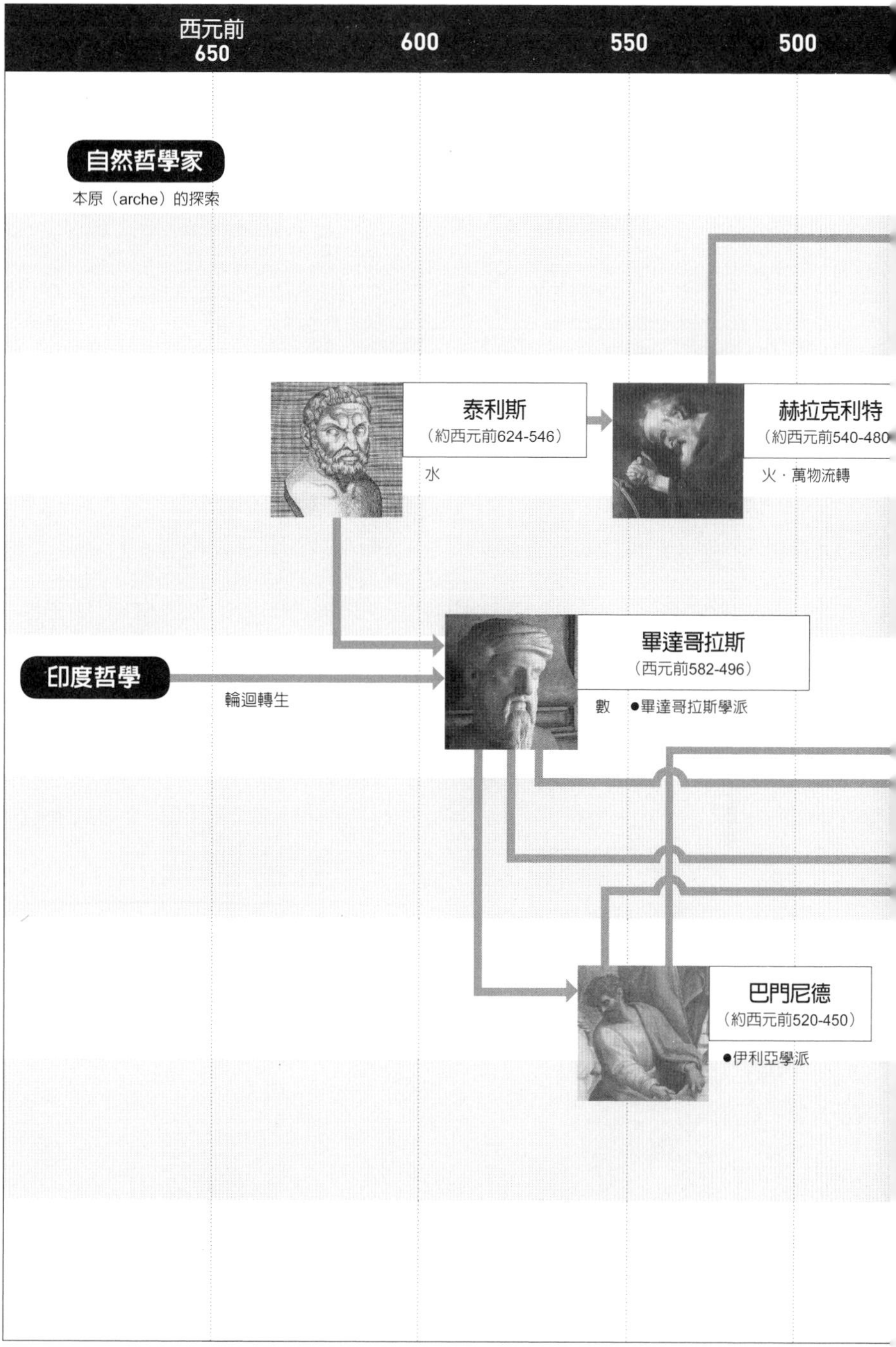
西元前 650
600
550
500
自然哲學家
本原（arche）的探索
泰利斯
（約西元前624-546）
水
赫拉克利特
（約西元前540-480
火・萬物流轉
印度哲學
輪迴轉生
畢達哥拉斯
（西元前582-496）
數 ●畢達哥拉斯學派
巴門尼德
（約西元前520-450）
●伊利亞學派

接下來輪到哲學登場。

過去學習哲學時，通常會區分為「前蘇格拉底時期」和在他之後的哲學。這是由於以哲學觀點來看，蘇格拉底的出現是一個非常大的轉捩點。

但現在對於蘇格拉底的出現到底有沒有那麼重要，也有了更多的討論。在這裡，我們會以價值觀比較中立的「古希臘哲學」來稱呼這段時期。

在西元前五世紀左右，許多擅長思考的人紛紛出現在世界上，在當時有如雨後春筍般不斷出現的思想，至今仍是許多哲學觀念的原點所在。二十世紀的德國哲學家雅斯培（一八八三～一九六九年）稱此時期為「軸心時代」，並出現了世界級的「知識大爆炸」。

在這個時期，鐵器的使用已遍及世界，地球也開始暖化。拜鐵製農具與溫暖太陽之賜，農產量快速提升，卻因為農作物過剩的緣故，導致貧富差距擴大。

手頭變得較寬裕的有錢人開始不再親自工作，而將農務交給僕人。於此同時，中國也出現了稱為「食客」的人，有錢人提供食宿給他們，並在需要的時候，借助他們所具備的技藝或知識；換句話說，「食客」類似接受贊助的藝術家或學者等人。

如果社會整體非常貧困，大家必須忙於耕種的話，不但既沒有閒暇唱歌，也沒有時間抬頭觀察星象，更不可能遊刃有餘地思考「什麼是人生」。然而在生產力提升後，開始出現了有產階級，讓學者或藝術家的出現變得可

雅斯培
（1883-1969）

能，而在此過程中，發生「知識大爆炸」也就很理所當然了。這種現象的起源雖在希臘，但也幾乎同時發生在印度與中國。

知識大爆炸導致哲學性思考的蔓延與拓展。如果問大家到底在思考些什麼，應該就是〈序言〉所提到關於人類的基礎問題：「世界是由什麼構成的？」

接著我們來看看，古希臘哲學家們的答案會是什麼。

1 哲學始祖泰利斯與「本原」

在西元前九世紀到七世紀之間的希臘，偉大的敘事詩人荷馬與海希奧德爲我們有系統地留下了希臘神話《伊利亞德》《奧德賽》以及《神譜》。這些文字融合了地中海文明的神話，建構出希臘神話的世界。這個時代的人們堅定地相信，世界是由諸神所創造的，因此這個時代也被稱爲「神話傳說（mythos）時代」。

經過了神話傳說時代，接著出現在軸心時代的學者們開始思考：世界應該不是神所創的。

「世界應該有某個起源才對。但到底是什麼呢？」

他們並未以神話傳說來思考這個問題，而是使用自己的道理——或說是邏各斯（logos）來思索，並稱「萬物的起源」爲「本原」（arche）（順道一提，最早提出「本原」這個詞的，是一位名叫阿那克西曼德的哲學家）。一般認爲，第一個交出答案、說明「本原」爲何的，就是泰利斯（約西元前六二四～五四六年）。

泰利斯出生於愛琴海東岸（現今土耳其）愛奧尼亞地區的城市米利都。因此與他相關的古希臘哲學家多被稱爲「愛奧尼亞學派」或「米利都學派」。此外，他們採取的立場是以自然來解釋自然，因此後世也稱他們爲「自然哲學家」。

泰利斯如何看待這個世界的本原？

答案是水。時至今日，我們已經很明確地知道人體約有七成都是水，而地球上諸生命的基礎也是水。這樣一想，忍不住讓人覺得一語道破此事的泰利斯，他的直覺也未免太敏銳了吧！泰利斯尤其擅長測量與天文學。大家以前應該都學過「半圓形的內接三角形必爲直角三角形」這項定理，據說這就是泰利斯發現的。

泰利斯非常多才多藝，同時也留下了許多小故事，是位魅力十足的人。曾有人嘲笑他說「不管怎麼做學問，對人生都沒有幫助」，但精通天文學的泰利斯在觀測星象運行時，發現那年的橄欖將會豐收，於是在橄欖花開前，將附近用來榨油的機器全買了下來。等到橄欖大豐收的時候，大家都來找泰利斯租用機器，不僅讓他大賺一筆，同時也證明了學問的確能幫他賺錢。

受到泰利斯「本原爲水」的學說刺激，當時也出現

泰利斯
（約西元前 624-546）

了各式各樣的本原理論。在介紹這些理論前，我想先介紹一部著作。

據推測，犬儒學派的代表人物——第歐根尼的作品《哲人言行錄》（*Lives and Opinions of Eminent Philosophers*）約撰寫於二世紀末至三世紀前半。最初的手稿雖然沒有特定的標題，但不論時代如何變遷，仍不斷印刷出版，擁有許多讀者。書中講述八十二位希臘哲學家的生平與各種小故事，第一卷第一章就是泰利斯。書中融合了歷史與軼聞，活靈活現地寫出希臘哲學家們的樣貌。

在泰利斯之後，接著要介紹的是赫拉克利特（約西元前五四〇～四八〇年），他的名言是「萬物流變」（panta rhei）——雖然沒有證據證實這確是他本人所言，但這句話是由柏拉圖寫下來，並表明爲赫拉克利特所說。

「雖然有本原爲水，或爲火，又或數字的說法，但其實萬物都會流變。所有東西都會慢慢變化。」

這就是赫拉克利特的思想。赫拉克利特認爲變化與鬥爭是萬物的根源，並主張火是萬物的本原。十八世紀德國哲學家黑格爾（一七七〇～一八三一年）所提出的「辯證法」，其根源就來自赫拉克利特。

之後又有恩培多克勒（約西元前四九〇～四三〇年）提出火、空氣、水、土這四大元素爲本原。他出生於西西里的阿克拉加斯（現在的阿格里真托），既是醫

赫拉克利特
（約西元前 540-480）

生、詩人，也是位政治家。他提出了「四元素說」，認爲能結合這四種元素的是愛，使其分離的則是恨，四大元素便因著愛與恨不斷集結又分離。恩培多克勒受到稍後會說明的畢達哥拉斯學派影響，而他的四元素說後來也被亞里斯多德納入自己的理論中；只不過亞里斯多德將這四種物質當成「材料」而非「元素」。關於亞里斯多德的理論，下一章會再說明。

爲本原提出說明的最後一位哲學家是德謨克利特（約西元前四六〇～三七〇年）。

以年齡上來說，德謨克利特比蘇格拉底（約西元前四六九～三九九年）小了大約十歲，除了曾學習許多包括自然科學、倫理學、數學等在現代做爲一般教養的學問，還曾前往埃及、波斯、紅海地區，甚至遠及印度進行研究之旅。也有紀錄顯示，他曾撰寫過衆多著作。

德謨克利特稱世界的本原爲「原子」。所謂的原子，就是不斷將物質切割到不能再切割的最小單位粒子，而原子也是構成地球、行星與太陽等星體的基本物質。至於以原子構成的物體與物體之間的空間，稱爲「虛空」，也就是眞空。最特別的是，德謨克利特並未將天上與地上區分開來，反而認爲這全都屬於普通的物質世界。這個想法非常接近現代的唯物主義，實在非常令人驚訝。

另外有兩位哲學家，雖然不屬於自然哲學的範疇，

恩培多克勒
（約西元前 490-430）

德謨克利特
（約西元前 460-370）

卻對後世有非常大的影響。其中一位是畢達哥拉斯（西元前五八二～四九六年）。

和泰利斯一樣，畢達哥拉斯也出生於愛奧尼亞地區，不過他在年輕的時候，就爲了追求學問走遍了近東。在遊歷諸國後，雖然一度回到故鄉，但他最後定居在義大利半島南部的希臘殖民都市克羅頓，並在該地創立畢達哥拉斯學派。

畢達哥拉斯及其學派的目標是以數學原理爲基礎，架構出宇宙原理，因爲畢達哥拉斯認爲，萬物的根源即爲數學。這其實是非常具洞察力的想法，如同各位所知道的，數學不但被稱爲「科學之母」，我們日常少不了的電腦程式，其實也都是由零和一組合而成的。不只如此，畢達哥拉斯學派中厲害的數學家還發現了許多沿用至今的數學定理，例如計算直角三角形邊長的「畢氏定理」。此外，畢達哥拉斯本人也發現了音階是依弦長比例而產生的，而如此一來，也就能以數字來表現音階了。

不過畢達哥拉斯學派不只是單純的學術團體，同時也具備宗教性質。畢達哥拉斯將自己的地位提升至教祖等級，並強調自己神祕的一面。畢氏的著作並未留存至今，我們只能從追隨者撰寫的文章，或數學相關的書籍注釋中，才能窺見他的學說與思想。

在宗教方面，畢達哥拉斯接受了印度的輪迴轉生思想。據說這也是他遠離家鄉薩摩斯島、前往義大利的原因。許多人認爲，哲學和宗教的誕生與發展過程有許多相似之處，畢達哥拉斯學派正可說是非常具代表性的例子。

畢達哥拉斯
（西元前 582-496）

畢達哥拉斯死後，柏拉圖也對輪迴轉生的思想非常有興趣，據說還曾特地前往義大利，想方設法購買畢達哥拉斯的學生——哲學家菲洛勞斯（約西元前四七〇～三八五年）的著作。

除了畢達哥拉斯以外，巴門尼德（約西元前五二〇～四五〇年）也被公認是畢達哥拉斯學派的代表人物。他出生在當時稱爲「大希臘」（義大利半島南部）的希臘殖民都市伊利亞，並留下了「存在即存在，非存在即不存在」的說法。這句話是用來表示世界沒有開始也沒有結束，是永恆不變且不可分割的「一元論」。他認爲一切事物的多樣性和變化都只是幻覺，並否定生成與消滅。巴門尼德是伊利亞學派的始祖，他們相信的是理性而非感覺，也認爲世界是雙重結構，包括由理性掌握、不生不滅的「存在」界，以及人類以感覺掌握、不斷變幻的現實世界。

巴門尼德
（約西元前 520-450）

2 希臘以外的知識大爆炸

在繼續討論蘇格拉底、柏拉圖、亞里斯多德前，先來看看發生在印度與中國的知識大爆炸。

關於印度，之後會再提到佛陀與「六十二見」。「見」指的是學說，簡單而論，六十二見就是六十二種佛教以外的思想——稱爲「外道」，認爲它們都是邪見；相對於「外道」的則是「內道」，是佛教徒對佛教的稱呼。在外道中，有六位被稱爲「六師外道」的思想家，分別是：

- **阿耆多・翅舍欽婆羅**（主張世界由地、水、火、風四元素構成）
- **富蘭那・迦葉**（道德虛無論者）
- **末伽梨・拘舍梨子**（信仰宿命論，認爲苦樂都有定數）
- **摩訶毘羅**（即耆那教始祖筏馱摩那，之後會再說明）
- **迦羅鳩馱・迦旃延**（唯物論者。在四元素外再加上苦、樂、命，成爲七元素）
- **刪闍夜・毗羅胝子**（懷疑論者）

值得注意的是阿耆多・翅舍欽婆羅。他主張世界由地、水、風、火四元素構成，與恩培多克勒四元素說幾乎如出一轍。在相隔遙遠的兩塊土地上，居然出現了抱著同樣想法的人，看來人類的思考模式還眞的很相似呢。

至於中國的知識大爆炸又是如何呢？之後會提到的孔子與老子，也都是這個時代的人。另外，陰陽五行說也在此時開始發展——這種整合了陰陽與五行兩種概念的學說，是中國特殊的宇宙生成論。首先，在陰陽的思考模式裡，認爲世界上普遍存在著如天地或日月這樣兩兩相對的

「氣」：天為陽，地為陰；日為陽，月為陰。陰陽交會的結果，產生了五元素：木、火、土、水、金，與肉眼可見的木星、火星、土星、水星、金星五顆行星相對應。這五種物質構成世上所有事物，而它們之間也有「相生」和「相剋」的特性（與恩培多克勒的「愛」「恨」概念類似），並因此帶來世界的循環。這就是「陰陽五行說」大致的論點。

對中國後世思想與人民生活產生重大影響的陰陽五行說，早在知識大爆炸時期就已有了雛形。根據推測，「陰陽」的概念最早來自中國神話裡的第一位聖王伏羲與妻子女媧，這兩位都有著人頭蛇身的形象。至於最早提出五行說的，也是非常接近神話時代的人物──夏朝的始祖「禹」。關於陰陽五行說的內容，後面提到中國諸子思想時會再詳細說明。

第4章

希臘三哲對西洋哲學的貢獻

約450 阿爾西比亞德斯（政治家） 404

約446 阿里斯托芬（喜劇詩人） 約385

427 柏拉圖 347

西元前492年（第一次） 西元前490年（第二次） 西元前480年（第三次）	波斯遠征希臘（波希戰爭）
西元前478年	雅典與諸城邦結成提洛同盟
西元前461年	伯里克里斯掌握雅典實權， 雅典進入全盛期
西元前431-404年	伯羅奔尼撒戰爭
西元前415-413年	雅典在西西里遠征中受挫。 雅典民主崩壞
西元前404年	斯巴達贏得伯羅奔尼撒戰爭， 掌握希臘霸權
西元前387年	柏拉圖創建「學院」（-529年）
西元前371年	底比斯攻破斯巴達， 成為希臘最強城邦
西元前338年	馬其頓的腓力二世攻破雅典與底比斯聯軍
西元前337年	馬其頓和希臘大部分城邦結為科林斯同盟。 希臘受馬其頓支配
西元前335年	亞里斯多德創立呂刻昂學園（-529年）
西元前334年	亞歷山大大帝東征

蘇格拉底、柏拉圖、亞里斯多德所處時代大事紀及其他登場人物（年分皆為西元前）

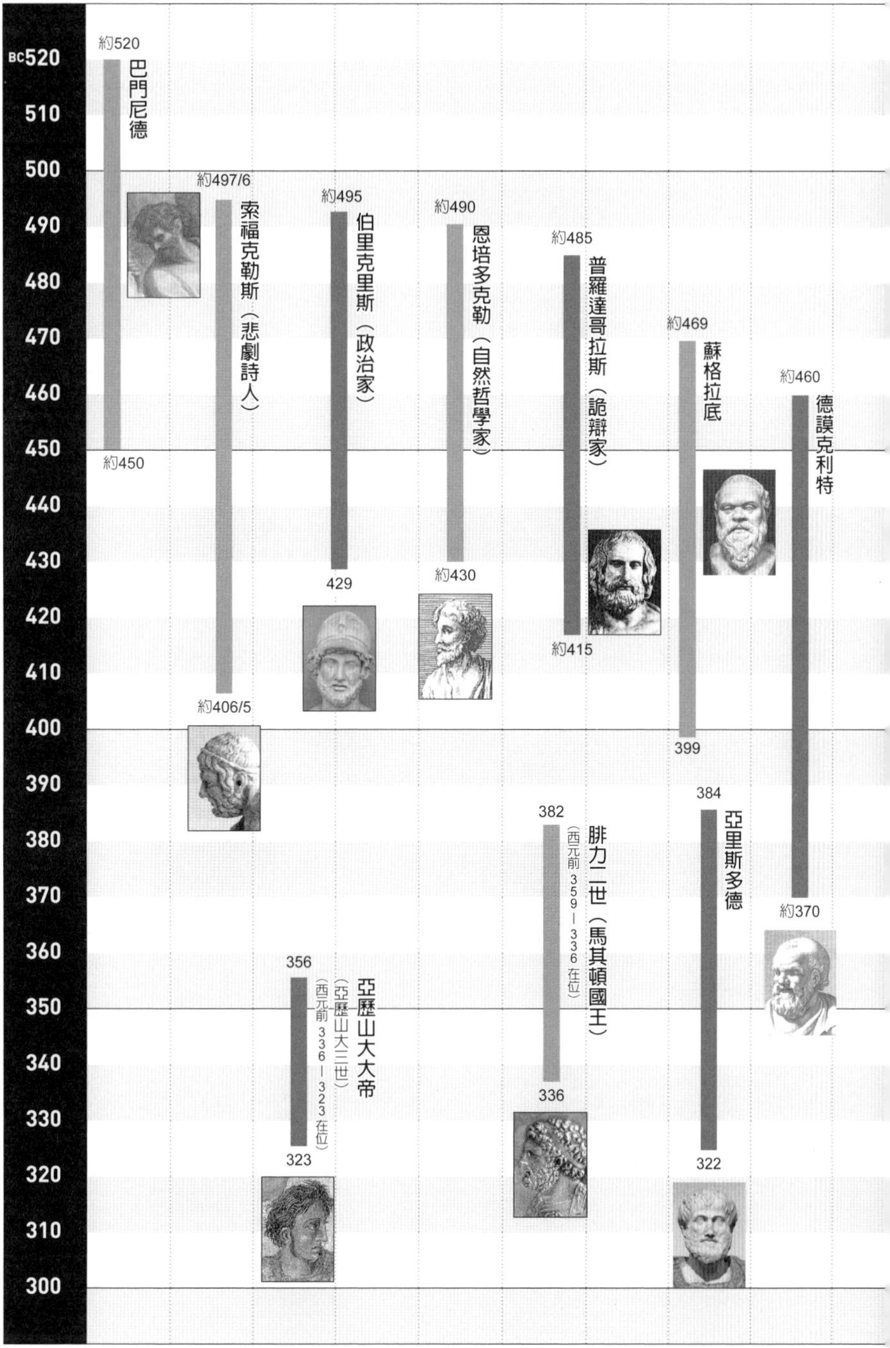

如同前面說過的，直到現在，學習西洋哲學時，習慣上仍以蘇格拉底（約西元前四六九～三九九年）爲分界點。例如英國古典學家康福德的著作《蘇格拉底之前，以及之後》（*Before and After Socrates*）就是非常具代表性的文獻。

要留意的是，以蘇格拉底爲分界的這種方法，並不單純指時代先後。就像同屬前蘇格拉底時期的哲學家德謨克利特和恩培多克勒，前者比蘇格拉底年輕，後者則大了蘇格拉底二十多歲。

這兩段時期的哲學家所著眼的主題相異是原因之一，當時雅典在希臘城邦中的地位特別也有關聯。雅典一邊對抗斯巴達，一邊掌握著希臘霸權，就像今天的大都市，是彙集了眾多人口的政治文化中心。

另一方面，前蘇格拉底時期的自然哲學者們多半身處在愛奧尼亞地區，也就是現在的安納托利亞（土耳其），大家都不是大城市的人；相對而言，蘇格拉底和柏拉圖都是雅典人，而亞里斯多德雖然出生於希臘北部的馬其頓，但生涯大半都在雅典度過。

「自蘇格拉底和柏拉圖之後，哲學成爲雅典的東西，也變得比較正統。」雅典人希望大家能這麼想。其中當然有雅典自己的本位主義，所以也有人提出批判，認爲擁有進步文化的雅典人，瞧不起泰利斯這些非雅典哲學家，所以才要以蘇格拉底爲分界點區隔前後。有鑑於此，現代哲學界主張不應以「蘇格拉底前後」來區分的聲音占了多數，並認爲只要簡單稱呼爲「古希臘哲學家」即可。

蘇格拉底
（約西元前 469-399）

那麼，蘇格拉底與其後的哲學特徵，究竟是什麼？

針對「世界的構造是什麼？」這個問題，相對於愛奧尼亞派拚命向外部世界尋求解答，蘇格拉底則將焦點集中於人類的內在。

對於那些好奇「世界如何形成」的人，蘇格拉底反問：

「思考著『世界如何形成』的你，對自己的了解又有多少呢？人類究竟知道些什麼？」

蘇格拉底不斷對人們提出這個問題，持續與他人對話、引導他們做更深入的思考，努力讓人們知道自己所知其實甚少（也就是一般所說的**「無知之知」**，但正確來說，應該是「對自己的無知有所自覺」，解釋爲**「自覺無知」**較恰當）。

從蘇格拉底開始，哲學的焦點從外在的世界轉向人類內在的深沉探索，並開始對「生存」提出質疑，這一點可說具有非常重大的意義。

1 蘇格拉底身處的雅典

爲什麼蘇格拉底會將思考從外側世界轉往內在的心靈呢？

原因或多或少與他所處的雅典政治狀況有關。不管在哪個時代，人類的思考必然會受時代與環境影響。關於雅典在蘇格拉底、柏拉圖、亞里斯多德這「希臘三哲」所處的時代（西元前五世紀到四世紀）裡所發生的大事，各位可以參考本章開頭的年表。

西元前五世紀初，希臘諸城邦曾經歷波斯阿契美尼德王朝（西元前五五〇～三三〇年）的三次侵略（波希戰爭），並使得雅典與斯巴達成爲非常強悍的城邦。斯巴達將所有市民培養成戰士，是座軍事城邦；雅典則從貴族政治轉往民主政治。雖然性格相異，但兩座城邦在競爭對立的同時，也逐漸走上掌握希臘霸權的道路。

尤其是雅典。民主派貴族厄菲阿爾特改革成功後，將原先大多由貴族獨占的統治權交到平民手上。而在厄菲阿爾特遭暗殺後（約西元前四六一年），坐上雅典領導人大位的伯里克里斯（約西元前四九五～四二九年）一方面貫徹民主政治，另一方面也非常努力地想結束與波斯之間的長期戰爭狀態；同時持續和斯巴達交涉，締結長達三十年的和平條約，以避免不必要的衝突。

伯里克里斯在獲致雅典的和平後，開始努力修復在波斯戰爭中遭到破壞的建築。至今仍矗立於衛城、向世人展現美麗姿態的帕德嫩神廟，就是由他重建的。伯里克里斯對藝術也非常感興趣，還與他的情婦阿斯帕西亞創立了一個文化社團，包含蘇格拉底在內的許多人士都是該社團成員。雅典三大悲劇詩人：艾斯奇勒斯、索福克勒斯、歐里庇得斯，以及喜劇詩人阿里斯托芬也都出現在這個時代。後世稱此時期的雅典爲「伯里克里斯時代」或「黃金時代」。

伯里克里斯
（約西元前 495-429）

蘇格拉底出生於西元前四六九年左右，這時候的伯里克里斯年約二十六歲，才剛開始與當時還在世的厄菲阿爾特一同建立民主雅典的繁榮時代。換言之，蘇格拉底的青少年時期，說不定就是雅典最和平的時候。

但一直互爭希臘霸權的雅典和斯巴達，最後還是起了衝突，希臘諸城邦也各自靠邊站，形成以雅典爲中心的提洛同盟，和以斯巴達爲中心的伯羅奔尼撒聯盟，開啓了漫長的伯羅奔尼撒戰爭（西元前四三一～四〇四年）。

戰況推移就不在這裡細說了。值得注意的是，伯里克里斯死後，政治家尼西阿斯爲了延續其民主政治，於是與斯巴達在西元前四二一年議和。但年輕俊俏的政治家阿爾西比亞德斯（西元前四五〇年～四〇四年）卻無視雙方的和談，強硬地提議要遠征西西里。這項有勇無謀的作戰計畫最後失敗了，導致雅典艦隊全滅，只能選擇向斯巴達投降，伯羅奔尼撒戰爭也就此結束。

戰敗的雅典，政治上遭到斯巴達介入的痕跡非常明顯。民主政治一時傾頹，由少數仰仗斯巴達鼻息的市民獨占市政。這個集團是由三十位僭主（非法統治者）組成，故稱爲「三十僭主」或「三十人政權」。

伯羅奔尼撒戰爭剛開始時，蘇格拉底年約三十八歲，正值盛年。由於雅典的市民皆有服兵役的義務，因

阿爾西比亞德斯
（約西元前 450-404）

此他也曾參戰，並勇敢殺敵。然而等到漫長的戰爭結束時，他已經是六十五歲左右的長者，只剩下大約五年的人生。他人生的精華時期，也正是雅典從伯里克里斯打造的黃金時期走向衰敗的時代。

身處長久戰亂當中，蘇格拉底會想些什麼呢？說不定他覺得，與其思考本原是什麼，還不如把心思放在人類生存的意義上。

2 蘇格拉底的真實與虛像

「助產術」與「自覺無知」

蘇格拉底的父親是石匠，母親則是位助產士。他似乎從很年輕的時候，就非常喜歡與人辯論。成人後，曾跟著自然哲學家學習，並修習辯論術，好加深自己的思考。他那毫不拐彎抹角的發言在雅典非常受歡迎，有許多年輕人爲之傾倒。

當時雅典最盛行的學問，就是辯論術與修辭學。

在伯里克里斯的時代，雅典的市政由三十歲以上的男性市民全員參與。對當時的男性市民而言，如果能有效展現自己的主張、與對手爭論並獲得勝利，自己就有可能出人頭地。如同人們在奧林匹亞運動會比較彼此身體能力的強弱，市民們也會舉辦辯論大賽來展現口才。

在那樣的時代，當然會有許多收取金錢、教導辯論術的人，而這些人被稱爲「智辯家」（sophistes），原來有「賢能者」的意思。關於智辯家，稍後還會詳細說明。

蘇格拉底的辯論術注重對話。他的做法是向對方提出許多問題，一邊駁倒對方的論點，一邊逼近事物的核心。雖然我們現在稱這套方法爲「反詰法」或「辯證法」，但他卻說自己這套方法是「助產術」。他對年輕人不斷發問，既有耐心且強韌地逐步糾正他們的錯誤，讓年輕人獲知眞理。這種對話方式就像助產士幫助母親產出體內的嬰兒，因此稱爲「助產術」。這當然是因爲蘇格拉底的母親是位助產士，就連他本人也自稱「精神助產士」。

蘇格拉底想透過助產術讓大家明白的，正是「自覺無知」。古希臘時期的人認爲，只有神才是智者；因爲人類並非智者，才會渴求知識。換句話說，所謂「哲學的起點」，在於人類自覺到，與神明相比，自己的知識幾乎爲零。

「自覺無知」究竟是什麼狀態呢？我想就像「瞎子摸象」一樣吧。摸到象鼻的人，會覺得這是種細長的生物；摸到腳的人，會覺得這動物就像柱子；摸到耳朵的人則想著牠長得像把大扇子。沒有人眞正明白大象的眞實樣貌，卻都以爲自己知道什麼叫大象。蘇格拉底所謂的「自覺無知」，我想應該就是希望大家能了解，人們所知曉的，不過只是部分的事象。

世界寬廣而複雜，但人類卻很容易過分樂觀，相信「我們什麼都知道」。這件事究竟有多麼愚蠢，只要看看歷史上不斷重演的戰爭或領導者所犯的錯誤便能明白。到處都是對自己的無知缺乏自覺、驕傲又自大的政治家與知識分子。

另一方面，在伯羅奔尼撒戰爭及其後持續混亂的時代裡，年輕人根本不知道自己何時會被送上戰場，每天都過得戰戰兢兢。蘇格拉底認爲，應該讓年輕人思考這個世界的眞相，給他們重新看待人生的機會，而他也將自己的人生，投入在與這些人的對話裡。

蘇格拉底的日常與死亡

據說蘇格拉底每天吃完早餐後，就會穿著粗布衣服、赤腳走上雅典街頭。他會前往廣場或神殿等人群聚集的場所，又或是人來人往的路口，不分對象，抓住人就開始提問。

藉由一問一答的過程，蘇格拉底想讓人們對自己的無知產生自覺。不過想把那些無自覺者從黑暗中拉出來，就得毫不妥協地否定對方因無知而提出的論點，除了必須非常強硬地駁倒對方，還要學會對他們的反應一笑置之。蘇格拉底常因人們惱羞成怒而遭到毆打，但從不還手，旁邊的人也無可奈何。

倒是蘇格拉底一派輕鬆：「要是我被驢子踢了，難道大家會要我向驢子提告嗎？」

有些人覺得他的行爲令人反感，也有人故意找他麻煩，但蘇格拉底卻無動於衷，依然每天在街上找人辯論。他留在家裡唯一的目的，或許只有吃飯吧。蘇格拉底的妻子是一位名叫贊西佩的女性，在歷史上是有名的「悍妻」。不過從她的立場來看，這種老公想必讓她既煩躁又擔心，才會老是吵架。

後來，那些被蘇格拉底駁倒而心懷怨恨的人們對他提出告訴。罪狀是「不信仰城邦所供奉的神明，並意圖使年輕人墮落」。

針對這點，蘇格拉底在公開審判中光明正大地說出了一番辯駁，但仍然被判死刑。據說蘇格拉底原先有機會死裡逃生，不過他卻遵照法律判決，將毒藥一飲而盡、受刑死亡。

蘇格拉底是智辯家嗎？

話說回來，回顧哲學發展的歷史，如何正確評價蘇格拉底其實是個非常困難的問題。這是因爲他自己並沒有留下任何文獻著作。

據說蘇格拉底並不認爲寫在紙上的東西有價值。他透過「助產術」這種方式來獲致學問，在對話的同時，也給予對方各種提點，好結出思考的果實。因此，對蘇格拉底而言，「不斷重複對話」是非常重要的，也才沒有留下任何著作和文獻。

既然如此，關於蘇格拉底的哲學和形象，又是如何流傳至今的呢？

今天我們所知關於蘇格拉底的一切，是透過他的學生柏拉圖等人，以及同時代的劇作家、哲學家所留下的紀錄。在這些資料中，尤以柏拉圖的著作占壓倒性多數。甚至可以說，關於蘇格拉底的哲學思想，幾乎完全來自柏拉圖的文字。

柏拉圖的著作絕大多數仍留存至今，這在世界史上可說是奇蹟。柏拉圖出生時，蘇格拉底已經四十二歲了。柏拉圖在自己的著作裡留下了大量有關老師的事蹟，最具代表性的一篇，是蘇格拉底於公開審判中所陳述的內容，也就是〈蘇格拉底的申辯〉（Apology of Socrates，收錄於《對話錄》）。

柏拉圖所描寫的蘇格拉底，是位知識的探求者，重視理性思考。只要閱讀蘇格拉底的雄辯、了解他在思考上的邏輯，就會留下「這是一位偉大哲學家」的強烈印象。後世認爲，柏拉圖不但是蘇格拉底的學生，本身也是非常傑出的哲學家，這使得大家對柏拉圖所描繪的蘇格拉底深信不疑，認爲這就是眞相。

蘇格拉底使用對話一事，除了柏拉圖，其他文獻也有相同的記載，因此這的確是事實沒錯。但另一方面，柏拉圖的著作大多也是對話形式，而且他早期的作品幾乎都在描寫蘇格拉底，所以大家都相信，柏拉圖筆下蘇格拉底的言論，其眞實性和史實相去無幾。但冷靜想想，柏拉圖的記載眞的是事實嗎？其中關於蘇格拉底的眞實面究竟有多少？柏拉圖自己的哲學思想是否也摻雜在裡頭？其實沒有人知道。這種事情很容易被大家忽略。閱讀的時候若是全盤接受、毫不懷疑，那麼讀者心中必然會浮現出身爲傑出哲學家、偉大知識分子的蘇格拉底形象。

在蘇格拉底的時代，確實也有批判他的人，例如阿里斯托芬（約西元前四四六～三八五年）。

阿里斯托芬
（約西元前 446-385）

阿里斯托芬是位喜劇詩人，出生於蘇格拉底二十三歲左右。他在二十出頭時便發表了名爲《雲》的喜劇。這部作品描寫一位還不出錢的男子，讓兒子進入蘇格拉底門下，想讓孩子學習如何和他人辯論「我其實並未借錢」的技巧。

阿里斯托芬讓在劇中身爲蘇格拉底學生的主角，說出以下臺詞：

「只要付了錢，這些人就能以辯論的方式，教導你如何獲勝，無論事情是否正確。」

在這部作品中，阿里斯托芬將蘇格拉底定位爲智辯家，並加以嘲弄。關於智辯家，前面曾稍微提過，就是收取金錢以教導他人辯論術的人。原本的意思是「賢能者」，但後來漸漸被稱呼爲「詭辯者」。他們會用「鞋子破掉不是好事，但對修鞋匠來說卻是」這種歪理，使對手屈居下風，並讓自己的論點變得有利。至於智辯家爲什麼會開始說起歪理，正是由於他們得教那些付了學費的人贏得辯論。

另一位反對蘇格拉底的，是較他年長約十六歲的哲學家普羅達哥拉斯（約西元前四八五～四一五年）。

普羅達哥拉斯是非常具代表性的智辯家。他留下了**「人是萬物的尺度」**這句話，其邏輯是：**每個人的思考方式都不同，不同的思考方式即是不同的尺度，因此「正確」其實因人而異；不只思考如此，體現在行動上也一樣**。他的論點是終極的相對主義，基本上並不認可

普羅達哥拉斯
（約西元前 485-415）

「普遍性」標準的存在。

在〈蘇格拉底的申辯〉裡，蘇格拉底曾說：

「當我爲了達成自己的使命而述說時，只要有人願意聆聽，不管對方是青年、老人，或有多少人，我都不會拒絕。此外，雖然我也會在獲得報酬的情況下講學，但並不因此而在其他場合噤聲。我不看貧富差異，無論有多少人發問，都不會拒絕回應，我允許任何有意願者回答我的問題，並聆聽我所說的內容。」

柏拉圖曾寫到，蘇格拉底希望藉由辯論術，讓他人對自己的無知產生自覺。由於蘇格拉底不會扭曲正義或社會良識，也不非得收取報酬不可，因此並不是智辯家。

問題是，就算蘇格拉底和其他智辯家的辯論目的大不相同（前者想讓眾人自覺無知，後者則純粹爲了在辯論中獲勝），但從「方法」的角度來思考，其中的差異又有多少呢？另外，「教導辯論以獲得報酬」這件事很糟嗎？舉例來說，那些被蘇格拉底詰問後變得較有智慧的年輕人，爲了表達謝意，因此帶了紅酒給蘇格拉底，而他也收下了。這能不能算是報酬呢？

另一方面，蘇格拉底雖然在公開審判當中被判死刑，但他如果眞像柏拉圖所描述的那樣，是位既偉大又令人尊敬的人，那麼要市民同意這項判決，恐怕沒那麼容易。在伯羅奔尼撒戰爭末期，讓雅典與斯巴達和談化爲泡影的帥哥青年政治家阿爾西比亞德斯，就是蘇格拉底的學生；據說他對蘇格拉底的崇敬，已經誇張到幾乎讓人覺得是迷戀。此外，導致雅典政治陷入混亂的「三十僭主」中，有一位名爲克里底亞的，也很有可能是蘇格拉底的學生。

如果把當時雅典流傳的事蹟都納入考量，那麼蘇格拉底或許擁有遠大的志向沒錯，但現實中卻有可能被其他人視爲普羅達哥拉斯之流的智辯家。

蘇格拉底是一位非常優秀的人物，這是毋庸置疑的。但我們原先對他的印象——與世隔絕、專心致志的偉大人物——非常有可能是柏拉圖所打造出來的理想形象。

3 柏拉圖的地位

建立雅典黃金時代的伯里克里斯過世後兩年，柏拉圖出生了。

柏拉圖多愁善感的青春期，正好與雅典苦於伯羅奔尼撒戰爭、遠征西西里失敗的時代相重疊。他活在雅典從繁榮下滑至谷底的年代，二十八歲時，景仰的老師蘇格拉底又被判死刑。

柏拉圖是雅典名門之後，本名是亞里斯多克勒斯。據說他的體格宏偉、肩膀寬闊，被摔角老師稱爲「柏拉圖（寬廣的）」，而這個暱稱最後也成爲他的通稱。當時的希臘上流階級非常重視文武雙全，鼓勵大家參與體育活動，柏拉圖也不例外，還留下了在摔角大賽獲勝的紀錄。

前面提過，柏拉圖的著作幾乎完整地留存至今，那是因爲他在西元前三八七年創立了持續九百年之久的

柏拉圖
（西元前 427-347）

「學院」（The Academy）之故——校方妥善保存創校者的著作，是很理所當然的。柏拉圖的著作數量非常驚人，甚至有相當長篇的作品；主題也非常多樣化，除了他所提出的「理型論」，也包括政治學、法學、問答法、數學與幾何學、天文學與自然科學、神學、倫理學，以及「魂」（psyche，指「頭腦的無知」）等主題。

針對柏拉圖這樣的著作與思想，英國哲學家懷海德（一八六一～一九四七年）曾說過一句非常有名的話：

「哲學史不過是對柏拉圖的註腳。」

這句話要表現的是，柏拉圖的著作幾乎包括了所有哲學性主題。對剛開始學習西方哲學的人來說，最先看到的就是「柏拉圖作品」這座大山。但換個角度來看，之所以有這座大山，也是因為他的著作留存下來的緣故，不禁讓人覺得柏拉圖非常幸運。就算在世時是位偉大的學者，若沒有留下任何痕跡，就無法對後世產生影響。中國有一位年代比孔子稍晚的思想家墨子，以對儒家的批判而聞名。但墨子所創立的學派，在他死後沒有多久就消失了，著作幾乎全部逸失。在思考懷海德的這句話時，我不禁想到墨子。

懷海德
（1861-1947）

《雅典學院》
（拉斐爾繪，中央左方為柏拉圖，右方為亞里斯多德）

據說以希臘人的目光來看，柏拉圖的老師蘇格拉底是個其貌不揚的男子。相較之下，不管是體格還是樣貌，柏拉圖都要來得更稱頭。文藝復興時期畫家拉斐爾在《雅典學院》這幅作品中畫了許多哲學家，位在整張圖正中央的，就是柏拉圖與亞里斯多德。

而柏拉圖的形象，來自與拉斐爾同一時期的巨匠——達文西。柏拉圖是一位儀表堂堂的人物，在第歐根尼的《哲人言行錄》裡，也留下了許多小故事，表現出他不服輸、充滿自信的一面。

受畢達哥拉斯學派影響的柏拉圖

柏拉圖活到了八十歲，相當長壽，他的思考與想法也因此有過許多變化——只要活得夠久，無論是誰都一樣。因此，要探究柏拉圖哲學的本質究竟爲何，其實非常困難，不過一般都認爲是「理型論」。關於「理型論」的內容，後面會再介紹，不過其本質就是二元論，也就是先確立兩種相異的原理，並依此建構各式各樣的理論。最具代表性的就是認爲「精神與肉體（物質）」是兩種存在的二元思考。

柏拉圖的二元觀點似乎受到畢達哥拉斯學派的影響。前面曾提過，畢達哥拉斯在義大利半島南端的克羅頓建立了自己的學派，也聚集了許多數學與幾何學方面的人才。但後來學派的根據地遭到暴徒破壞，他本人也遭到殺害，導致學派解散。不只如此，包括內部紀錄、畢達哥拉斯本人的著作在內，所有文獻全被燒掉，什麼都沒留下。只剩下少數繼承他教誨的學生們還留在義大利南部，遵守並推廣他的思想。

爲了學習畢達哥拉斯學派的學問，柏拉圖在西元前三八八年時首次造訪義大利，當時他大約三十九歲，而且距畢達哥拉斯逝世已超過一百年以上。柏拉圖在那裡究竟學到了些什麼？畢達哥拉斯是位主張「本原即是數學」的哲學家，因此柏拉圖很可能是爲了學習數學及幾何學而去，但他也吸收了該學派的另一個思想，也就是「輪迴轉生」。此一思想的源頭是印度，認爲時間會像圓圈一樣會不斷循環，靈魂不滅，不斷重生。

一年後，柏拉圖從義大利回來了。西元前三八七年，他在雅典西北方的郊外建立了「學院」，將信奉他學說的年輕人聚集於此，想必是爲了發展自己的哲學，並希望有人繼承吧。畢達哥拉斯在一百多年前創立學派、教導哲學，使他的學說仍能代代傳承，這點應該也對柏拉圖造成了影響。

畢達哥拉斯
（西元前 582-496）

在柏拉圖過世後，學院發展為學習希臘古典文化的最高學府，與其說它是像大學一樣的地方，更像是信仰同樣思想與宗教的人們聚集在一起學習的教派。

看著真實之影而活著的你

請想像一下：

有個人從小開始，他的頭和手腳就被固定住，坐在面對地下洞窟牆面的一把椅子上。在離他非常非常遠的後方，有一堆火熊熊燃燒著。火焰前方有一條路，各式各樣的動物、人類和車馬都會經過那裡。而這個被固定在椅子上的人，就這樣日復一日地看著眼前的牆壁上映出兔子、騾子或人類等物品的投影。

只能看著牆面的這個人，一直以為映照在牆上的影子就是世界真實的樣貌。而且只要繼續維持在這個狀態下，他一輩子都不會發現自己根本誤會大了。

那麼，這個人要如何才能脫離這種狀態呢？

假設他重獲自由，回頭望向那堆明亮的火。看慣了影子的人，在直視火焰的那瞬間，不但會感到目眩，甚至有可能好一陣子不管什麼東西都看不見。等到終於習慣那種光亮、能看見影子的本體（事物真實的樣貌）後，要是再次望向那黑暗的洞穴，會發生什麼事呢？這回，他會對黑暗感到困惑、覺得投影看起來很模糊。另一方面，就算有個很清楚這些實體（事物真實的樣貌）的人，把自己看見的眞實狀況說給一直待在黑暗裡、看著投影的人聽，未見過實體的人不但不會相信，反而會懷疑那些見過火光的人。

柏拉圖用「光」做爲最高級的理型「善」的表徵。正因爲有它，才會有其他各式各樣的理型（事物之眞實）。但人類非常容易滿足於洞窟內的狀況，才會誤將映照在牆上的影子當成是眞的，這就是柏拉圖的理論。

這是柏拉圖非常有名的「洞窟比喻」。柏拉圖認爲，人類經常犯下和洞窟裡那人相同的錯誤。那麼該怎麼做，我們才不會誤把影子當眞實呢？他建議我們應該將思考的焦點從外部移開，重新面對靈魂內側。

柏拉圖針對「理型的回想」有以下的主張：

靈魂在降臨此世前，早已熟悉理型世界裡的所有理型，只是出生時，在與身體結合的那瞬間「忘了」，使得知識變成「回憶」。當我們在此世接觸到各項「模仿」理型而產生的事物時，便會回想起被遺忘的理型。

舉例來說，這裡有張很平常的桌子。爲什麼大家一致認定這東西是「桌子」呢？

這是因爲所有人的靈魂都知道「桌子」的理型：有塊大型板子，下方有數根長棍平行支撐著板子。當有人以此爲根據做出桌子後，看見它的人也會回想起「桌子」的理型。這就是柏拉圖想要說明的。

理型論其實很難理解，越是思考，就越會發現其中的複雜。

「事物有其本質，即爲『理型』。我們在現世中見到的，乃是理型的仿造品。」簡單來說就是這樣。

那麼理型存在於什麼地方呢？柏拉圖認爲理型存在於思想的世界，現實的感官世界則會在某種程度上呼應理型，這是天上的理型與地上的物質共同存在的二元論。我想這應該多少受到畢達哥拉斯學派的輪迴轉生思想（靈魂不滅、人類會不斷重生）的影響，也有學者認爲，這是受到巴門尼德的影響。

附帶一提，希臘文中的「理型」（idea）並沒有英文裡「想法」的涵義。因此，英文一般會將「理型」譯爲「form」而非「idea」。

「哲人政治」為什麼是理想？

前面提到，西元前三八七年時，柏拉圖創立了學院，之後並經營了約二十年左右。在學院裡所傳授的學問包含天文學、生物學、數學、政治學、哲學等，非常重視以對話與問答爲主的教學。柏拉圖四十至五十歲左右這段時間的活動重心都放在學院，同時也執筆撰寫個人最具代表性的作品《理想國》。柏拉圖從年輕時就對政治、國家和法律等方面很有興趣，應該和他所處的時代背景有關吧（希臘在伯羅奔尼撒戰爭吃了敗仗、雅典處在斯巴達控制之下）。

《理想國》和《法律篇》等作品中所描述的政治型態是這樣的：首先是只有一位支配者的情況，可分爲王政和僭主政治兩種。假設有一位君王A，當後繼者具有A的血統時，就表示這個國家是依「血緣」這項制度（規範）來統治，也就是「王政」。至於僭主政治，則是指繼任者不具備王室血統（僭主），而是憑自己的實力攬權操控。在這種情況下，血緣將遭到無視。

接著，是少數幾位支配者的情況，可分爲貴族政治及寡頭政治。

首先，貴族政治會依循血緣而建立；畢竟並不是任何人都可以成爲貴族。寡頭政治則是由數量有限的某個集團掌控政治權力。舉例來說，雅典打輸了伯羅奔尼撒戰爭後，就是由斯巴達所遴選的幾位代表所支配，在這種情況下，是不管血緣的。

政治型態的第五種是民主政治。由於有「多數決」這項規範，因此這種政治型態原則上不容易發生個人或一小撮人橫行的情況。柏拉圖在談論政治時，最大的特徵就是除了民主政治，還加上了「哲人政治」。柏拉圖所描述的是一位稱爲「哲人王」的賢明君主，再加上由多位賢能者（既是哲學家，也是實際負責政務之人）做爲管理階層，如此一來，才能施行善政。

表現柏拉圖時代雅典學院的馬賽克拼貼

柏拉圖認爲哲人政治是最好的，原因可能在於當時雅典的政治情勢。那些仰仗斯巴達鼻息的傢伙，不管執行的是寡頭政治或民主政治，都對雅典沒什麼好處。但如果要思考對當時的雅典來說，什麼樣的政治型態最好，柏拉圖所能想到的，或許就是哲人政治。但如果柏拉圖生活在雅典的黃金時代，說不定會對民主政治有更高的評價。

沒想到，柏拉圖認爲能拯救雅典的哲人政治，後來在西西里得到了實踐的機會。

那是柏拉圖第一次前往西西里時，成爲其愛徒的年輕哲學家帶來的緣分。雖然曾有兩次機會實踐哲人政治，但兩次都因爲捲入西西里的政治鬥爭而失敗。就結果來說，他只是在很短的期間內，向西西里的政治家談論哲人政治，並加以指導罷了。

從西西里回到雅典後，柏拉圖便專注於著述和學院的教育，直到他在西元前三四七年時，以八十歲高齡過世。

4「萬學之祖」亞里斯多德

亞里斯多德（西元前三八四～三二二年）比柏拉圖年輕大約四十三歲。

亞里斯多德出生於巴爾幹半島東南部的色雷斯、一座名爲斯塔基拉的小城市，是醫師之子。此地位在希臘東北方，當時屬於馬其頓王國。

亞里斯多德出生時，希臘各城邦紛爭不斷，再加上波斯勢力介入，使得國家逐漸走向衰退。另一方面，亞里斯多德出生兩年後，腓力二世也出生在北方的馬其頓王國——他後來將馬其頓打造爲強國，最後甚至制霸希臘各城邦。

關於亞里斯多德的少年時期，並沒有留下太多紀錄。據說雙親在他很小的時候就過世了，由姊夫擔任監護人。之後的生活也沒有什麼詳細的記載，直到十七、十八歲左右，才明確得知他進入柏拉圖的學院就讀。亞里斯多德在學院裡展現出自己的才能，就連柏拉圖也大爲稱讚。但是到了柏拉圖晚年，亞里斯多德卻離開自己待了將近二十年的柏拉圖學院。

亞里斯多德爲何離開學院？

理由之一，是學院校長的繼任者由柏拉圖的外甥勝出；另一個理由則很有可能是當時的國際情勢。當時的雅典對很可能入侵的北方強國馬其頓始終警戒，這或許讓同樣出身馬其頓的亞里斯多德很不自在，因而離開雅典。

但我想原因不只如此，身爲哲學家的亞里斯多德，應該有非離開學院不可的理由。

離開學院的亞里斯多德，後來在小亞細亞的一座小城市阿索斯落腳，將自己所學到的知識傳授給他人。

西元前三四二年，亞里斯多德四十二歲的時候，因馬其頓國王腓力二世（西元前三五九～三三六年在位）的招聘而前往首都佩拉。腓力二世不但任命亞里斯多德爲王子亞歷山大的家庭教師，還命令他同時教導那些將來要成

亞里斯多德
（西元前 384-322）

腓力二世
（西元前 359-336 在位）

爲太子智庫的優秀貴族子弟。

亞里斯多德自亞歷山大十三歲起擔任他的老師，六年後（西元前三三六年）王子就登基了，也就是後來的亞歷山大大帝。隔年，功德圓滿的亞里斯多德回到了雅典，當時他已年近五十。

回到雅典的亞里斯多德，靠著亞歷山大大帝的資金援助，在雅典郊外東方、一個名爲呂刻昂（Lyceum）的地方創設了自己的學園（法文的「高中」爲「lycée」，語源即出自於此）。亞里斯多德似乎非常喜歡在學園內的柱廊和學生們一邊散步，一邊講課，這使得該學院被稱爲「漫步學派」（或稱「逍遙學派」）。

西元前三二三年，亞歷山大大帝逝世。

這使得在全盛時期曾擴張到印度河流域的亞歷山大帝國陷入混亂，雅典的反馬其頓運動也日漸激烈，連亞里斯多德也遭到雅典放逐而離開。西元前三二二年，他在母親的故鄉——尤比亞島的哈爾基斯結束了一生。享年六十二歲。

據說亞里斯多德的聲音並不洪亮，也不是很擅長講課，卻也因此留下了非常詳細的上課講義。中世紀時，這些講義經過一番整理，編輯成《亞里斯多德全集》，一直流傳至今。據說原始文件有將近五五〇卷，但這套全集只收錄了約三分之一左右。其內容果然不負「萬學之祖」的名號，非常多樣化。除了邏輯學、倫理學、形上學（是指研究存在與事物本質的學問）、政治學等與哲學相關的領域，也廣泛網羅了物理學、天文學、氣象學、生物學等自然科學。

關於亞里斯多德的哲學，以下舉出幾個較具特徵的觀點。

指著天的柏拉圖，指著地的亞里斯多德

歷史上的虛實眞假難以定論，不過在《哲人言行錄》裡，有個關於亞里斯多德的故事：柏拉圖對亞里斯多德離開學院一事感嘆地說道：「亞里斯多德把我一腳踹開就走了，就像小馬對待自己的母親那樣。」

我認爲，儘管亞里斯多德以柏拉圖爲師，並不表示他絕對肯定柏拉圖的哲學。關於這對師徒在哲學思想上的差異，我想引用《哲學關鍵詞事典》（哲学キーワード事典，木元田編）的解說：

描繪伊蘇斯戰役的馬賽克磚畫，出土於龐貝，
畫中人物即為亞歷山大大帝（西元前 336-323 在位）

亞里斯多德所描繪的世界樣貌和柏拉圖不同，是較動態的；從非常廣義來說，就是生物主義——如動物般具有本能，過著有機體般的生活。柏拉圖則認為，由現實個體構成的世界，是永恆不變的理型世界之仿作，因此在原理上應該不具變化。

也就是說，柏拉圖的理型是觀念上的直覺。沒有在邏輯上論證「理型存在」，而是以「世界上有理型」為前

《雅典學院》
（拉斐爾繪，中央左方為柏拉圖，右方為亞里斯多德）

提，然後推導出理論。的確，「洞窟比喻」非常好懂，但並沒有說明理型爲何存在，而是直接從「靈魂的世界有理型」展開論述。柏拉圖的哲學屬於「觀念論」；另一方面，亞里斯多德則重視實證，認爲「經驗論」更重要。

爲了從各式各樣的經驗當中推導出眞實，亞里斯多德認爲應該根據經驗來分析結果，再將其化爲理論；就像他的「三段論」，也就是「若A爲B，且B爲C，則C爲A」的邏輯推演。

或許亞里斯多德也對自己無法接受老師的直觀論點感到非常煩惱，總覺得自己與理型論的頻率有點接不在一起……或許因爲如此，他非常重視做爲方法論的邏輯學。

在前面談到柏拉圖的段落裡，我曾提過拉斐爾的《雅典學院》一圖。在那幅圖裡，柏拉圖指著天，亞里斯多德則指著地面。我們彷彿能聽見兩人的對話：

亞里斯多德：「腳沒有踩著地面是不行的啊。」

柏拉圖：「不，你看看天空。天上有理型啊。這個世界不過是模仿出來的東西。」

這幅畫非常明確地描繪出兩人哲學思想的不同之處。亞里斯多德之所以離開學院的主因，我想很可能在於兩人的哲學目標並不一致。說得極端一些，亞里斯多德從蘇格拉底、柏拉圖，又回到了希臘傳統的愛奧尼亞派，也就是向外在世界尋求答案。

人類該如何過得幸福？

倫理學是亞里斯多德所建立的。倫理學（ethics）的希臘語是「ta ethika」，意指各種有關「民風」（ethos）的事。

那麼「民風」又是什麼呢？它指的是一個民族或社會群體眾所周知的道德習慣、人格及品性等，包括了性格、氣質、傳統精神、思潮和風氣等內在的特質，而非外在的風俗。即使在現代市民社會裡，爲了讓眾人住得更自在，同樣會制訂一些身爲市民必須重視的公約或規範等。所謂的「民風」，可認定爲「善」（善生，日常中需要的好行爲和良心品性），以及實現這份善的力量（德）。

對於生活在古希臘城邦的人來說，非常需要這樣的民風。至於如何讓人人都能妥善認知、實踐，並扎根在社會裡，則是非常困難的課題。

當蘇格拉底被判死刑的時候，他明明有逃走的機會，卻還是將毒藥一飲而盡。他對勸自己逃獄的人說：「不能光是活著，重要的是好好活著。」（柏拉圖幫他寫下了這段話）說明了蘇格拉底謹守著雅典的民風。

蘇格拉底傳承給柏拉圖的民風，到了亞里斯多德手上，便集大成而為「倫理學」，其本質在《尼各馬科倫理學》（*Nicomachean Ethics*）一書中有簡要的記述。這部作品是亞里斯多德的講義紀錄，由兒子尼各馬科編輯而成，至今仍有許多人閱讀。

在《尼各馬科倫理學》裡，亞里斯多德提出了「中庸」這個概念。「中庸」這兩個字是從儒家借用的，希臘語是「mesotes」，意指「中間性」，英文則稱為「golden mean」（黃金中庸）。亞里斯多德認為，在人類行為或感情的「過」與「不及」這兩個極端之間，存在著「德」。

舉例來說，某天惡鬼打破大門入侵。要是徒手去毆打惡鬼，反而會害自己被吃掉，這叫有勇無謀；但如果因為非常害怕而躲了起來，那就只是個膽小鬼。應該拿著武器、運用智慧，拿出勇氣與鬼作戰才對，而這樣的行為裡有德（民風），也是通往幸福的道路。

亞里斯多德不但提倡中庸的重要性，還認為在黃金中庸的延長線上，有著大家期望的政治樣貌：人類的幸福，就是在推行民主政治的城邦國家裡，以中庸之道施政。換句話說，「善」必須經由共同體才能實現。

順帶一提，「倫理學」這三個字，是日本哲學家井上哲次郎所提出的，取自中國的古籍《禮記》，意思是「將人類的秩序關係（倫）定下來（理）的學問」。

整理世界的亞里斯多德

原來水蚤是這樣誕生的？

蘇格拉底將思緒延伸到人類的內在，而柏拉圖提出了許多哲學問題。相對於這兩人，亞里斯多德則是位將各種問題理出頭緒的哲學家。從這層意義來看，他的確是萬學之祖。

他也整理出了宇宙論。亞里斯多德認為，宇宙中心是不會動的地球，中心以外的部分則是同心圓狀的層狀結構，每個星球各一層。就連地上的生物，他也進行了詳細的觀察，並發表結論。尤其是動物學，他觀察、分類了數百種動物，還認為動物是自然產生的——從各式各樣的東西中誕生。舉例來說，水蚤來自於垃圾。從現代的目光來看，他的研究固然有許多是錯誤的，但確實多采多姿。

世界由四種物質與四項因素構成

恩培多克勒認為世界由火、空氣、水、土四種元素（也可以說是四種材料）所構成的。相對於此，亞里斯多德認為，這四種元素在什麼狀態非常重要——基本上是熱、冷、乾、濕這四種性質的組合。火的性質是熱與乾、空氣的性質是熱與濕、水的性質是冷與濕、土的性質是冷與乾。

亞里斯多德將這四種性質對應到宇宙萬物甚至人類的個性，形成一個宏大的體系，而這套「四性質說」對歐洲社會的影響，遠比恩培多克勒的「四元素說」要大。但非常奇特的是，亞里斯多德的這套說法與中國的陰陽五行說實在非常相似，這點在提到中國諸子百家的時候，會再進行比較與說明。同時，亞里斯多德還以「四因說」來解釋世界。舉例來說，他不會用「理型」來說明桌子，而是認爲桌子由質料因（木材）、形式因（外觀型態）、動力因（木匠工作）、目的因（用餐）所構成。

但你將世界整理得太清楚了

亞里斯多德爲各類學問建立體系，但也許是因爲整理得太清晰，且條理分明的邏輯過於強烈，導致至少有一千年以上的時間，歐洲各學科完全無法脫離亞里斯多德的束縛。

亞里斯多德的學問體系就像最高的知識權威，讓人無法批判；直到工業革命後，各項學問才開始慢慢脫離這個體系，逐漸自成一門，並建構出西洋哲學與各學科的發展史。

本章所介紹的三位哲學家都是非常傑出的人物，但他們並不是一下子就站上哲學的舞臺、讓世界耳目一新。我認爲最重要的，是在以雅典爲中心的時代背景下，出現了這三位哲學家。

曾活在雅典黃金時代、相信民主政治的蘇格拉底；眼見雅典敗在斯巴達手下、失去希臘霸權地位的柏拉圖；出身制霸包括雅典在內各城邦的馬其頓王國，並擔任亞歷山大大帝家庭教師的亞里斯多德。我認爲時代背景對他們的思想有非常大的影響。

恩培多克勒
（約西元前 490-430）

哲學下午茶1
蘇格拉底的老婆真是母老虎嗎？

據說蘇格拉底的朋友曾說：

「你老婆那樣對你大吼大叫的，你居然還有辦法這麼淡定。」

蘇格拉底糾正他：「畢竟我已經習慣了嘛。只要想成有個滑輪一直在那邊嘎啦嘎啦地響就好啦。你還不是一直耐著性子，聽自己養的鵝整天在那邊呱呱叫的。」

他的朋友反駁：「我的鵝可是會生蛋和小鵝給我呢。」

蘇格拉底又回嘴：「我老婆贊西佩可是幫我生了小孩咧。」

蘇格拉底的妻子贊西佩是位聞名天下的悍妻，留下了許多故事。日本作家佐藤愛子有部名為《蘇格拉底之妻》的作品，還是一九六三年芥川賞的入圍佳作。

在這部作品中，被稱為蘇格拉底的男人，是主角「我」的丈夫。

他每個禮拜在高中上三天課，領的是時薪、教的科目是社會，本業則是當鋪。但他幾乎沒在經營當鋪的生意，每天只顧著寫不賺錢的小說、打牌賭博。

更讓人無法接受的是，他還借錢給寫作社團的同伴，結果根本是肉包子打狗……

故事中的丈夫雖然幫不上什麼忙，為人卻非常磊落，只是當鋪最後還是倒閉了。小說有大半都是由「我」對丈夫「蘇格拉底」的憤怒和抱怨構成的。

至於真正的蘇格拉底，一大早就會走上雅典街頭，與許多人進行問答，促使他們「對自己的無知產生自覺」，到了傍晚才會回家。這種行為是不可能賺到生活費的。以哲學者的行動來說，這或許非常有價值沒錯；但對於總是守在家中的贊西佩來說，生氣也是理所當然的吧。

話說回來，流傳至今的蘇格拉底夫婦吵架故事，內容其實都非常開朗；還有那種看熱鬧的路人各自決定要幫哪邊加油的場景。贊西佩也許是位悍妻，但我認為她應該也用自己的方式愛著蘇格拉底吧。

據說某天，贊西佩似乎又抱怨起老公，但蘇格拉底只想腳底抹油，溜之大吉。怒火攻心的贊西佩忍不住把手上裝滿水的桶子往老公頭上一潑。看見這一幕，大家都嚇了一跳，但蘇格拉底反而微笑著說：

「看吧，我就說，打完雷一定會下雨。」

第5章

孔子、墨子、佛陀、摩訶毘羅

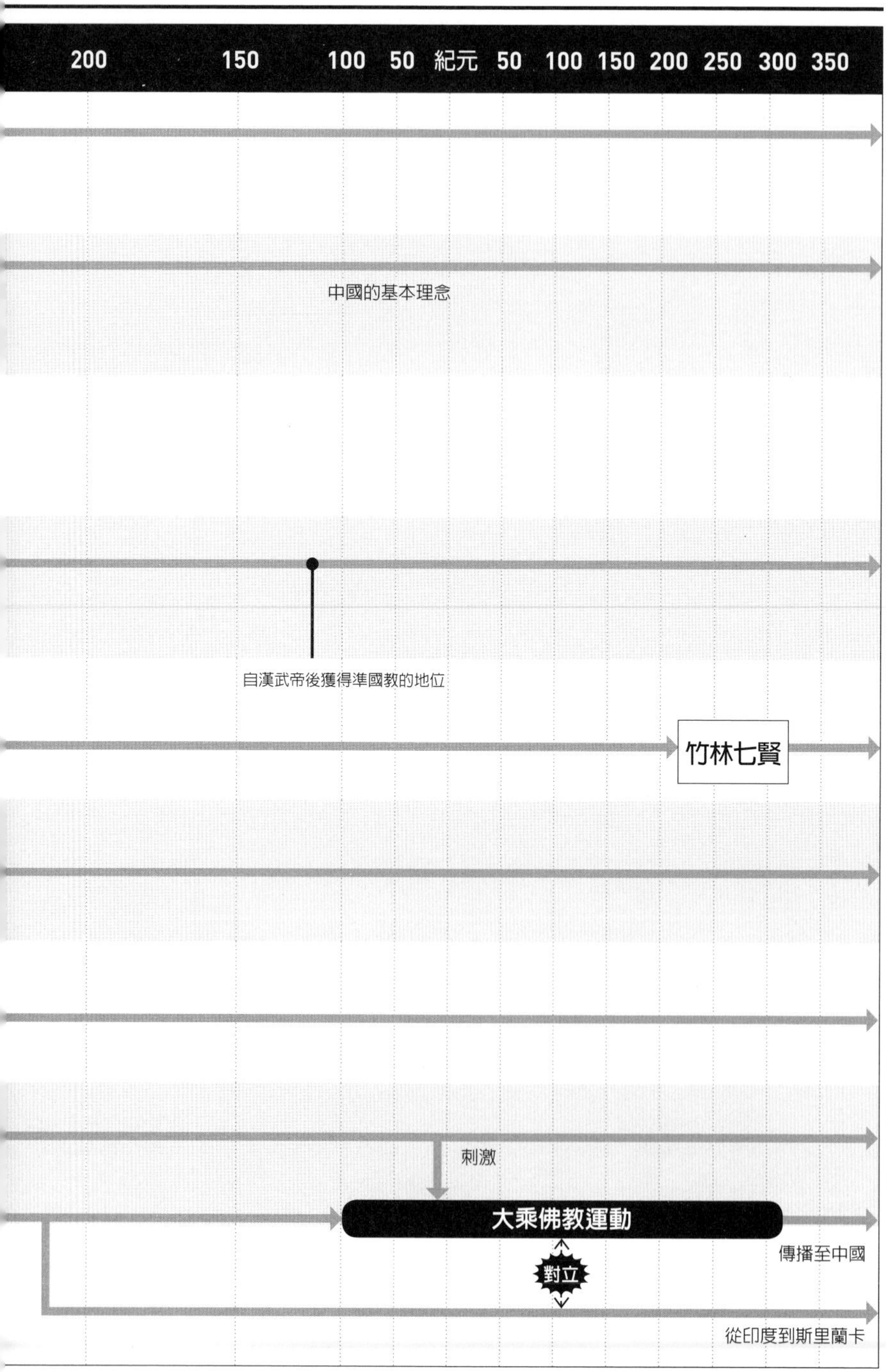

200
150
100
50
紀元
50
100
150
200
250
300
350
中國的基本理念
自漢武帝後獲得準國教的地位
竹林七賢
刺激
大乘佛教運動
傳播至中國
對立
從印度到斯里蘭卡

從西元前六世紀到四世紀的哲學與宗教流變（東方）

西元前 600
550
500
450
400
350
300
250
陰陽五行說
鄒衍
（西元前305-240）
陰陽家
商鞅
（西元前390-338）
法家
韓非
（約西元前280-233）
法家
孔子
（西元前552-479）
禮、仁、厚葬
儒家
對立
兼愛、非攻、節葬
荀子
（約西元前313-238）
儒家
性惡說
墨子
（約西元前470-390）
墨家
孟子
（約西元前372-289）
儒家
性善說
易姓革命
消滅
老子
（生卒年不詳）
道家
莊子
（約西元前369-286）
道家
孫武
（約西元前535-不詳）
兵家
孫臏
（約西元前4世紀）
兵家
摩訶毘羅
（西元前549-477）
不殺生
耆那教
對立
婆羅門教
印度教
根本分裂
對立
佛教
大衆部
上座部
佛陀
（西元前566-486）
八正道

在西元前五百年左右，也就是發生全球性知識大爆炸的時代，中國的孔子與墨子、印度的佛陀與摩訶毘羅等人都出現在世界上。以下列出這四人與希臘三哲的生卒年：

- **蘇格拉底：**約西元前四六九～三九九年
- **柏拉圖：**西元前四二七年～三四七年
- **亞里斯多德：**西元前三八四～三二二年
- **孔子：**西元前五五二～四七九年
- **墨子：**約西元前四七〇年～三九〇年
- **佛陀：**西元前五六六～四八六年
- **摩訶毘羅：**西元前五四九～四七七年

孔子比蘇格拉底年長了約八十歲，墨子的時代則和蘇格拉底差不多。孔子、佛陀和摩訶毘羅幾乎身處同一個時代；另有一說，佛陀及摩訶毘羅的生卒年要再晚一百年左右。

和希臘三哲相同，亞洲這四位的思想也受到時代影響很深。以下先簡略說明中國的時代背景。

亞里斯多德（西元前 384-322）

柏拉圖（西元前 427-347）

蘇格拉底（約西元前 469-399）

摩訶毘羅（西元前 549-477）

佛陀（西元前 566-486）

墨子（約西元前 470-390）

孔子（西元前 552-479）

1 在動亂中生存、思索、行動

在中國，目前有確切紀錄可證明其存在的最早朝代是商朝。後來周武王在西元前一〇二三年時滅了商朝，建立周朝，定都於鎬京（位於現在西安附近）。

儘管周朝繼承了商代的甲骨文及青銅器製造技術，但也發生了一些變革。舉例來說，商朝是「政祭合一」的王朝，除了稱所祭祀的神明爲「帝」，中晚期開始，也稱君王爲「帝」，視其爲與神相同的存在；周朝則將祭祀和政治分離，改稱神明爲「天」，和自己的祖先區隔開來。另外，周朝也打造出以王室爲中心的「封建制度」。

當時的中原有點像城邦那樣，有大約兩百至三百個稱爲「邑」的聚落，散布在黃河中下游流域。商則是君臨這些邑的王國。推翻商朝的周朝，將邑做爲王室的領地，分配給同族的子弟和功臣，讓他們以世襲的方式統治分封的土地。這些主要以血緣關係爲基礎的支配者稱爲「諸侯」，賜給他們的土地（邑）則稱爲「封地」。

諸侯的爵位依據與周王室的血緣遠近及領土大小，分爲公、侯、伯、子、男五個等級。王室賜封地給諸侯，諸侯則有義務要向周天子朝貢並奉獻軍力。另外，諸侯麾下還有卿、大夫、士等世襲的家臣團體，他們也有朝貢、奉獻軍力給諸侯的義務。大致上來說，就是這樣的支配結構，稱爲「封建制度」。在中世紀歐洲，封建制度是由家臣與主君的契約關係而生，與中國以血緣關係爲基礎不同。

封建制度推行幾代之後，天子與世襲諸侯間的血緣越來越薄弱，也使得諸侯自立的傾向越來越明顯。在此同時，西北方草原地帶的異族勢力也開始增強，結果在西元前七七一年時，「犬戎」這個異族入侵鎬京，王室被迫捨棄都城、逃往東方，遷都雒邑（現在的洛陽）。

歷史上稱建都於鎬京者爲「西周」（西元前一〇二三～七七一年），東遷至雒邑的爲「東周」（西元前七七一～二四九年）。

東遷後，王室直轄的領土縮小了，國力也變得非常虛弱。相反的，諸侯勢力增強，使得政局不安動盪。一般也將東周的這五百五十年稱爲「春秋戰國時代」。

・春秋時代（西元前七七一～四五三年）
・戰國時代（西元前四五三～二二一年）

在春秋時代，大家多少還尊敬著周天子，因此幾個較有力的諸侯結成了同盟（會盟），以避免發生大規模武力衝突，並試著利用王室的權威擴張自己的勢力；不過他們並沒有打算推翻王室。這些有力的諸侯被稱爲「霸」，意指諸侯的領袖，當中最爲有力的幾位合稱「春秋五霸」，其中最具代表性的是齊桓公與晉文公。

儘管各諸侯之間的小規模衝突不斷，但某種程度上，仍尊周天子爲共主；另一方面，就現實上來說，自己的國家還不夠強大或富裕，也是個考量。當時的鐵製農具仍不普及，耕作非常沒有效率，產量也很低，無法有多少剩餘的農作物，也就沒有足夠的財力能培養足以維持強大兵力或組織所需要的官僚集團。

但到了西元前五百年左右，地球開始暖化；幾乎也在這個時候，鐵製農具已經普及。靠著太陽的恩惠與鐵製農具的威力，農產量一口氣大幅提高，人口也就跟著增加了。另一方面，王室衰微、諸侯興起、制度崩壞、各國競爭激烈，不但帶來了人才的流動，也讓許多人開始思考如何重建社會秩序。此外，過去的學問都由貴族所壟斷，一般平民根本沒有受教的可能，但戰亂讓「士」（知識分子）流離失所，這些人也從王室流向諸侯。在以上這些因素的結合下，形成了「知識大爆炸」。這些變化以幾個強大的諸侯國為中心，讓霸權爭奪的問題變得更複雜也更激烈。

就在春秋時代後半期，孔子誕生了。

西元前四三五年，由於家臣謀反，春秋時代的大國「晉」被分裂成韓、趙、魏三國（三家分晉）。晉國的滅亡意味著「下層打倒上層」變得可能，也大約從這時候起，諸侯之間的抗爭從「誰支配誰」轉變為「誰能毀滅誰」「誰能吞併誰」的侵略戰爭。自西元前四五三年的三家分晉起，到秦國統一天下的西元前二二一年止，稱為「戰國時代」。

在力量就是正義的殺戮時代，有七個大國暫時得以凌駕他國：齊、楚、秦、燕、韓、魏、趙，也被稱為「戰國七雄」。對他們來說，周王室早就連尊敬的必要都沒有了，最好的證據，就是這些諸侯們開始自稱為「王」。附帶一提，周王室在西元前二四九年被秦國所滅。

墨子就出生在春秋晚期到戰國初期。

動亂的時代，會對孔子與墨子的思想帶來什麼影響呢？

2 孔子提倡「復禮」，要「重返榮耀」

「有朋自遠方來，不亦樂乎。」

這句話出現在《論語》的第一篇裡。孔子的學生將老師的話語收錄成《論語》，不僅是中文使用者，就連國外也有許多人在閱讀和研究。用比較現代的話來說，我認為孔子的哲學就是提出「生而為人的生存之道」。

孔子出生於魯國，是緊鄰齊國西方的一個小國家，齊國則是統治現在山東省的大國。魯國是周公（姬旦，周武王的弟弟）子孫的封地，而周公是周王室的重臣。周公的子孫會經營魯這塊土地，是有特別理由的。

周朝建國時，曾受到「太公望」（呂尚）這位優秀軍師許多幫助。為了報答，武王於是將齊（現今山東省一帶）封給他；但武王也知道太公望是個不可小覷的人物，所以將魯封給周公的子孫（第一任魯侯是周公的兒子伯禽），好監視齊國。因此魯國雖然距離首都鎬京非常遙遠，卻也是最親密的諸侯國。

周公是位非常優秀的政治家。後來成爲東周首都的雒邑，也是他當初以東方據點都市爲概念經營規畫的。據說爲了讓周朝的統治結構能夠安定，周公相當注重禮儀法規，並將這些形式固定下來，還輔佐哥哥武王和姪子成王兩代，好讓周朝的統治基礎得以穩固。

周公過世約五百年後，孔子誕生了。春秋時代已過了一半，走入亂世。與周王室關係甚深、有頭有臉的魯國，也因爲周邊強國壓迫更顯弱小，政情也十分不穩定。

孔子的父親曾在魯國任官，不管在政治或軍事方面都相當活躍。但父親卻在孔子年幼時就過世，母親似乎也在他十多歲的時候撒手人寰。變成孤兒的孔子一邊想辦法謀生，一邊也尋求向學的機會，只是似乎並沒有留下他向特定老師學習的紀錄（有一說是孔子曾向老子問學）。

孔子一直對周公十分景仰。他認爲，因爲有周公制禮作樂，西周時代才能四海昇平。反觀自己生活的魯國，政情非常紊亂，什麼時候滅亡都不奇怪。孔子認爲，現在的魯國，需要周公那個時代所具備的「禮」（儀式及制度），爲了讓這件事得以實現，孔子當了魯國的官。

雖然當上官員，孔子卻沒能著手實現自己理想的國政。因爲才過不了多久，他就被捲入魯國的派系鬥爭，到了幾乎要亡命出奔的地步。在魯國反覆任官又辭掉的這段時間裡，有些年輕人受到孔子提倡禮義的思想感召而拜入門下。孔子也像畢達哥拉斯一樣，以思想家的身分建立了自己的學派。可惜的是，魯國的君主最後仍然沒有聘用孔子。這時孔子已五十多歲，他放棄用自己的思想助魯國政治一臂之力的念頭，卻仍希望能在其他地方實現自己所構思的這套理想政治，於是帶著學生，開始「周遊列國」之旅。

3 不否定你，也不重用你

孔子認爲，在武王、成王和周公的時代，聖人政治的確存在。不論君臣父子，人人各自遵守不同身分應該有的禮儀規範；而社會也有一套規矩，告訴人們如何行動與生活，因此非常和平。

相對於眼前的動盪，孔子認爲應該致力於恢復聖人的精神。爲了讓不同身分的人們都能擁有富足的心靈，用來維持社會秩序的規範——也就是「禮」，是非常重要的。另外，崇敬先代聖王，也意味著敬重祖先；換言之，就是重視家族中的歷代長輩。

爲了實現理想的社會，孔子提倡「禮」的實踐，同時也主張「仁」。

所謂的「仁」，就是克服自己的欲望，並且重視對他人的體貼之心。這是一種慈悲心，也可以說是「人道主義」或「愛」，儒家也稱之爲「仁愛」。孔子認爲，周朝初期能如此和平安穩（當然，事實上並不一定是這樣），正是由於爲政者具備深厚的仁心。

孔子希望能在魯國以外的國家實現這套以「禮」和「仁」爲主軸的政治，但事實上，沒有任何一位諸侯重用孔子。

孔子理想中的政治原點，是與敬祖有關的「禮」，以及具人道主義成分的「仁」，絕不是什麼反體制的思想。但是在「力量就是正義」的時代，他的思想難免有種脫離現實的意味。看著述說仁與禮的孔子，說不定諸侯們心裡這麼想著：

「我當然也知道『仁』很重要，但隔壁國家來找我的麻煩，火都燒過來了，我不處理不行啊。以前的君王確實非常偉大，但他無法成為我們的模範；畢竟連他自己都被滅了。」

孔子在周遊列國十餘年後，又回到了魯國。他持續整理著要教導給學生們的學問與典籍，就這樣結束了一生。

4　十分相似的孔子與柏拉圖

據說孔子身高兩公尺。柏拉圖也非常魁梧。不禁讓人好奇：難道身體壯碩的人比較優秀嗎？當然這是開玩笑的。孔子為了實現理想中的政治周遊列國，卻沒能受到任何君王重用。柏拉圖也為了相同目的，三次造訪西西里的錫拉庫薩；雖然曾實際參與政務，可惜時間太短。結果這兩位在政治上都沒有留下任何具體成就，或許思想家和政治家需要的資質並不相同吧。

柏拉圖的政治處方箋是哲人政治；孔子則提倡「復禮」和「仁」。從某方面來說，兩人的主張非常相似，都是帶有理想主義的觀念論；兩人也都以教師的身分教導大批學生。不過，孔子對於「理型論」這種哲學體系並沒有任何興趣，換言之，兩個人的相似之處僅限於政治。

另一方面，這兩個人死後的命運可是大不相同。這是由於漢朝之後的各王朝非常重視儒家思想。柏拉圖的子孫目前行蹤不明；除了柏拉圖以外，蘇格拉底、亞里斯多德和佛陀也一樣，但孔子的子孫世代相傳至今，成為全世界擁有最古老族譜的一族。

另外，位於魯國曲阜的孔子居所，後來成為祭祀他的孔廟，並經過歷代修建，現在是規模僅次於北京故宮（紫禁城）的大型木造建築，也已名列世界遺產。孔子的墳墓（孔林）同時也是後代子孫安眠之處，因此成為非常大的墓園。擁有孔子基因的家族，似乎多達數十萬人。

師從孔子的學派稱為「儒家」，其教誨內容稱為「儒學」。西漢開始獨尊儒術，之後的歷代王朝大多也依循相同路線。儒學雖然曾在文化大革命（一九六六～一九七六年）時遭受嚴厲批判，但仍做為政治與倫理的中心思想傳承下來。時至今日，中國反而提倡起「儒家社會主義」。

「修身齊家治國平天下」，這句話源自於中國經典《大學》：如果要治理天下，就應該先努力修養身心，接著建立和樂的家庭，才能治理國家（地區）、讓天下太平。

孔子
（西元前 552-479）

柏拉圖
（西元前 427-347）

孔子感嘆祖國動盪，因此提倡恢復過去的榮光，而儒家思想也一直受到掌權者重用。孔子一生的際遇也許不是太順遂，但不論精神或物質，他都留下了豐富的資源。

5 徹底批判孔子的墨子

墨子的生平非常隱晦不明，比較有力的說法大概是這樣的：

墨子（約西元前四七〇～三九〇年）出生於魯國，就在孔子過世後不久。和孔子一樣，「子」是老師的意思。「墨」這個姓氏在中國非常少見，很可能不是他眞正的姓。有一說是「入墨」（刺青）的意思。以前的刑罰花樣很多，其中一種是在臉上刺青，並處以勞役。而墨家不重物質享受，就和囚犯一樣生活清苦，於是被稱爲「墨子」——當然，這種說法也非定論。

墨子是春秋晚期到戰國初期的人。對一般民眾來說，這雖然是個不幸的戰亂時代，但是和之後秦國一統天下、連生活都遭到束縛的日子相比，這個時代到處充滿著亂世才有的活力。

在這種氣氛下，出現在孔子之後的思想家們，爲了將

墨子
（約西元前 470-390）

自己的知識與學術成果推銷給諸國絞盡腦汁；諸國也為了要強化自己的力量，重用這些具備知識的人，結果就是出現了後世所謂的「諸子百家」，而墨子也是其中一員。關於諸子百家，後面的章節會再說明。

出生於魯國的墨子，一開始學習的是儒學，但他卻對這套學說有許多疑問。

兼愛

孔子重視「仁」，卻是以理所當然的身分與親疏（血緣）為前提，同時將尊敬祖先、父母與家族列於首要，認為這就是仁愛的精神；相較之下，對他人無條件的愛反而沒那麼重要。墨子指出了這一點，認為這不平等，也不是真實的愛。

墨子提倡的，是無論男女、貧富、強弱，對彼此都應該有同等的尊重。相對於以階級身分為前提的仁愛，墨子的思想具有可與現代人道主義匹敵的嶄新氣魄。這種思想也被稱為「兼愛」——以《墨子》一書中的〈兼愛篇〉來稱呼。

在〈兼愛篇〉裡，墨子對戰國時代的諸侯述說：

「重視對敵國的愛、捨棄憎恨，這樣就能走上和平的道路。」

這樣的內容忍不住讓人覺得：他所指的莫非是現代民族紛爭嗎？當然，墨子是反對戰爭的。但他不說「反戰」，而是主張「非攻」。

非攻

如果有人從別人的果園裡偷了水果，偷水果的人就會遭到責備；如果有人殺害了某人，那就叫犯罪，當然也會遭到處罰。然而一個國家的君王侵略其他國家、殺害數百人，卻沒有人說這樣不應該，反而會說這是爲了國家利益，稱讚這是一種正義。但事實上，這種行爲是失去愛的行爲。這難道不應該譴責嗎？

墨子認爲，把「竊取他人財產」這件事加以延長，就是殺人和戰爭；是爲了自己的利益攻擊他人所造成的，因此主張應該封鎖這種攻擊行爲。這就是非攻。

但如果被攻擊的話，又該怎麼辦才好呢？墨子表示，應該徹底防守，要和不講理的攻擊者作戰。實際上，墨家對於築城術和防禦戰術可是非常認眞研究的，也成爲重視實用技術的一群學者。

節葬

衣服是爲了保護身體不受氣候冷熱侵襲而穿的，達到這個目的才是重點，並不需要華美的裝飾。打造車船也是爲了能在河上航行，或易於在坡道和地面移動，製造時務必使功能發揮得淋漓盡致；至於其他奢侈的配備，都應該捨棄。同樣的道理，要治理國家，就應該不浪費財貨，而要合理使用；不可濫用物品、金錢及人力，以免增加民衆的痛苦。

墨子認為，不管在政治或生活習慣上，最重要的就是要具備實際利益和實用性，是種「節約」、實際取向的思想，稱之為「節用」。同時，還由此衍生出另一個他特別強調的概念，那就是「節葬（薄葬）」。

在墨子的時代，「厚葬久喪」是很普通的事，大家都會把葬禮辦得極其盛大、服喪時間也很長。服喪期間的長短是依守喪者與死者之間的關係來決定。在那個時代，最長要服喪三年，這一點是孔子所提出的。

墨子否定厚葬久喪，提倡節葬。他並非否定行孝，但舉辦隆重的葬禮、長期服喪是沒用的。葬禮和喪服只要用心準備、在能力所及的範圍內簡約地進行就可以了，並力求盡快回到日常生活，這樣才是為國為家。墨子的節葬思想，受到那些視厚葬久喪為禮儀重心之一的儒家子弟強烈譴責。

「幸福指數」的概念始於墨子

要舉辦盛大的葬禮，就得有錢；這表示景氣必須良好，國家也要很強大。如此一來，就必須有高度成長。戰國七雄的君王靠著溫暖氣候、堅固的鐵製農具和武器來壯大國力，以廣大的黃河流域為中心，不斷掀起戰爭。

為了運用鐵礦，必須產生大量熱能來冶煉。在春秋戰國時代這個未曾消停的戰亂之世，黃河流域的原生森林遭到大量砍伐，但此地的雨量並不多，遭到砍伐的森林無法恢復，成為荒野，最後變成連草都長不太起來的黃土地帶。只要一有大雨，河川上游就會氾濫成災；只要持續颳著強風，黃沙就會漫天飛舞，而且範圍越來越廣。時至今日，因過度開發而造成的沙漠化越來越嚴重，甚至會形成跨越國境的沙塵暴。遠古之前的黃河河水並不像今天那樣黃濁，只能說，當時各國由於高度成長，破壞自然的狀況也非常顯著。

我認爲，面對這種毫無節制的高度成長及其產生的弊害，墨子採取了相當尖銳的批判態度：破壞了大自然以求國家強盛；爲了崇敬祖先，可以從早到晚都不工作。這樣眞的沒問題嗎？彼此體貼、不發動攻擊、和平相處；除非是爲了守護這種狀態，否則不可以打仗。墨子應該是這麼想的吧？最希望人類能獲得自然而然的幸福，也最注重身心健康的思想家，應該非墨子莫屬。用現代人的話來說，我想就是「幸福指數」的概念。

6 墨家銷聲匿跡的因素

人類原本就是非常任性的生物。幾乎所有人都只想著眼前的事。就算森林已成荒野、河川不斷氾濫，只要事情沒嚴重到無可挽回的程度，大家一定更想提高產能、賺更多的錢；一定更喜歡把祭典或葬禮辦得熱鬧隆重，也更喜歡一起喝酒、同享美食。雖然有人說「葬禮應該節省些」，心裡也覺得「確實如此」，但總覺得要是不夠鋪張享樂，就拿不出活力、覺得有些不滿足。

那麼，當時的人們對墨家抱著何種看法呢？

「他們雖然是好人，但也讓人覺得很喘不過氣。將政治交給他們不太好吧……」說不定有許多人都是這麼想的。墨家的理論雖然非常合情合理，但不斷要求大家過得「清貧、正直」，反而讓人敬而遠之。不論是政黨或宗教，這種例子在歷史上可說屢見不鮮。要是說到這些團體後來的情況如何，成爲少數派的下場大概也是可想而知。此外，爲了自我保護並使其延續，很容易便轉入地下活動或成爲祕密社群。

在春秋戰國的亂世裡，孔子所採取的立場並非批判當下體制，而是肯定現世，進一步提倡「遵古」，追求「禮」與「仁」的理想，試圖改變社會。在孔子死後，墨子出現了。這時，繼承孔子教誨的人們，雖然仍認爲禮與仁是必要的、古代的聖人政治是好的，但世道卻沒有因此而獲得改善，戰亂還是持續擴大。墨子認爲，這表示孔子的主張根本就是錯的，他也因此走向反體制的思考模式。

等到秦國統一天下時，墨家幾乎已完全消失了。對於戰國諸雄而言，墨家的思想過於激進，是反體制的理論，絕不能讓它存在。這也使得他們成爲諸子百家中，最容易遭到壓制的一家。

7 婆羅門教就這樣失去了優勢

在知識大爆炸時代，印度出現了佛陀和摩訶毘羅（筏馱摩那）。

佛陀和孔子幾乎是同時代的人。在佛陀的時代，印度雖然已經有文字了，但不像中國的竹簡、木簡或美索不達米亞的黏土板，有能夠流傳到後世的書寫媒材。當時的印度人會將文字寫在被稱爲「貝葉」的葉片上，所以幾乎都沒能留存下來，也因此無法很明確地知道佛陀的生卒年。摩訶毘羅的情況也大抵如此，但兩個人差不多是同一個世代的人。

雅利安人自裡海南下至中亞，並在此地過著游牧生活。西元前一千五百年左右，又移動到印度西北部的旁遮普地區。約西元前六世紀時，許多部族在東方的恆河中下游一帶建立了「國」，彼此競爭，之後便進入「十六大國時代」（或稱「印度列國時代」）。恆河中下游地區，也就是今天的「印度河—恆河平原」，是印度東北部一塊富

佛陀（西元前 566-486）
© Akuppa John Wigham

摩訶毘羅
（西元前 549-477）

饒、肥沃的土地。

首先從這十六大國中脫穎而出的，是摩揭陀與拘薩羅；摩揭陀更進一步勝出，在大約西元前五世紀初時統一印度，結束列國時代。

摩揭陀的首都是恆河下游的王舍城（位於現今印度的比哈爾邦），這裡有許多中產階級。他們讓牛拉著鐵犁開墾農地、提高產能的結果，收穫了大量農產品。佛陀就是誕生在這樣的時代：身為釋迦族的王子，他出生於該族的領地迦毗羅衛（位於喜馬拉雅山腳下、現今尼泊爾與印度接壤處附近）。

事實上，當時的強國為了擴張領土，屢次發動戰爭，迦毗羅衛也暴露在這樣的危險下，實在不能算是非常安穩的地方。佛陀就在這樣的社會與政治狀態下長大成人、結了婚，卻在二十九歲時捨棄妻子、出了家，據說是因為他希望能解決「生老病死」這四種人生的苦惱（四苦）。等到佛陀終於開悟後，便前往拘薩羅國和摩揭陀國等地傳講。

和佛陀誕生在同一個時代的，還有摩訶毘羅。他是摩揭陀國豪族之子，和佛陀一樣，都屬於統治階級（刹帝利種姓）。摩訶毘羅也結了婚，但雙親卻在他三十歲左右離世，他藉此機會捨棄了一切，每天過著苦行與冥想的日子。後來並建立了自己的教派，和佛陀在相同的地區進行傳教活動。

當時印度的宗教是以雅利安人的婆羅門教為主。這個宗教將人分為四種等級，也就是所謂的「種姓制度」。等級最高的祭司階級稱為婆羅門、接下來是刹帝利（王侯、貴族）、吠舍（一般市民）和首陀羅（奴隸階級）。既然都叫做「婆羅門教」了，想當然耳，婆羅門具有壓倒性的權威、凌駕於衆人之上，只有他們有權利進行祭祀，並接收衆神的旨意。

但是，在佛陀及摩訶毘羅出家的時候，已經開始有人質疑起婆羅門的權威。

由於社會高度成長，有錢人增加了。相較於婆羅門，農民和商人等中產階級的實際力量其實更大。他們在累積財富的同時，也擁有更自由的思考，並成為足以孕育知識大爆炸的養分。開始有知識分子反對那些獨占祭祀、只負責供養神明的婆羅門，其中更有一部分脫離了既有的婆羅門教社會，尋求全新的教誨和生存之道——稱之為「出家」。

前面提過，中產階級會讓牛拉著鐵犁耕種田地，進而大量增加財富，因此牛對於他們來說，是非常重要的動力工具。但婆羅門會以「要進行祭典」為由帶走牛隻，焚燒後做為給神明的供養。就算用「這隻牛很會工作，請不要殺掉牠」為理由哀求，也只會遭到婆羅門斥責：「神明說想要你的牛。莫非你想反抗神嗎？」

婆羅門教深信，人在死後會隨著煙霧飄向天，到達神靈所在的世界。或許因為如此，婆羅門在進行儀式或祭典時，必定會獻上大量的祭品，尤其是焚燒牛隻。當然，獻給神明的只有香氣和煙霧，牛肉則被婆羅門吃了。經常性地無償取走牛隻，當然會讓中產階級非常憤怒。但若被問到：「難道你要反抗神明嗎？」又讓人無法辯駁。

此時出現的就是佛陀與摩訶毘羅。佛陀告訴大家「不要做無謂的殺生」。而摩訶毘羅創立的耆那教思考方式更是激烈，主張完全不殺生。兩人的教誨在中產階級間廣為流傳，因為當婆羅門前來，要求「帶走牛隻」時，人們找到了拒絕的理由。

「我是佛教徒，我們的教誨禁止殺生。我不能把牛交給你，還是去別的田地吧。」

遭到反駁的婆羅門不得不放棄。就算想找對方吵架，但他們的體力又怎麼贏得過務農的人？就這樣，印度大城市裡的中產階級，大部分都成爲佛教或耆那教徒。

婆羅門教就像遭到城市民衆拋棄似的，只好轉向鄉村地區。但婆羅門教也從這次痛苦經驗當中汲取教訓：他們納入印度原有的宗教觀，變得簡明易懂又大衆化，最後發展成印度的大型宗教「印度教」。

根據有力的說法，印度直到現在仍把牛視爲聖獸的機緣就是在此。由於「不要殺牛」的呼聲過於強烈，因此等婆羅門教發展成印度教後，也就隨應民情，不再以牛爲獻祭，更在不知不覺間把牛變成了聖獸。

8 如何逃離輪迴轉世的痛苦？

接下來，大致跟各位談談佛陀與摩訶毘羅的宗教觀。

他們思想的根本，都在於「自輪迴轉世中解脫」。

輪迴轉世思想不但影響了畢達哥拉斯，柏拉圖也對它非常感興趣，其根源來自印度人民的原始信仰。

人在死後會前往另一個世界，之後會再降生、回到這個世界，然後又會走向死亡，再次重生。在永劫之內，這個行爲會不斷重複，但問題是，人生必定伴隨著痛苦，要兩次、三次，甚至永遠重複這樣充滿痛苦的人生，實在太令人難受了。唯一的辦法，似乎只有從輪迴轉世的迴圈中解脫，才能獲得永恆不變的生命。

瑣羅亞斯德教的時間是線性的，從誕生邁向死亡，有開始，也有結束；起始是天地創造，結束則是最後的審判。而活得正直的人，就能在最後的審判中獲救、前往天國，這是瑣羅亞斯德的論點。

那麼困在輪迴轉世迴圈中的衆人，該怎麼做才能獲救呢？

當時的印度人民相信：就算現世過得非常艱苦，只要能活得正直，下次重生的時候，說不定可以投胎成爲成爲刹帝利；但如果做了壞事，來世就很可能變成一隻蟑螂。因此日常必須多行善事，這樣就能擁有個美好的下一世。由於庶民相信這種說法，才使得內心得以安穩；換句話說，「輪迴轉世」的觀念支撐著種姓制度。

但是冷靜想想，下次投胎眞的能成爲刹帝利嗎？這還眞的只有神明才會知道。話雖如此，抱著「說不定會轉生爲螻蟻」的恐懼死去也很糟糕。更何況，體驗如此這般的生死之苦，就像坐在永遠不會停止的旋轉木馬上，不斷重複，實在太累人了。眞不想這樣。難道沒有辦法脫離這個痛苦的循環嗎？

開始對這些事情抱持疑問的，以生活壓力比較沒那麼大的知識階級爲主。畢竟對於每天都得拚死拚活求溫飽的人來說，根本沒有空閒想什麼自輪迴中解脫之類的事。

面對他們的質疑，佛陀透過以下脈絡提出解答：

大多數的出家衆，都爲了追求生存的眞理投身於艱苦的修行，這是印度自古以來流傳的宗教性實踐方式，稱爲「瑜伽」。同時，他們在過程中，也會進入冥想境界（後來發展爲「禪定」），藉此專注心神，不斷進行深刻的思考。佛陀也是在反覆的苦行與冥想後，才找出了脫離輪迴轉世之苦的道路。

那就是實踐八種基本修行（八正道）：正見、正思、正語、正業、正命、正勤、正念、正定。

意思是要有正當的見解、思想、語言、行爲、生活、努力、意念和禪定。也就是說，必須遵守應遵守的戒律、過著正當的生活、正當思考且做出正當行爲，絕對不是要強迫大家進行像斷食那種艱苦的修行。佛陀否定了過度極端的修行方式，認爲在日常生活中，忍受因維持正當行爲而帶來的困難，並加以實踐的強悍意志，才能引導人類擺脫輪迴之苦。

佛陀反倒認可婆羅門教傳統的「四住期」，也就是學生期、居家期（爲了家人而工作）、居林期（在森林修行）、流浪期（居所不定、乞食流浪）。由此可知，他的想法非當開放，教誨也很寬容。

另一方面，摩訶毘羅創立的耆那教，則將重點放在苦行與冥想上。他們最強調的教義就是不殺生。爲了貫徹這一點，就算因不吃動植物（斷食）而餓死，也不會予以否定。被尊稱爲「聖雄」的甘地，據說也受了耆那教非常深的影響。

另外，「摩訶毘羅」其實是一種尊稱，意思是「偉大的英雄」，他的本名是筏馱摩那。他還有另一個尊稱「耆那」（意爲「勝利者」），這也是「耆那教」名稱的由來。耆那教的主要信徒是商人，直到今天，以西印度爲中心，仍有約五五〇萬名教徒。

如果想多加了解佛陀的話，我推薦各位閱讀《法句經》和《自說品》。這兩部作品雖然都不是佛教經典，而是佛陀生前話語的記錄，卻有許多關於生存的深刻教誨，尤其是《法句經》，普遍受到各界人士喜愛。

佛陀自己並沒有留下任何著作。但在他死後，佛門子弟將他的教誨及言行收集起來，好維持宗教本身的統一性。這項行動被稱爲「結集」或「合誦」。第一次佛典結集發生在佛陀圓寂後不久，而《法句經》很可能就是在當時有了雛形。

另外，摩訶毘羅也沒有留下著作。想多了解的讀者，可以參閱市面上有關「印度思想史」的書籍。

第6章（1）

希臘化時期的
希臘哲學家

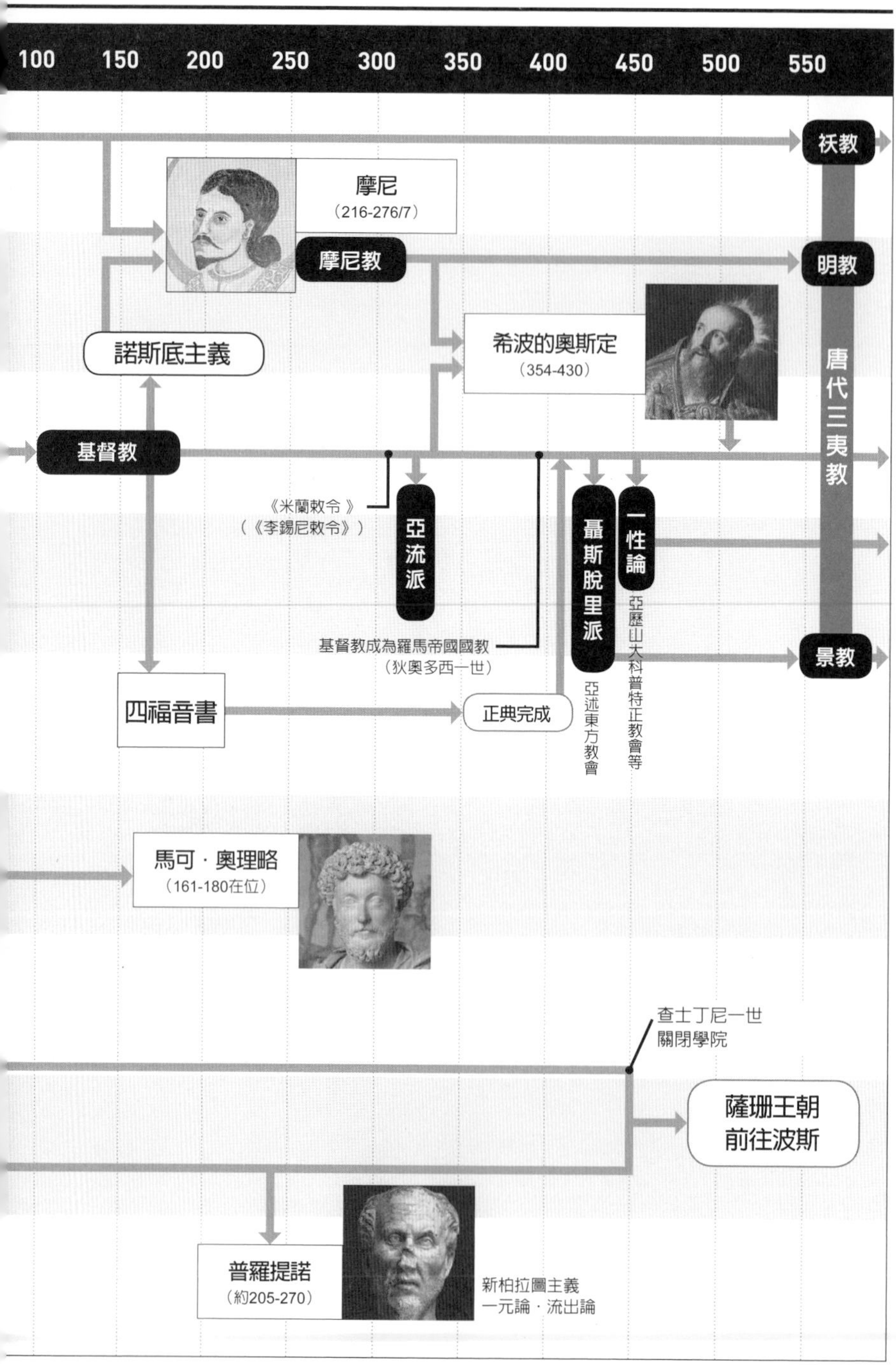
100 150 200 250 300 350 400 450 500 550
祆教
摩尼
（216-276/7）
摩尼教
明教
諾斯底主義
希波的奧斯定
（354-430）
唐代三夷教
基督教
《米蘭敕令》
（《李錫尼敕令》）
亞流派
聶斯脫里派
一性論
亞述東方教會
亞歷山大科普特正教會等
基督教成為羅馬帝國國教
（狄奧多西一世）
景教
四福音書
正典完成
馬可・奧理略
（161-180在位）
查士丁尼一世
關閉學院
薩珊王朝
前往波斯
普羅提諾
（約205-270）
新柏拉圖主義
一元論・流出論

希臘化時期至西元6世紀的哲學與宗教流變（西方）

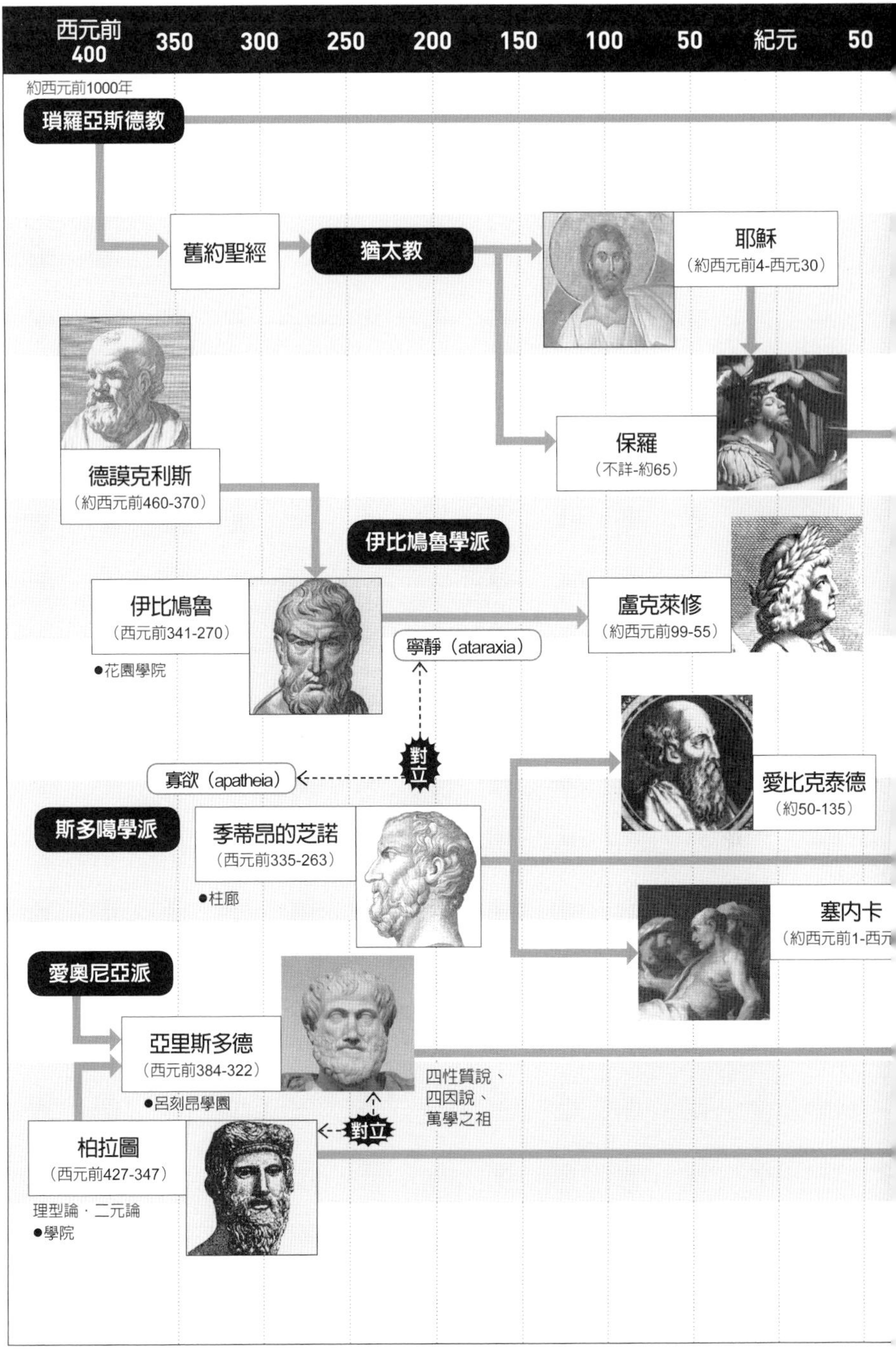
西元前 400
350
300
250
200
150
100
50
紀元
50
約西元前1000年
瑣羅亞斯德教
舊約聖經
猶太教
耶穌
（約西元前4-西元30）
保羅
（不詳-約65）
德謨克利斯
（約西元前460-370）
伊比鳩魯學派
伊比鳩魯
（西元前341-270）
●花園學院
盧克萊修
（約西元前99-55）
寧靜（ataraxia）
對立
寡欲（apatheia）
愛比克泰德
（約50-135）
斯多噶學派
季蒂昂的芝諾
（西元前335-263）
●柱廊
塞內卡
（約西元前1-西元
愛奧尼亞派
亞里斯多德
（西元前384-322）
●呂刻昂學園
四性質說、
四因說、
萬學之祖
對立
柏拉圖
（西元前427-347）
理型論・二元論
●學院

在柏拉圖和亞里斯多德的時代，古希臘時期的當紅炸子雞——雅典正好陷入伯羅奔尼撒戰爭的泥沼中，以雅典爲首的提洛同盟敗北後不久，整個希臘半島便遭到馬其頓王國壓制。雅典不但榮光褪盡、城邦獨立性遭到剝奪，連自信也跟著喪失。

但由柏拉圖一手建立的學院和亞里斯多德的呂刻昂學園，卻仍健在完好。

這兩所學校是在西元前四世紀建立的，關閉時間則是西元五二九年，維持了大約九百年。聚集於此的人們深愛著大師思想，持續守護他們親筆寫下的書籍。至於關閉學院的理由，則是羅馬皇帝查士丁尼一世（五二七～五六五年在位）想宣揚基督教，因此動手摧毀異教學校。

這裡所說的「希臘化時期」，一般是指希臘語（通用希臘語）繼阿卡德語、阿拉伯語後，成爲全世界通用語言的時代——說得再具體一點，就是從馬其頓的亞歷山大大帝征服波斯的阿契美尼德王朝、建立大帝國的西元前三三〇年起。在亞歷山大大帝死後，這個大帝國主要分裂爲三個部分（塞琉古王朝、安提柯王朝和托勒密王朝），並各自持續了好一陣子。但隨著新興強國羅馬的出現，西元二七年時，撐最久、位於埃及的托勒密王朝被屋大維所滅。

從西元前三三〇年到西元二七年，這段時間一直被稱爲「希臘化時期」。但現在比較有力的說法是，從希臘和波斯兩大文明開始產生融合的觀點來看，希臘化時期應該從大流士大帝（即大流士一世，阿契美尼德王朝全盛時期的君主，西元前五二二～四八六年在位）的時代，也就

查士丁尼一世
（527-565 在位）

是波希戰爭時算起。

此時期的哲學繼承了希臘三哲的學說，但接著又會如何發展呢？這是本章的主題。不過在那之前，我們先看看希臘化時期的特徵。

1 何謂希臘化時期？

波希戰爭後，東方的富饒讓希臘人受到強烈衝擊，這和後來十字軍感受到的震撼幾乎是相同的，也就是看見「文化與文明進步、農產豐富、食物美味，連女性也非常美麗」，是目擊高度文明社會的樣貌而產生的文化衝擊。

就此開啓的希臘化時期，由於亞歷山大大帝東征而加速。

亞歷山大大帝將自己的帝國從波斯一路擴張到印度河流域，並在過程中建設了許多都市，總數據說超過七十座以上；即使只計算至今仍留有遺蹟的都市，也有十座以上，包括帝國東北部的印度河西岸、中亞的撒馬爾罕等地區。而這些都市全部都被命名為「亞歷山大」。在今天，最具代表性的，莫過於埃及的亞歷山大港。

亞歷山大大帝讓希臘人住在那些都市裡。也就是說，由於亞歷山大大帝東征，連帶使得希臘本土的人口減少了，而這也爲希臘的衰退踩了油門。

描繪伊蘇斯戰役的馬賽克磚畫，出土於龐貝，畫中人物即為亞歷山大大帝（西元前 336-323 在位），commons.wikimedia.org

即使在現代，希臘人仍經常搭乘船隻，在全世界大出風頭。他們原先是與腓尼基人爭奪東地中海霸權的民族，寧可展翅飛向外頭的世界，也不想關在自己家裡。對當時的年輕人來說，拋棄榮光不再的希臘半島、前往東方新興都市，應該是很具吸引力的吧。

這樣一來，希臘諸城邦將變成什麼樣子呢？它們全都變成了小型地方城市，就連柏拉圖與亞里斯多德曾建立學校的雅典，也很有可能會變成靜謐的學園都市。

有些人認爲，希臘化時期是東西文化融合的時代，也是世界公民（世界主義者）意識開始萌芽的時候。大流士大帝與亞歷山大大帝，便是開啓此一時代的人。

順帶一提，古希臘人自稱爲「Hellenes」，意即在希臘神話中登場的海倫（引發特洛伊戰爭的那位絕世美女）之子孫，「希臘化時期」（Hellenism）也因此得名。這是到了近代才開始使用的歷史用語，也被定位爲歐洲文化起源之一；換言之，在亞歷山大大帝的時代，這個詞並不存在。

那麼，當希臘人開枝散葉到全世界後，又帶來了什麼樣的哲學呢？

2 伊比鳩魯的享樂主義享的是什麼樂？

在希臘化時期，被後世稱爲「四大學派」的哲學極度興盛：柏拉圖學派（柏拉圖主義）、逍遙學派、伊比鳩魯學派、斯多噶學派；前面也已經提過柏拉圖學派和逍遙學派。

伊比鳩魯（西元前三四一～二七〇年）出生於隸屬雅典的薩摩斯島，是座位於愛琴海東方、靠近安納托利亞的島嶼。

伊比鳩魯在十八歲時前往雅典，似乎也曾學習柏拉圖學派和逍遙學派的學問。但他的哲學奠基於唯物主義，斷定「萬物根源乃是原子」，是偏向德謨克利特原子論的唯物論系統。

除了柏拉圖與亞里斯多德，古希臘哲學家的著作多半只留下斷簡殘編，伊比鳩魯也不例外。不過他比其他人稍微幸運的地方在於，學習伊比鳩魯哲學之人，後來將他的思想以如詩的美麗文體寫了下來，才得以流傳到後世。這個人就是古羅馬時代的文人盧克萊修（約西元前九九～五五年），書名是《物性論》（*De Rerum Natura*）。

這本書雖然被埋沒了很長一段時間，不過在文藝復興時期，義大利人文學家波焦．布拉喬利尼（一三八〇～一四五九年）在德國的修道院發現了這本書，不但加以抄錄，還讓它重見天日，對文藝復興思想產生重大影響。

伊比鳩魯
（西元前 341-270）

大家是否聽過「享樂主義者」這個詞呢？

原文是「epicurean」，原指奉行伊比鳩魯哲學之人。伊比鳩魯所主張的享樂主義，並非要我們過著被美食美酒奪去心神、沉迷於戀人懷抱的日子，因爲他所謂的快樂，不是暫時性、屬於現世、感覺性的快樂——正好相反，指的是**感受不到身體痛苦、精神上毫無不安的平靜**。伊比鳩魯學派將這種「靈魂並未遭到擾動的安穩狀態」稱爲「ataraxia」，簡單來說，就是**「寧靜」**。

伊比鳩魯認爲，能實現這樣的內心寧靜，人生方爲幸福。

那麼，人類爲何會受到奢華的餐食和美酒吸引、爲戀人著迷、希望變有錢、想成爲偉人呢？

這是因爲我們心裡有受到現世快樂影響的「pathos」（感傷）——希臘文原義是「蒙受」，是個用來表現受到痛苦磨難、宛如激情般劇烈擾動內心的情緒性詞彙，同時也是「passion」（激情、熱情、欲念）和「pathos」（悲愴，拼法和希臘文的「感傷」相同，但讀法不同）的語源。

另一方面，相對於「感傷」的理性精神或人類能持續保有的特質，就是前面提過、帶有道德內涵的「民風」。

盧克萊修
（約西元前 99-55）

波焦・布拉喬利尼
（1380-1459）

伊比鳩魯認為，人類必須阻絕感傷對精神的侵犯。而為了實現「寧靜」，應該以最低必要生存條件過著禁欲生活，這是由於花花世界裡，滿是會引發感傷的事物。伊比鳩魯告訴弟子們：「自世間隱身而活吧。」

於是伊比鳩魯在雅典郊外建立了「花園學院」（Garden，伊比鳩魯學院），就像在修道院般，和學生們一起過著質樸且禁欲的生活，就此終老一生。大批學生也忠實地繼承他的教誨，並在西元前一世紀左右的羅馬進入興盛期。但之後仍走向衰退，據說在西元五世紀左右便消失了。

伊比鳩魯認為，物質的充足其實是痛苦，精神富裕才叫愉悅；不接觸異性、只靠麵包和水寧靜度日就是真正的快樂。即使如此，由於「伊比鳩魯學派＝享樂主義者」的印象太過強烈，導致大家往往誤解伊比鳩魯是個重視感官享受之人。

若想進一步認識伊比鳩魯的哲學，我推薦各位閱讀盧克萊修的《物性論》。

3 斯多噶學派的理想人生有多理想？

斯多噶主義的創始者是季蒂昂的芝諾（西元前三三五～二六三年，和提出「芝諾悖論」的那位並非同一人）。

芝諾出身腓尼基，父親是商人，他自己原本也是。據說某次他偶然前往雅典，在那裡接觸到了色諾芬的著作《回憶蘇格拉底》（*Memorabilia*），並深受感動，因此走上哲學之路。

後來他確立了自己的哲學，開始在雅典授課，地點就在「斯多亞波伊齊利」（Stoa Poikile），也就是市民廣場上「繪滿色彩的柱廊」。芝諾所創立的學派便因此得名，稱爲「斯多噶學派」。

關於芝諾的思想，目前流傳下來的文獻只有斷簡殘編，但能確定的是，他將哲學區分爲物理學（強調的是事物變化的道理）、理則學和倫理學三類，而思想的中心在於如何獲得心靈平靜。也許有人會認爲這感覺上和伊比鳩魯的學說十分相似，其實相去甚遠。

季蒂昂的芝諾（西元前 335-263），commons.wikimedia.org

斯多噶學派的發展大致上可分初期、中期和晚期。初期和中期的資料並不多，但是到了後期，包括有奴隸身分的哲學家愛比克泰德的《語錄》（*Discourses*）、羅馬初期政治家塞內卡的《書信集》（*Epistles*），還有皇帝奧理略所撰寫的《沉思錄》，都非常推薦大家閱讀。

由於斯多噶學派的哲學相當多樣化，思考的推衍脈絡也較爲複雜，因此接下來會以斯多噶學派與伊比鳩魯學派的比較爲主軸，進行討論。

雖然都追求「心靈平靜」，但……

伊比鳩魯學派追求的，是遠離激情的精神快樂，認爲這樣能讓生活變得幸福。

相對於此，**斯多噶主義認爲所謂的「幸福」是追求德性的結果**，也是不直接受情緒干擾驅動的狀態——稱之爲「寡欲」。也就是說，斯多噶主義認爲，心靈平靜是無法「主動追求」的，必須透過實踐德性才能獲得。

那麼，斯多噶哲學裡的「德性」又是什麼呢？

斯多噶學派認爲，所有德性行爲都源於四個源頭：智慧、勇氣、正義、節制。實踐德性，意味著要與惡德作戰——不愼思、膽怯、不正、放縱。而最嚴重的惡德，就是不知道「人類必須遵守這四項德性」。

求取用來學習德性的知識，並在生活中實踐德性，才有可能獲得心靈平靜。因此，在獲得內心平穩上，伊比鳩魯學派的方法是「隱居」，斯多噶學派則是透過「實踐德性」。

斯多噶學派的「順應自然」

斯多噶主義認爲，德性是與自然相符的特質。

所謂的「自然」，除了指山川草木等構成的區域，身處其中的人類本身，與相關現象（生死、生活與社會、國家與世界）的存在與變化也都包括在內。

斯多噶學派的哲學家所思考的，是人類身爲自然的一部分，該如何生活才會幸福。

他們認爲，人類的行事與判斷，必須與自然的法理（萬物活動的根本）相符且毫無矛盾，才能稱爲「善」（或實現善的力量，也就是德）；反過來說，就是惡。此外，人因爲擁有理性，因此不論是誰，應該都能有意識地追求德性。

我們之所以出生在這個世界上，正是因爲自己與父母、自然、世界是相連的。自然的法理就像大河的流動，不但創造出世界，也透過時間連結過去和未來。我們誕生自這悠長的流動裡，只要抬頭挺胸地度過這段被（自然）賦予的人生就好了。人類是爲了能專注於智慧、排除邪惡、實踐德性，成爲賢者並獲得平靜，才會擁有理性。只要利用這份理性的力量，就能夠戰勝擾亂心湖的感傷，也才能過得幸福。

換言之，斯多噶學派認爲，身而爲人，應該認同自己的命運、坦然面對，並積極追求德性。另外，由於斯多噶學派也認爲，人類和其他物種都存在於自然秩序之下，因此所有人都是平等的，可說是一種「世界主義」思想。

斯多噶哲學受領導者歡迎的理由

既然「出生」是依循自然法理的結果，那麼「活下去」就是自己命運之所在，再透過實踐德性以求內心平靜，就能得到幸福。我想，要以這種方式活著，應該要有非常強烈的意志力才行。

但如果用比較世俗一點的角度來看，若是身處貧窮、連溫飽都有困難的話，又該如何是好呢？就算知道自己應該接受命運、實踐德性，以求得平靜和幸福，但問題在於，又不是每個人都有那麼強悍的內心。

據說有些迫於生活而不得不落入花街的不幸女子，也會到伊比鳩魯的花園學院學習。對那些極度貧窮和痛苦的人來說，伊比鳩魯提倡的「隱居」思想，不啻是種救贖。

雖然伊比鳩魯學派和斯多噶學派一起看著羅馬進入帝政時代，但不久之後，斯多噶學派的思想開始影響羅馬的爲政者和領導人。

羅馬共和末期，政治家西賽羅（西元前一〇六～四三年）將古希臘哲學譯爲拉丁文、介紹給大衆，其中又特別推崇並整理出斯多噶學派的思想，同時強烈批評伊比鳩魯學派。另一方面，當時羅馬有些較具身分地位、家世較好的人們，積極地認同自己的命運、堂堂正正地生活、以理性克制欲望，並努力實踐德性。或許是因爲他們認爲，對於比一般平民更高貴的菁英來說，這種「維護羅馬光榮」的生活態度是非常恰當的，而這些面向也正好是斯多噶哲學所強調的。最典型的人物就是羅馬皇帝奧理略（西元一六一～一八〇在位）。

他在位時，羅馬帝國的全盛期已開始出現陰影，由於東北方的外族侵略與財政問題，使得社會顯得有些不穩

西賽羅（西元前 106-43）
© José Luiz Bernardes Ribeiro

定。但他仍在這情況下持續奮鬥，最後戰死在文多波納（現今的維也納）。

奧理略在著作《沉思錄》中眞切地記錄了他對生活的諸多反省。由於身爲皇帝，所以他拚命想做好自己的工作，並追求崇高的德性生活。若能因此讓自己獲致幸福的話，的確是很令人高興沒錯，但他並非爲了只追求個人的幸福而累積德性。閱讀該書的過程中，確實能夠強烈感受到他的這種想法。

羅馬帝國的領導階級就算沒奧理略這麼拚命，大部分還是都站在斯多噶學派的立場，反而很少有那種喜歡縱欲享樂的官員。羅馬帝國之所以能延續這麼長的時間，想來也與斯多噶哲學受到領導者廣泛接受有關係。

此外，後來視羅馬帝國爲模範的大英帝國領導階級，也非常重視貴族義務（高身分地位者具備的社會義務），可說是在無形中吸收了斯多噶哲學。

斯多噶學派與喀爾文教派

我不禁覺得，信奉斯多噶哲學的羅馬帝國菁英們，與追隨十六世紀宗教改革家約翰．喀爾文（一五〇九～一五六四年）的人們其實十分相似。

喀爾文曾表示，人死後會去天國還是地獄，早在誕

馬可．奧理略
（161-180在位）

生前就決定好了。這項主張被稱爲「預選說」；換言之，不管爲了教會（指天主教會）行多少善事、做多少奉獻都是沒用的；不論多麼讚揚教會或教宗，都與個人死後的命運毫無關係。他的言論爲天主教會帶來重大打擊。但我常想：喀爾文教派的教徒其實非常不可思議。

喀爾文教派的信徒認爲，自己是因爲已獲准前往天國，才誕生在這個世界上的。但這樣一來，就算過得隨性又墮落，還是可以前往天國啊，那又何必拚命工作、活得認眞清廉又正直？如果是我的話，一定會有這種想法，而且開始玩樂。

但喀爾文教派的信徒反而認爲，正因爲能在死後前往天國，所以絕不能背叛神。他們帶著強烈的驕傲，要誠實地爲了世界和人類而活，將來也要抬頭挺胸地走進天堂之門。

遵循斯多噶哲學的羅馬菁英們同樣深信不疑，認爲能生而爲人，表示自己是被揀選的，應該堂堂正正活下去。兩者的志氣與驕傲非常相似。

另一方面，伊比鳩魯學派所秉持的是唯物主義，不但不會遵從既定的命運，反而會加以否定，畢竟人死了就什麼都沒了。那麼，人生的痛苦究竟從何而來？他們認爲，才沒有什麼「從另一個世界來的」這種事，痛苦必定來自於所生存的現實中；既然如此，人類幹嘛要拚命工作？反正都只會帶來痛苦啊！

或許正因爲有這樣的思路，才會乾脆「隱居」吧。伊比鳩魯哲學或許非常受羅馬庶民民眾支持也說不定。

至於「唯物論」，指的是世界的基本組成都是物

約翰．喀爾文
（1509-1564）

質，所有事物（包括心靈與意識）都是物質交互作用的結果，屬於一元論。唯物論認爲，物質決定了意識，意識則是客觀現實在腦中的生理反應。

第6章（2）

中國的百家爭鳴

西元前七七一年，西周滅亡，剩下的王室從原本的都城鎬京（現今西安附近）東遷至雒邑（現今洛陽），東周開始，國力也大幅衰退。

就在時代從西周變成東周、從春秋進入戰國的過程中，戰亂讓「士」（知識分子）流離失所。前面提過，為了求得溫飽，他們服侍的對象從王室變成諸侯，做些文書行政之類的工作；另外有些人或是更有野心，或是更勤勉向學，便將自己的想法整理成文字，傳授給努力爭取霸權的諸侯們，好以自己的學問為武器，在戰國之世貢獻一己之力——簡單來說，就是想當諸侯的政治顧問。

後世稱這些胸懷大志的知識分子為「諸子百家」，「子」是對男性的敬稱，「家」指的是學派，「百」則是很多的意思。

諸子百家主要包括以下幾個派別：

- **儒家**：孔子開創的學派
- **墨家**：墨子開創的學派
- **法家**：重視法律、信賞必罰，提倡君主集權。商

商鞅（西元前 390-338）
© Fanghong

墨子
（約西元前 470-390）

孔子
（西元前 552-479）

鞅是將法家思想落實於政治制度的第一人、韓非則是集大成者

- **名家**：釐清名（語言）實（實踐）關係的理論性學派。實際上比較接近單純的詭辯術，和希臘的智辯家相似
- **道家**：提倡無爲自然，由老子所開創，莊子則是集大成者。後來則與神仙思想及陰陽五行說結合在一起，東漢末年時，由張道陵創立道教，並尊老子爲道祖
- **兵家**：談論軍事哲學的流派。據說活躍於戰國中期的軍事家孫臏，是撰寫《孫子兵法》的孫武後代
- **陰陽家**：下一節再爲大家解說

除了這幾個流派，還包括縱橫家、雜家、農家、小說家等。

戰國七雄爲了建立自己國家的政策，於是紛紛招聘各地的知識分子爲門客，有些諸侯甚至以「養士」出名，

孫臏（約西元前 4 世紀）　孫武（約西元前 335- 不詳）　莊子（約西元前 369-286）　老子（生卒年不詳）

或許這些人想藉機對外界宣告：我可是個能接受各種思想、很有內涵的人喔！

最具代表性的，就是齊國。

齊國位於現在的山東省，都城是臨淄。西元前四世紀後半是齊國最興盛的時期，正好是齊威王與齊宣王在位時期。臨淄城有一座城門，名爲「稷門」，齊國就在這附近創立了學宮（稷下學宮），供養並資助了許多思想家和學者，是中國最早的國立高等學府。而除了讓這些知識分子自由進行研究外，也鼓勵同儕進行辯論，其盛況與柏拉圖的學院非常相似。

齊國這套吸引人才的方法傳遍天下，許多讀書人紛紛來到齊國，而他們也被稱爲「稷下學士」。比如提倡儒家性惡說的荀子、兵家的孫臏、陰陽家的鄒衍，甚至連孟子也曾造訪過。其中，陰陽家的鄒衍可說是稷下學士頗具代表性的人物。

1　具特殊地位的陰陽家

前面曾經大略提過「陰陽」的概念與後來發展出來的「陰陽五行說」。

在中國，「陰陽之說」是解釋宇宙生成的理論。早在西周時，人們就認爲世界是由天地日月等無數「陽氣」與「陰氣」所構成的，而光靠陰陽的流動，就能變化出森羅宇宙。爲什麼人們會這樣思考呢？主要是古代的君主在決定政策前，必須先占卜吉凶。

有一部儒家傳統經典稱爲《易經》，書中透過一套符號系統（「陽爻」和「陰爻」的排列組合）來描述自然運行的內在特徵與規律、解讀陰陽的交替變化。雖然它最初是用於占卜和天氣預報，但影響卻遍及各方面，後來也被列入「五經」之一（即《詩經》《尙書》《禮記》《易經》《春秋》）。

反過來說，許多人雖然都知道《易經》是儒家經典，不過一旦知道內容是以占卜爲主，就會讓人不禁想問：「是不是哪裡怪怪的？」

的確，當人們想以學術角度來研究中國古代思想（尤其是諸子百家）時，往往難以將「占卜」當成一種嚴肅的學問來討論；再加上陰陽之說後來發展爲陰陽五行說，相關理論更可說是百花齊放，並持續發展出各種迷信與習俗，逐漸滲入人們的生活習慣與日常活動。不過若是從「了解宇宙生成規律與變化」的角度來看，不覺得和愛奧尼亞派對「本原」的探索有些雷同嗎？

至今仍深入生活的陰陽五行

鄒衍（西元前三〇五～二四〇年）所提出的五行說，是結合了「陰陽」與「五行」的一套理論系統。稱爲「五行」的五種元素（木、火、土、金、水）不但互相依存（相生），也互相對立（相剋），並在陰陽的調和上達到統一。

所謂的「相生」，指的是五行依序產生與下一個元素的正向關係：

- **木生火：**木與木摩擦可產生火
- **火生土：**物品燃燒後可產生出灰（土）
- **土生金：**礦物多半藏於土中
- **金生水：**空氣中的濕度若高，金屬表面就會有水滴凝結
- **水生木：**所有樹木都需要水分才能生存

相反的，「相剋」是指五行壓制另一項元素的負向關係：

- **木剋土：**樹木將根伸入地底奪取養分
- **土剋水：**土能堵住水、削弱水的力量
- **水剋火：**水能滅火
- **火剋金：**金屬雖然硬度高，但可被火熔化
- **金剋木：**金屬刀具可削砍木頭

相生相剋看起似乎毫無道理可言，卻又符合邏輯。將五行適當地組合後，就能與顏色、方位、季節，或人體部位等相符。這套理論雖然非常古老，但影響仍留在現代社會中。下一頁有張「陰陽五行對照表」，表中舉出部分事象，可以簡單看出五行與宇宙萬象的關聯。

只要看到表格內容，就可以明白，像是「青龍、白虎、朱雀、玄武」或「青春」等今天我們

鄒衍陰陽五行說對照表

項目＼五行	木	火	土	金	水
顏色	青	朱	黃	白	玄（黑）
方位	東	南	中	西	北
季節	春	夏	長夏※	秋	冬
動物	龍	朱雀	黃龍 麒麟	虎	武（龜）
臟器	肝	心	脾	肺	腎

※「長夏」意指立春、立夏、立秋、立冬的前18天

仍經常使用的詞彙，都是從陰陽五行說而來的。

另外，這套學說有趣的一點，在於五行也各有陰陽，並且能與用來計數的「十干」（即「天干」）進行搭配：

木：陽→①甲（陽木），陰→②乙（陰木）
火：陽→③丙（陽火），陰→④丁（陰火）
土：陽→⑤戊（陽土），陰→⑥己（陰土）
金：陽→⑦庚（陽金），陰→⑧辛（陰金）
水：陽→⑨壬（陽水），陰→⑩癸（陰水）

這種思考方式是以五行各有強弱（陰陽）的角度出發的。舉例來說，陽木是參天巨木，陰木則是藤蔓灌木之類的概念。另一方面，「十干」早在商朝時代就已確立了，像是商朝最後一位君王「帝辛」，其名就是來自十干。

除了「十干」，在陰陽五行說裡，還有一個用來記錄時間的概念——十二支（地支），這是利用木星的公轉週期（約十二年）來記年的一套方法，並以十二種動物爲代表（十二生肖）；當然，十二支也有陰陽之分。

屬陽的是：子（鼠）、寅（虎）、辰（龍）、午（馬）、申（猴）、戌（狗）

屬陰的是：丑（牛）、卯（兔）、巳（蛇）、未（羊）、酉（雞）、亥（豬）

以天干地支記年時，每六十年爲一個週期，也就是從「甲子年」「乙丑年」「丙寅年」……到下一個「甲子年」所需要的時間，因此在古代的中國，會以「一甲子」（花甲）來指稱六十年。在古代，活到六十歲是非常難得的，因此「活過一甲子」的人往往是長壽、歷史見證者的代表，而「山中無甲子」這句話也說明了遠離紅塵、感受不到歲月流逝的狀態。

舉例來說，今年（二〇二〇年）是壬子年，迎來花甲之年的人，會是出生在壬子年，也就是一九六〇年的人。

此外，過去也認爲出生時所屬的干支，會對人的性格產生影響；像是在日本，人們曾認爲出生在丙午年的女性「很難搞」，脾氣火爆、難以相處，最好敬而遠之，但這其實是受到男尊女卑思想扭曲的結果。由此可知，即使到今天，陰陽五行對生活的影響仍十分深遠。

話說回來，西方也有非常類似陰陽五行說的概念。古希臘的恩培多克勒認爲，世界是由火、空氣、水、土四種元素構成的；而亞里斯多德除了認同四元素說，也認爲它們擁有四種性質，並依此生出萬物。具體來說就是「熱／冷」「濕／乾」這兩組相對的性質。亞里斯多德的四性質說，是不是很容易讓人聯想到相生相剋的規律呢？

亞里斯多德對宇宙組成的看法在歐洲與伊斯蘭社會普遍流傳，直到文藝復興時代，人們都深信不疑。第一四九頁的表格中，舉出了四元素與其相關性質、性格等項目的對照表。尤其是人類性格分類，至今仍像風俗習慣般深入人們的生活。像是「那傢伙眞是血氣方剛」「他好黏人啊」等說法，就是根據四性質說而來的。另外，精靈雖然是眼睛看不見、神話般的存在，但四元素仍寄宿其上。

陽比陰更受歡迎？

從西方許多關於「本原」的說法中可以看到，不論是四元素說、四體液說、四因說、四性質說……不管方位或季節，全都區分爲四項，感覺起來也很自然。那麼，爲何中國要分爲「五行」呢？當然，陰陽五行說裡有其必然性的相關理論，不過根據推測，會用「五」的眞正理由，可能是陰陽思想所致，也就是說，因爲喜歡「陽」，所以不希望事物變成「四」這種陰數。這種說法應該算是很中肯。

在中國，像是（農曆）一月一日（元日）、三月三日（上巳，據說是黃帝軒轅氏誕辰）、五月五日（端午）、七月七日（七夕）、九月九日（重陽），這些陽數重疊的日子都是祭祀之日。

亞里斯多德四性質說對照表

項目＼四元素	火	空氣	水	土
性質	熱・乾	熱・濕	冷・濕	冷・乾
方位	南	東	西	北
性格※1	黃膽汁型	多血液型	黏汁液型	黑膽汁型
四大精靈	沙羅曼達※2	希爾芙※3	溫蒂妮※4	諾姆※5

※1 此為希波克拉底提出的「四體液說」，分別對應不同的元素與氣質，也認為體液一旦失衡，就會造成疾病

※2 沙羅曼達（Salamander）為火精靈，形似蠑螈（火蜥蜴）

※3 希爾芙（Sylph）為風精靈，據說樣貌與人類十分相似

※4 溫蒂妮（Undine）為水精靈，居於水邊的美麗女性精靈

※5 諾姆（Gnome）為地精，長得像小矮人，會成群結隊

2 性善與性惡之間

在諸子百家的時代，儒家出現了孟子（約西元前三七二～二八九年）與荀子（約西元前三一三～二三八年）這兩位思想家。

首先，簡單說明一下兩人分別主張的「性善說」與「性惡說」。

所謂的「性善說」，是指人類原本就具有高尚的天性，因此只要好好教育，大家就能一起向上提升。另一方面，「性惡說」則認爲，人類才不是那麼清高的存在，根本不可能自動自發去學習。正因如此，才必須透過社會系統和制度的建立，半強制性地施加教育才行。雖然這兩人同屬儒家，但看起來簡直就像晚輩荀子在批評前輩孟子的學說。

乍看之下，性善說與性惡說是兩種完全相反的論點，但只是走在不同的道路上而已。如果從時代背景來看，就會知道兩位儒者爲何分別提倡性善說與性惡說。

早在先秦時期，中國就有將人依資質不同分爲「上

孟子
（約西元前 372-289）

荀子
（約西元前 313-238）

人」「中人」「下人」的想法。一般來說，中央政府的公務人員都是「上人」，因爲他們不但識字，也能以自己的智識思考政策內容、提出建議；不懂讀寫，只能以勞力換取溫飽的一般庶民則是「下人」；至於身處兩者之間的，則是「中人」。

孟子認爲的性善者，是以「上人」爲主的人們。和自己一樣，這些人都是知識分子，原本就有足夠的智慧，因此只要自己努力學習就夠了。

相反的，荀子則是以「下人」爲主要思考對象。面對不識字的人們，就算告訴他們要努力向學，他們也一點辦法都沒有，所以才主張透過社會制度和架構來進行。因此，性善說與性惡說所針對的其實是不同階層，彼此之間並無矛盾，甚至應該說兩者都能成立。

這麼看來，如果以儒家思想爲中心去思考的話，這兩種論點說不定還可以整合。但就教育這個主題來看，想要讓人們具備知識和良善，應該交由個人自行努力，還是透過社會系統與制度的建構來確立，其實是個非常大的問題。更進一步思考，提倡性惡說的荀子，其思想更接近以法律維護社會安定的法家——事實上，法家的代表思想家韓非，原本就是荀子的學生。

由於荀子對孟子的論點提出了批判，使得性惡說與性善說簡化且矮化爲「人類出生時究竟是好人還是壞人」這種宿命論的對立，對兩人學說內容的理解反而遭到忽視。從教育的角度來看待這兩種不同的論點，應該是較好的方式。

3 領先時代兩千五百年的孟子

孟子師從子思（孔子之孫）的學生。據說他非常尊敬孔子，但相較於把重點放在「禮」的孔子，孟子的思想在某方面頗具獨創性，也有革新的特色。

孟子認爲，身爲君王，「珍惜天命」是很重要的。前面提過，商朝是「政祭合一」的時代，除了稱國家所祭祀的神明爲「帝」，君王也有（代人民）進行祭祀、與神靈溝通的責任。雖然到了孟子的時代，把神明稱之爲「天」，但由於有這樣的背景，因此孟子認爲，「天」會告訴某人：「你要成爲君王，治理國家，並保障人民的富足安康。」也就是所謂的「賦予天命（天的意志）」。

不過要是王的繼任者（子孫）太過愚昧，施政讓人民苦不堪言的話，看見這種情況的天，就會透過飢荒或河川氾濫等自然災害來警告在位者。如果在位者還是不肯改善的話，天就會收回原本的天命，給更適合的人，好取代現在的君王。孟子認爲，天會透過這種方式來實現善政。

由於是天命導致改朝換代（革），原來的王被推翻後，王的姓氏也會跟著改易，因此後人稱這種概念爲「易姓革命論」。

在工業革命前，人類的社會是以農業爲中心。若是長期風不調雨不順，作物無法收成，就會導致糧食持續缺乏。這時候，除非是明君執政，否則人民的生活必然陷入困苦；更何況，若是個平庸的君王，甚至是昏君，社會動盪必定難免。在這種情況下，有心批判現有政權的人就會站出來，鼓吹民衆反抗、展開全新的時代，這是當時歷史上的眞實現象。「易姓革命論」可說是認同以武力推翻既有統治者，並賦予此行動正當性的論點。

同時，也因爲如此，史書往往會將前朝最後一位君王描寫成比實際更殘暴的昏君。因爲如果是位明君的話，新王朝就無法取得正統性了（當然，人民也就不會想推翻）；另一方面，新王朝的開國者也必定會被形容成明君。例如商紂和周文王、周武王；隋煬帝和唐高祖等，都是典型的範例。

除去「天命」這個抽象的概念後，我們可以看見，革命的主體其實是人民，而孟子的思想，也可說是民本思想的萌芽，但在當時顯然是種過於激進的主張。順帶一提，日本的天皇家沒有姓氏，據說是認爲沒有姓氏，就不會發生易姓革命的緣故。

孟子與盧梭的相似性

無法遵守天命、無法好好守護人民的君主，會因爲革命而滅亡。孟子的思想容許革命的發生，這一點和法國啓蒙思想家盧梭（一七一二～一七七八年）的「社會契約論」（民約論）有些相似。

社會契約論的內容大致上是這樣的：

盧梭所處的時代，剛好是法國大革命發生前十年左右。當時基督教會那種「神與人締結契約」的概念已經遭到否定，人們開始追求理性和科學。

身而爲人，天生就有力量與自由，這是自然法則所規範的。在這種規範下生存的自由人類，爲了確立彼此在社會中生活的權利，應該與自己所處的共同體訂下契約，稱之爲「社會契約」。這時候，爲了使共同體的運作更順利，必須將自己的部分權利委託給整個集體，結果就是產生了都市與國家。如果大家都隨自己的心意行事，共同體就無法好好運作。

至於承接了個人轉讓之權利的共同體，會將此集合成「公共意志」，這個過程也可說是決定共同體意向的政治人格。但盧梭也認爲，最可怕的是即使有社會契約，若共同體的成員一意孤行、追求私欲，就會導致政治功能衰退。因此，必須以重視公共意志、追求公共利益和公共正義爲目標，是一個整體性的概念。

盧梭
（1712-1778）

在盧梭的社會契約論裡，「公共意志」與孟子思想中的「天命」，都是維護社會生活秩序的行爲標準。此外，雙方都有「人民主權」的概念，不過爲了防止民眾過於隨性，必須有近似公共正義的道德觀點。

孟子雖然認同革命這樣激烈的手段，但事實上，他也很明確地指出「王道」與「霸道」這兩種統治手段的高低優劣：「王道」是指以「仁」治國，「霸道」則是以「蠻力」來支配人民，最理想的當然是王道政治。而就算是易姓革命，也可再細分爲禪讓（舊王將統治權讓給新王）與放伐（以武力打倒舊王）。

孟子認爲，人民生活安定是政治的第一要務，可說是位民本主義思想家。而他也和孔子一樣，認爲應以「仁」爲政，而非武力。

好好種田，大家就能和睦了

在《孟子．滕文公上》裡，滕文公的使者來問孟子關於井田制（井地）的問題，孟子除了說明施行的辦法，還進一步說明，透過井田制，不但能讓官員和農民都有安身立命的地方，還能促進大家的互助合作。所謂的「井田」，是以邊長一里（四百公尺）爲單位，將這片土地分爲九等分，這樣一來就會變成「井」字型，並由八戶人家來耕種。正中間的那一塊是公地，這塊地所收成的米就做爲稅金，剩下的八塊則分屬這八戶所有。

孟子竟然能設計出「井田制」，非常讓我驚訝，因爲這其實是一種近似共產的概念（注：根據甲骨文和金文等考古證據，一般相信井田制確實早在商朝就已實施，但仍有學者認爲，井田其實是孟子融合了傳說的烏托邦式想像）。井田制對於北魏、隋朝和唐代等朝代所實施的「均田制」，產生了非常大的影響，也就是將農民依年齡和性別分類，各授予不同大小的土地。另外，日本在西元七〇一年所制定的《大寶律令》中，也有參考唐代均田制而施行的《班田收授法》。

孟子卒於西元前二八九年左右，而《大寶律令》則是在近一千年後的西元七〇一年所頒布的。這起源於孟子的井田制，竟然能在這麼久之後於極東的小國施行，而且早在兩千五百年前，就已經有人構思出這樣的土地制度，實在令人非常驚訝。

現在我們經常把儒家等同於「孔孟思想」，也就是把孔子與孟子兩人相提並論，但事實上，直到宋朝（九六〇～一二七九年），孟子的地位和評價才獲得提高。朱熹將《禮記》中的〈中庸〉和〈大學〉兩篇文章單獨成書，再加上《論語》與《孟子》，合稱「四書」並予以注解，認為應該先讀這四部作品，才能為研究儒家經典打好基礎。此外，更將四書做為科舉考試的指定範圍，這才使得孟子的地位大大提升。

在春秋戰國時代，孔子與孟子是優秀的思想家之一；但到了現在，兩人卻被視為諸子百家的代表人物。如同柏拉圖塑造了蘇格拉底的形象、大大影響了他的評價、讓他站上傑出哲學家的地位，朱熹和孟子的關係也十分類似於此。

4 具備邏輯思考的荀子

孟子認為，「天」始終注視著地上的君主、觀察他的施政。若是施行惡政，就會引發災變做為警告（後世的儒者稱為「天人感應」），但荀子完全否定這種說法。

荀子認為流星或暴風雨什麼的，都是單純的自然現象。雖然祈雨後就會下雨，但就算不進行儀式，該下雨的時候自然就會下，只不過是剛好祈雨後就下雨罷了。在這方面，荀子與日本的平清盛頗爲相似。

有一次，貴族們希望請僧侶祈雨，因此布施了許多金錢給對方。據說聽聞這件事情的平清盛是這麼說的：

「那只是剛好而已吧。那位僧人應該只是看了天色變化。」

雖然《平家物語》把平清盛描寫成壞人，但是用現代的眼光來看，他的思考模式其實非常合邏輯；而他也是正式輸入宋錢、將貨幣經濟導入日本的人。此外，他曾爲了讓日本與海外貿易更興盛，甚至考慮將都城從京都遷移到大輪田泊（現在的神戶）。

話題扯得有些遠了。荀子的確是位具備邏輯思考之人，同時也帶有唯物主義的特色。

另一方面，荀子也具備深刻的洞察力，他認爲人類並非是生來聰慧的存在，而且非常容易受到各種誘惑。但也正因爲如此，才應該持續學習（而且是一輩子），以成爲「善」的存在。

他在《荀子．勸學》中留下這麼一句話：

「青，取之於藍，而青於藍。」

意思是說，青色是從蓼藍這種植物所提煉出來的，顏色卻比蓼藍更鮮豔美麗。換句話說，如果能好好向值得信賴的優秀老師進行有系統的學習，就有可能成爲比老師更傑出的人物。後來也從這句話衍生出了「青出於藍」這句成語。

5 徹底的法治主義與徹底的自然無為

據說韓非（約西元前二八〇～二三三年）是荀子的學生，出身戰國七雄裡國土面積最小的韓國。他將商鞅（西元前三九〇～三三八年）以秦國宰相身分，藉由變法而拓展的法家學說擴充得更完善。

韓國正好與戰國七雄的最強國家秦國接鄰。韓王對秦國的攻擊一直感到非常苦惱，不過雖然韓非幾度向韓王獻策，卻都沒有獲得採納，於是轉往秦國獻計。雖然秦王非常重用他，後來卻被捲入陰謀、遭判死刑，命運非常悲慘。另外，據說他有非常嚴重的口吃，因此用高超的寫作力來彌補缺陷。他的著作《韓非子》可說是傑作中的傑作，赤裸裸地描寫出人類的黑暗面，並提供君王制御人民的霸道思想。

韓非認爲，期待民衆擁有道德本來就是錯的，提倡「有道之主，遠仁義，去智慧型，服之以法」（《韓非子．說疑》），意思是懂得辨別道德的君主，會秉持仁義、不依靠智慧，而以律法來解決事情。

當時同樣在秦國任官的政治家李斯（不詳～西元前二〇八年）曾和韓非同在荀子門下學習。有一說是他嫉妒韓非的才能，因此害死了韓非。李斯是秦始皇的宰相，他

韓非
（約西元前 280-233）

透過制度設計，在確立秦國為法治國家一事上貢獻良多。

莊子（約西元前三六九年～二八六年）和孟子（約西元前三七二年～二八九年）差不多是同時代的人。

當孟子與荀子萬分認眞地談論教育與理想政治時，莊子卻一派輕鬆地提出「無為自然」。

人類只要讓心靈自由，悠遊於世間即可，只要依循萬物的本性就好，不需要因為別人的要求而傷害原本的自我，也不需要非得到什麼程度才能感受到快樂，也就是他所謂的「逍遙」。《莊子》一書中還提出了「混沌」「無用之用」「莊周夢蝶」「鯤鵬」等詞語。

莊子的思想和存在主義有些雷同。他認為人是天地間的一種存在，其實並不特別；也認為追求事物的表象反而會傷害本性，因此採取無視俗世的態度。

莊子這種有些諷刺、看起來又有點不太認眞的態度和哲學思考，向來很受知識分子的喜愛。尤其是在西元三世紀後半，晉朝才剛結束了三國時代。當時的知識分子為了避免因談論政治而遭禍，於是轉為討論超越世俗的內容

莊子
（約西元前 369-286）

李斯
（不詳 - 西元前 208）

商鞅（西元前 390-338）
© Fanghong

（清談）。其中最有名的是「竹林七賢」，而他們的思想即是建立在莊子的哲學之上。

另外，莊子提倡的「無爲自然」始自老子。據說老子是和孔子相同世代的人，但生卒年皆不詳。一般會用「老莊思想」來統稱道家的哲學；而東漢時代的張道陵結合了道家思想、神仙思想及陰陽五行說後，創立道教，並尊老子爲道祖。

孟子
（約西元前 372-289）

6 儒家、法家、道家的存在為中國社會帶來安定

儒家的思想主幹在於禮、仁、德。他們告訴君王，必須愛護民衆、積極走在王道上，是屬於支配者的哲學。西漢自武帝（西元前一四一年〜八七年在位）開始獨尊儒術，而從某方面來看，儒學和斯多噶哲學多少有些相似，也就是爲君爲王者，應以實踐道德爲主，把國家安定與人民幸福放在心上，而非追求私欲。

另一方面，老莊思想則提倡人生不是只有努力。人類也是萬物之一，應該依循自然法則生存，開放自己的內心才是最重要的。這也和伊比鳩魯的思想有些相似。

還有法家。雖然表面上的政治上以儒學爲主，但實際上的執行面則必須依賴法律，以法治來管理國家。

秦朝是中國第一個以法家思想爲軸心的中央集權國家，距今已是超過兩千年以上的事，但不論如何改朝換代，其基礎設計仍幾乎一模一樣。一般人民遵從「表面上的」儒家教導，敬拜祖先、孝順父母、與家人和睦相處，並配合國家的步調生活。但國家的「內在」卻是以法律建構成的，違法者會遭到法律制裁。至於對人生失望，或是戰禍頻仍的年代，人們則會投向老莊思想的懷抱。

像這樣，諸子百家的思想可以共存，應該是由於不同的學說符合不同階層的需求，這對維護社會安定來說有很大的幫助。但大家應該知道，不管在哪個朝代，法家始終是維持國家體制最重要的思想，再以儒學做爲外包裝，偶爾有道家參與其中，讓人民願意接受統治階層的統治。

因此，即便一般來說，不同思想可以和平共存，但要是威脅到統治、引發社會矛盾，君王還是會以國家的權力施壓。中國歷史上就曾發生過合稱「三武一宗」（注：分別爲北魏太武帝、北周武帝、唐武宗、後周世宗在位時）的四次大規模滅佛行動（法難），其中最有名的是發生在唐武宗時期（西元八世紀前半）的「會昌毀佛」。

值得一提的是，雖然佛教教派衆多，也各有側重的面向，但由於一般民衆無法理解太困難的事，使得只要念誦「南無阿彌陀佛」就能獲得佛力接引、前往西方極樂世界的淨土宗很受歡迎；而在漢傳佛教中勢力最大的，除了淨土宗，就是禪宗了。

只要唱誦「南無阿彌陀佛」就能成佛。人生眞的可以如此單純嗎？對於知識分子提出的這種疑問，禪宗則透過公案和禪偈來解釋。當我們指著眼前的某顆石頭問「這是什麼東西」時，許多人都會直接回答「當然是石頭」；不過知識分子反而會更進一步，思考石頭、自己與人生的關聯，並試圖從中挖掘出深刻的眞理。而這也是禪宗對中國哲學帶來的深遠影響。

正如直到現在，我們仍使用「百家爭鳴」這句成語，諸子百家的時代對中國思想與哲學的意義之重大，是其他時代難以比擬的。

第6章（3）

猶太教的起點

1《塔納赫》成書

希臘化時期與基督教的誕生也有密切的關係。因爲《舊約聖經》正是在這個時代出現的。

約在西元前七世紀後半，新巴比倫王國（西元前六二五～五三九年）的尼布甲尼撒二世（西元前六〇五～五六二年在位）征服了美索不達米亞，並在西元前五九七年時，攻克了猶太人所建立、以耶路撒冷爲首都的小國家——猶太王國。在新巴比倫王國眼中，猶太王國是個位處西方的地中海東岸小國。固然是因爲這裡發生叛亂，尼布甲尼撒二世才會揮兵占領此地；不過猶太人除了有自己信仰的神明，也是一群既有邏輯，又「很不聽話」的人，因此尼布甲尼撒二世將猶太王國的統治階層全部抓到位於幼發拉底河的巴比倫，也就是新巴比倫王國的首都。

各位可能在世界史相關書籍中讀過，這事被稱爲「巴比倫囚虜」（自西元前五九七年起，發生過三次），是大規模的猶太人受難事件。

以現在的眼光來看，將大量領導階層帶到異地，是非常嚴苛的處置，但在當時是很既普遍又合理的措施。因爲若是讓軍隊駐紮在那裡，可是要花很多很多錢的；再者，每次發生抗爭活動都要派軍隊鎮壓的效果也不好。至於處

尼布甲尼撒二世
（西元前605-562在位）

死所有反抗分子……畢竟當時還沒有槍砲或破壞型兵器，會非常費力。

基於以上理由，將敵國的主要領導者綁走、帶回本國監視並強制勞動，是古代戰爭中普遍執行的一項措施。光是把反抗者殺了，也只會徒然造成怨恨，因此「巴比倫囚虜」這樣的災難不只曾發生在猶太人身上，全世界都有許多例子。像是史達林，就曾在一九三七年時，強迫當時居住在蘇聯遠東地區的所有朝鮮族，遷徙（其實是驅逐）至中亞哈薩克無人居住的地方，理由是防止日本間諜滲透至蘇聯遠東邊疆區。

之後，這些猶太人在巴比倫生活了將近六十年，後來，新巴比倫王國被波斯阿契美尼德王朝的居魯士二世滅了。居魯士二世行至巴比倫的時候，路過了猶太人居住的地區，也知道這些人是從耶路撒冷抓來的。他心生憐憫，於是釋放了猶太人。居魯士二世對他們說：「我已是全世界的帝王，你們住在哪裡都無所謂。要回去耶路撒冷也好，要留在巴比倫也行。隨你們高興。」

但幾乎所有猶太人都沒有回到耶路撒冷。

當時人類的平均壽命大約三十歲。在巴比倫居住超過了六十年的這些猶太人，應該早就不認識住在耶路撒冷的人吧。以我自己爲例，我出生在日本三重縣的美杉村，是一座位於深山、非常美麗的村莊，但也是很典型的高齡化偏鄉。如果很久很久以前，有人把村人帶去東京，經過幾個世代後，才告訴他們「可以回美杉村了」，各位覺得情況會如何呢？這些村人的後代會拋棄早已經住慣的地方，回到那個從未見過的遙遠故里嗎？就算回去了，也早已人事全非，根本沒半個認識的人或朋友吧。

更何況，巴比倫是當時首屈一指的大都市。就這樣，猶太人開始流散，回到耶路撒冷的，只有以祭司為主的那些人，也就是必須祭祀、守護祖先陵墓的人。

這些人回到故鄉後，重新建造了遭到破壞的猶太教神殿（第二聖殿），卻等不到其他人從巴比倫回來。歲月就這樣流逝，回到耶路撒冷的人們開始感到不安：再這樣下去，猶太人將會被波斯帝國吞滅。為了鞏固自己的身分認同，因此他們召集了一批人，著手將古代猶太教的歷史典籍和律法文獻整理成《塔納赫》（*Tanakh*）。

《塔納赫》對所有猶太人表示，雖然現在過得痛苦而不幸，但猶太人可是神選之民，救世主必將現身拯救。而從這裡也可以看到宗教裡的「選民思想」。救世主在希伯來語中稱為「彌賽亞」，在希臘語裡則是「基督」。另外，在基督教裡，稱《塔納赫》為《舊約聖經》或《希伯來聖經》。

有了《塔納赫》和口傳律法（生活規律）的「塔木德」，猶太教的信仰體系終於完成，其最大目的在於對並未回到耶路撒冷的猶太人講述祖先的故事，以避免他們喪失民族意識，並對自己身為神選之民感到驕傲。

另一方面，《塔納赫》是自《創世記》起，依歷史時序寫成的。但就成書時間來看，包含《創世記》在內的「摩西五經」（注：即《創世記》《出埃及記》《利未記》《民數記》和《申命記》）卻是最後才寫好的；也就是最古老的故事，是最晚才寫的。

如果大家要寫自己家族的故事，多半會從父母這一輩開始，畢竟記得的事情比較多。接下來則會寫到祖父母、曾祖父母……邊回溯邊寫。但是大概回溯到祖父母那一代，就會有些不太清楚的事情，畢竟紀錄並不多。那麼該怎麼辦才好呢？這時，我們往往會想辦法從別人那裡蒐集「好像有這麼回事」的記憶，而且越是古老的事，記憶越是不可靠，也越容易融合其他不知道哪裡來的傳說或神話，《塔納赫》也不例外。

這些故事大多傳承自古代美索不達米亞，也就是他們被囚困在巴比倫時所聽聞的。用塵土造人的故事是蘇美人的神話、諾亞方舟來自美索不達米亞的大洪水、「伊甸」其實是美索不達米亞的地名；至於「最後的審判」這種直線性的時間觀念，則是受瑣羅亞斯德教影響。另外，據說摩西小時候曾被安置在蘆葦編織的小船上，放流至尼羅河，但這個故事來自一個非常古老的源頭：創建阿卡德帝國的薩爾貢大帝（西元前二三三四年～二二一五年在位）小時候曾被放流到河裡；而薩爾貢大帝也是首次統一整個美索不達米亞的帝王。

越是古老的部分，就越和史實沒有關係；反倒是較新的作品，傳承的意味更濃厚，《塔納赫》就是非常典型的例子。編纂此書的動機，雖然是深切希望猶太人民不要忘記自己的根，但除了將這個想法展現給同胞，應該還有另一項目的，也就是向世界帝國——波斯的阿契美尼德王朝展現，猶太人也是具備宏偉歷史的優秀民族。

就算很難說是完全的史實，但只要是透過文字留下來的東西，就會產生非常大的力量。舉例來說，《舊約聖經》曾提到示巴女王與所羅門的故事。在大衛與所羅門這對父子執政的時代，以色列王國非常繁榮。所羅門王不但接待了慕名而來的示巴女王，還與她生下孩子，而這孩子就是衣索比亞皇室的祖先。這個傳說在衣索比亞非常有名。

提到示巴女王，她的國家位於阿拉伯半島南部，首都位於今天的亞丁一帶，那裡以盛產乳香和沒藥等葬儀使用的香料而聞名，在當時是非常貴重的東西。而根據推測，當時其首都的人口約有二至三萬人左右。相較之下，根據考古證據顯示，在大衛與所羅門的時代，耶路撒冷的人口可能只有一千人上下；換言之，首都有三萬人口的女王，來到僅有千人規模的小型城市，還對此地的繁榮感到訝異？因此有許多學者認爲，所羅門王究竟是否爲眞實人物，還需要更多的證據證明。

然而示巴女王與所羅門王之間的這段故事，一直流傳至今，正是因爲我們看到《舊約聖經》將此事描寫得如此氣派，人們根本不會起疑。

在「巴比倫囚虜」後，未返回耶路撒冷的猶太人走向全世界，稱爲「diaspora」，過去多被譯爲悲劇性的「流散」，但最近開始有另一種聲音，認爲猶太人其實是憑藉自己的意志，選擇不回到耶路撒冷，四散到世界各個角落，譯爲「散居」顯得更中性。

一般認爲，猶太教經典《塔納赫》是在西元前五百年至紀元元年間完成的。

2 佛教分裂

另一方面，在印度，佛教各教團也開始分裂。

佛教的原始教團是部派佛教的集結。在佛陀死後，弟子們各自研究佛陀的教誨，由於對教義的不同看法，而各自形成「部派」，彼此之間互相辯論，並建立教團。當時的教團區分為較早出家受戒的年長者，和剛入教不久的人這兩群。當他們聚集在廣場或有屋頂的建築物裡開會時，由於年長的這群人坐在上座，其他人則坐在他們面前，因此稱這先出家的這一群為「上座部」，另一群則稱為「大眾部」。

此時發生了上座部與大眾部分裂的事件。由於教團一分為二，因此稱為「根本分裂」，而最大的原因應該就是在於「該不該收受金錢」的爭論。

原始佛教是以個人修行為主，坐在樹林裡冥想、思考各種事情；但畢竟還是要吃飯，於是他們會拿著餐具、披著袈裟走上街，在民宅門口祈禱，並希望對方給予食物和飲水，這種行為稱為「托缽」。直到現在，東南亞許多篤信佛教的國家，仍經常可見這般光景。但托缽的時候，有些人除了食物，也會喜捨一些金錢。我想這些人一開始的動機，應該是覺得，萬一僧侶肚子餓了，就拿這錢去買些東西吃吧。說不定僧侶們也會覺得困惑，但仍然收下。

但畢竟佛陀教誨僧眾，修行之人必須身無一物，財產也好，家庭也好，早在出家時便都捨棄了。雖然別人喜捨的金錢是淨財（用清淨正當的方法得來的錢財），不應拒絕，但如此一來，教團就會有多餘的金錢，而且這種布施是不必支付稅金的——不論古今中外、不論哪種宗教都一樣。

「是否應該收受金錢」引發了非常大的爭論。上座部認爲不應收取金錢，因爲這樣會走向墮落之路。另一方面，大眾部的信徒則主張「應儲蓄淨財好壯大教團，否則無法傳播佛陀的教誨」。雖然一直沒有得到結論，但最後似乎是上座部取得勝利。「完全實踐佛陀的教誨」這一點是毋庸置疑的，大眾部雖然也是爲佛教發展著想，才會提出這種見解，但上座部卻說，在翻閱佛陀的相關文獻後，發現沒有任何紀錄顯示他收受過金錢。此話一出，大眾部根本無法反駁。

據說贊成上座部的部派有十一個、贊成大眾部的則有九個。有些說法認爲，此時的大眾部即是後來發展出大乘佛教的部派，但這點是無稽之談。因爲有紀錄顯示，主張大乘佛教的人，曾合稱上座部十一部派與大眾部九部派爲「小乘二十部」。

另外，打造印度第一個橫跨印度河與恆河之大帝國的孔雀王朝第三代阿育王（約西元前二六八～二三二年在位）的時代，非常積極將佛教教義做爲政治方針，使得佛教大有發展，也據說此時有第三次佛典結集，但佛教教團自我宣傳的可能性比較高，至於是否爲史實，目前仍無定論。

第6章（4）
希臘國王成了佛教徒？

在希臘化時期，亞歷山大大帝（西元前三三六～三二三年在位）指揮下，希臘人大量東遷；同時，這也是個「城邦空蕩蕩」的時代。

之後的十字軍也有這種情形，也就是歐洲人前往文明豐饒的東方。

會特別這樣說，是因為**一般提到「希臘化文化」，指的都是以希臘為原點的歐洲文明，滲透到發展較慢的東方後產生的文化**，但我完全無法贊成這個觀點。

十九世紀時，大英帝國在鴉片戰爭中擊敗超級大國清國，之後又占領印度為殖民地，從那時起，歐洲就一直站在「我是中心」的觀點去思考、觀看世界史。十九世紀的現實是「西洋較先進，東洋較落後」的狀態，所以基於這種歷史現實的史觀，自然會給予西方文明高度評價，自認比中國的秦漢、唐宋、波斯與伊斯蘭的大帝國、印度諸王朝和蒙古帝國等都來得高，但事實上完全不是這麼回事。

儘管也有人試著修正這種西洋史觀，但還是非常根深蒂固。所以我才會用「城邦空蕩蕩」來表現希臘化時期。不過希臘人確實非常積極地走向全世界，在那個時代實現了全球化也是事實。關於在希臘化時期裡，希臘人與東方文明融合的紀錄，可以從《彌蘭王問經》（*Milinda Pañha*，東晉時漢譯為《那先比丘經》）窺見一二。

亞歷山大大帝死後，希臘人建立的塞琉古王朝支配了從敘利亞橫跨到伊朗的廣大領土；接著，西元前三世紀

日文版《彌蘭王問經》書影

時，巴克特里亞王國獨立了（仍是希臘人的國家）。巴克特里亞王國繼續向東方推進，到達印度西北方（現在的巴基斯坦），並且開啓了印度—希臘王國（約西元前二世紀～一〇年）時代。而第八代的國王就是米南德一世（印度稱爲「彌蘭王」，約西元前一五五～一三〇年在位）。所謂的「彌蘭王問經」就是那個時代的故事。

《彌蘭王問經》的內容，是彌蘭王與佛教比丘「那先」的對話。

根據推測，那先是上座部佛教一位具有長老地位的僧侶，彌蘭王在書中對那先拋出許多問題，再由那先一一回答。

全書的核心是討論佛教的輪迴和業（karma，產生果報的原因。若行了或善或惡的業，就會藉由因果報應，產生相應的樂或苦之回報），不過裡頭的問題非常有趣。舉例來說，彌蘭王問：「有名男子從早到晚都在燒一把火。那持續燃燒的火焰，在早晨、中午、晚上都是同一把火嗎？又或是別的火呢？」那先則回答：「那並非相同，也非不同之物。」事實上，這就是「忒修斯之船」的命題（可參見第九章第六節）。

希臘人彌蘭王對於柏拉圖、亞里斯多德等希臘哲學家的論點，應該有一定程度的認知，因此，《彌蘭王問經》可說是希臘哲學與原始佛教的碰撞。讓人好奇的是，兩人的對話是用什麼語言進行的呢？通用希臘語嗎？另外，據說彌蘭王因此對佛教產生興趣，甚至因此皈依。

米南德一世
（約西元前 155-130 在位）

人們常說，在希臘化時期，像通用希臘語這種可同時用於口說與書面文字的語言，逐漸成爲國際語言；或說米洛的維納斯（Vénus de Milo，即斷臂維納斯像）代表了希臘化時期的藝術成就等，總是非常強調西方的主導性。但也有像《彌蘭王問經》這樣的作品。東西方高度文化與文明的融合和碰撞，在在表示當時確實是一個全球化時代。

我們在第六章所談的是希臘化時期的東西方哲學與宗教概況，此時並沒有出現廣爲人知的偉大哲學家或宗教家，乍看之下，似乎是非常無趣的時代。但我認爲，當時的東西方所帶給世人的影響，至今仍深入我們的生活，處處可見痕跡。回頭看看生存在現代的我們，和過去相比，反而還沒怎麼進步呢。

第7章

基督教與大乘佛教的誕生及發展

提到全世界有宗教信仰的人口，信徒人數最多的就是基督教，占了總數的三二．九％，共有二四．五億人；其次是伊斯蘭教，占二三．六％，共一七．五億人；再其次是印度教，占一三．七％，有一〇．二億名信徒；至於佛教，占七％，有五．二億人信仰佛陀。而在基督教中，天主教占五〇．七％、新教占二二．六％、東正教占一一．六％，其他則占一五．一％。

接下來，我們將介紹基督教與大乘佛教的誕生。

1《新約聖經》成書前

和《舊約聖經》一樣，《新約聖經》也是基督教經典。前面說過，猶太教的經典是《塔納赫》，內容幾乎和《舊約聖經》相同。另外，伊斯蘭教的《古蘭經》也有和《聖經》相近的內容。

竟然能從同屬閃族一神教的三種宗教中，看到典籍的共通性，理由在於西亞和北非等地使用的語言，都屬於閃語語系。人類史上第一種跨國性語言，是在約西元前二五〇〇年時、美索不達米亞的阿卡德語。等到西元前七世紀左右，同一地區的亞蘭語成為第二種國際語言。另外還有從古代一直使用至今的希伯來語、做為伊斯蘭文明基礎的阿拉伯語等。

由閃語語系打造出來的一神教，即閃族一神教。在希伯來文裡，神的名字是「ＹＨＷＨ」，但由於希伯來語沒有母音，因此無法確定究竟該如何發音，但學者相信應該接近「雅威」（拉丁化爲「耶和華」）。YHWH是閃族所信仰、創造天地的唯一眞神。YHWH不但會守護其信徒，還會對不信者表現出排他性、攻擊性，與相信「萬物皆有神」的希臘或亞洲多神教相比之下，是完全不同的神格。另有一說，YHWH是西奈山的精靈與烏加里特（注：位於現今敘利亞，一九二八年發現的考古遺蹟，當地文獻中所使用的烏加里特語不但協助學者釐清有關《希伯來聖經》的問題，也讓專家更了解古代以色列和猶太文化與鄰近相似文化的聯繫）守護神合體之後形成的，但並非定論。

拜占庭濕壁畫
《復活》（Anastasis）

既然YHWH是閃族一神教所信仰的神，這三個宗教的經典有其共通之處，也是理所當然的。

《舊約聖經》的英文是「Old Testament」，《新約聖經》則是「New Testament」。在基督教裡，所謂的「舊約」，就是耶穌基督出生前的先知們與神訂下的盟約（也是人類與神的約定）；「新約」則記錄了耶穌的所言所行，也就是人類與神之間新的約定。另外，《聖經》的英文是「Bible」，來自希臘文表示書籍的「biblia」，再往上追溯語源的話，則是來自交易書寫材料莎草紙的腓尼基都市比布魯斯（Byblos）。

據說耶穌在西元前四年左右出生於巴勒斯坦的拿撒勒，並在約西元三十年時被判死刑。

想了解耶穌的生平與基督教的神學概念，直接閱讀《聖經》是最好的了。雖然是很厚的書，不過現在已經有許多更接近現代用語的版本。如果想深度了解基督教，那麼與其先讀解說書籍，更應該先把《聖經》讀過一遍。

耶穌的教誨與保羅的傳道

耶穌究竟教導了人們什麼呢？

就學術面來說，這一點並不是非常清楚，但他確實批判了當時猶太教高層的墮落，並推動猶太教更新運動。耶穌傳教時所使用的語言是亞蘭語，因爲以敘利亞到美索不達米亞一帶爲據點，並將貿易範圍往東方擴張的亞蘭人，他們的語言是當時的國際通用語言。

耶穌在三十多歲被處死刑後，他的弟弟雅各和使徒便繼承他的傳教活動，並以耶路撒冷爲中心。但是以最具系統化方式傳播耶穌教誨的，其實是保羅（生年不詳～約西元六五年）。

保羅出生在安納托利亞的一座小城市，是具有羅馬公民權的猶太人。但他一開始並不是耶穌的追隨者，而是迫害耶穌的猶太教法利賽人（注：當時猶太教的四大派別之一，主張爲了維護自身純潔，要與世俗保持距離）。就在耶穌被判死刑數年後，有一次，保羅（當時名爲「掃羅」）正騎馬前往大馬士革，從天上降下眩目的光，他驚訝地摔下馬來，只聽見天上傳來聲音：

「掃羅啊掃羅，你什麼要逼迫我呢？」

據說在這件事發生後，掃羅就歸信基督教，並改名「保羅」。剛開始保羅想在耶路撒冷傳教，但前面提過，耶穌的弟弟雅各和使徒已經在那裡活動了，而且他們都不相信保羅是門徒，於是他往安納托利亞西部和愛琴海沿岸的都市去，在散居此地的猶太人之間傳教。

面向愛琴海的區域屬於羅馬帝國。這裡除了猶太人和猶太會堂外，都講通用希臘語——當時所使用的希臘語，於希臘化時期成爲第三國際語言。保羅在帝國邊境以通用希臘語傳教這一點，對基督教能擴大爲世界宗教來說，有極大的貢獻。

那麼，保羅所傳播的耶穌故事與教誨，包括了哪些呢？

神創造天地萬物。人類原本快樂地生活在伊甸園，但由於不遵守神的教誨，吃下能分辨善惡的果實，因此背負原罪。而神的愛子——耶穌代替全人類贖罪，被釘死在十字架後三天復活了。耶穌正是全人類的救主彌賽亞（基督）。

科爾托納繪《保羅重見光明》（*Ananias restoring the sight of Saint Paul*），圖中單膝跪地者即為保羅（生年不詳 - 約 65）

《新約聖經》的成書

由於保羅的緣故，向所有人敞開大門的基督教逐漸在羅馬境內擴散，也很自然地產生一股氣氛，就是要透過文字記錄下耶穌的行誼與教誨。

耶穌約在西元三〇年逝世，保羅則是在約西元三四年時開始傳教，至於福音書和保羅書信的寫作年代，大約是西元五〇年到九十年左右。據說保羅於西元六六或六七年時過世，因此我們可以推測，當時書寫《新約聖經》的衆人或許與晚年的保羅有所接觸，但關於耶穌的事情，很可能只聽說過古早的傳聞。

《新約聖經》最終涵蓋了二十七部經卷，而這些經卷正式獲得教會認可，則是西元四世紀末的事。在那之前，教會對於應該把哪些經卷列入正典，一直反覆討論。

尤其是做爲基督教教義骨架的福音書，更是耗費心力。

這二十七部經卷包括：四部福音書、《使徒行傳》、涵蓋保羅書信在內的二十一封書信，以及《啓示錄》。「福音」（gospel）的原意是指好消息，而在當時的諸多福音書裡，只有馬太、馬可、路加和約翰四個人所寫的被列入正典。至於《使徒行傳》，則是耶穌門徒彼得及保羅等人傳道的紀錄；最後的《啓示錄》則是提示基督再次降臨、地上王國毀滅的內容。除此之外，還有一些與耶穌相關，也對教會有益的經卷，稱爲「次經」（apocrypha）。

「對觀福音」與Q來源

福音書記錄的是耶穌的言行，而最重要的部分，就是談論關於耶穌的死與復活。事實上，當初被稱爲「福音書」的，除了馬太、馬可、路加、約翰這四部之外，還有其他經卷（注：皆並未獲得教會認可爲正典）。四部福音書中的《馬太福音》《馬可福音》《路加福音》有許多共通的部分，包括內容、敘事安排、語言和句型結構等。學者們在比較這三部經卷後，認爲它們可以彼此對照著看，因此稱這三部福音書爲「對觀福音」。

目前關於對觀福音的書寫順序有幾種不同的論點。其中，十九世紀時有一派學說認爲，由於《馬太福音》與《馬可福音》非常相似，因此判斷它們在撰寫時，很可能都參考了同一份資料。另外也發現，有些共通段落雖然可以在《馬太福音》與《路加福音》裡找到，但《馬可福音》裡卻沒有，因此也有人懷疑，這三部對觀福音是否都使用共同的原始資料。這項假說是由德國神學家所提出的，認爲《馬太福音》和《路加福音》在《馬可福音》之外，又參考了另一份稱爲「Q來源」的失傳文件——「Q」是德文的「資料」（Quelle）之意。

進入二十世紀後，Q來源再度受到矚目。一九四五年，在埃及發現大量文獻，統稱《拿戈瑪第經集》，當中找到了狀態幾乎完整的《多馬福音》。這部福音書假託爲十二使徒之一多馬所撰寫，與四福音書不同的最大特徵在於，這部經卷幾乎沒有關於耶穌行動和故事的記述，絕大部分只羅列出耶穌的話語，也就是「語錄集」。因此有人認爲，《多馬福音》很有可能就是Q來源。

話說回來，在判斷哪些經卷是《新約聖經》正典的過程（西元二～三世紀）中，產生了俗稱「諾斯底主義」（「諾斯底」是希臘文「知識」之意，也稱「靈智派」）的異端思想。

諾斯底主義站在「幻影論」（僅認可耶穌的神性，認為誕生或死於十字架上等人類生命乃是假象，否定道成肉身）的立場，認為人類可靠著禁欲，從肉體/物質世界昇華，經靈魂認識眞理而得救，是種二元論架構。說得簡單一點，就是他們認為肉體、物質為惡；靈魂、精神為善。前面提過的摩尼教，就受到諾斯底主義非常大的影響。

2 初代教會的傳教戰術

基督教開始在羅馬帝國的首都——羅馬傳教時，羅馬的統治階層所遵循的思想以斯多噶哲學為主。羅馬雖然有大量與希臘神話相關的神明，但統治階層對於這些神明的信仰並不深，說起來更接近無神論者。

另一方面，在羅馬的平民之間，非常受歡迎的新興宗教有兩個。

一是來自波斯、信仰太陽神密特拉斯的「密特拉斯教」。密特拉斯於冬至出生、夏至時力量最強，到了冬至時便會迎接死亡又復活。因此，在冬至那天、也就是密特拉斯生日當天，信徒會舉辦盛大的慶典：屠宰牛隻、將牛血獻給神明，再將牛肉烤來吃，並以麵包沾紅酒（代替血）食用。

另一個很受歡迎的宗教，是埃及傳來的伊西絲教。伊西絲是一位女神，丈夫歐西里斯被他的弟弟賽特殺死後，伊西絲不但讓已下黃泉的歐西里斯復活，又扶養兒子荷魯斯長大，讓他去討伐自己的叔叔賽特。伊西絲以大地母神的身分受到衆人信仰，而她將兒子抱在膝上的神像，更是受到信衆的敬愛。

開始在羅馬傳教的基督徒，將耶穌的生日定在冬至前後——耶穌誕辰訂在十二月二十五日是四世紀左右才定下來的事情。當然，耶穌實際上的生日是哪一天，目前尚無定論。在耶穌「生日」這天，大家會以吃麵包代替牛肉，並飲用紅酒慶祝，同時也借用了伊西絲抱子的形貌，打造出懷抱耶穌的聖母馬利亞。

基督徒還借用了一樣東西：耶穌的長相，這是從希臘羅馬主神宙斯那裡借來的；也就是大家印象中那蓄著鬍子、表情莊嚴的模樣。另外，有一個詞叫「普世君王」（Pantocrator），希臘文是「萬物支配者」的意思，通常也用來做爲皇帝的稱號，但這個稱呼在基督教成爲國教後，便成爲耶穌專用，從現存的許多拜占庭藝術作品中也可發現，耶穌的表情和宙斯的雕像看起來十分相像。

基督教從密特拉斯教和伊西絲教借來創意以利傳教，可說非常成功。原先信仰那些宗教的人，很可能覺得基督教包含了自己所崇敬的各種要素，改信基督教的人或許也因此增加。

另外，到了西元二至三世紀前後，歐亞大陸的氣候持續寒冷，原本住在草原地帶的各部落（遊牧民族）爲了避寒，開始從東邊的蒙古一路往西、往南移動。羅馬帝國邊境屢遭遊牧民族攻破、治安惡化，加上天候不佳、持續寒冷、農作物收穫減少、對生活的不安和糧食不足問題日益嚴重……在社會動盪不斷的情況下，基督教「只要信仰耶穌，就能夠在最後審判時前往天國」的說法很能引發民眾共鳴。我認爲這些社會因素也對基督教的成長有很大的幫助。

3 君士坦丁一世與三位一體

歐亞大陸持續寒冷，導致遊牧民族入侵。爲了重新建立分崩離析的統治體制，戴克里先（西元二四四～三一二年）將廣大的羅馬帝國分爲東西兩部分，並在東西方各自設立正帝與副帝，創立「四帝共治制」。

但西元二九三年開始實施的四帝共治制並沒有持續太久，原因是四位正帝與副帝展開了王位爭奪戰。這項制度後來在君士坦丁一世（西元三二四～三三七年在位）重新統一羅馬帝國後廢止。

西元三一三年，東部帝國的正帝李錫尼和西部帝國正帝君士坦丁一世，共同發表《米蘭敕令》（或稱《李錫尼敕令》），認可了羅馬人信仰基督教的自由。

《米蘭敕令》通常被視爲君士坦丁一世的政績之一，但史實並非如此。

在頒布這項敕令後沒多久，兩位皇帝起了衝突，贏得勝利的君士坦丁一世就此成爲全羅馬帝國的皇帝（西元三二四年）。

君士坦丁一世再次統一羅馬帝國後，立刻召集帝國內的基督教代表，舉辦大規模會議，後

公會議召開紀錄

屆數及年分		召集者	公會議名稱（召開地點）	主要議題
1	325	君士坦丁一世	第一次尼西亞公會議	採納《尼西亞信經》（亞流派被斥為異端）
2	381	狄奧多西一世	第一次君士坦丁堡公會議	確認「三位一體」神學教義
3	431	狄奧多西二世	以弗所公會議	聶斯脫里派被斥為異端
4	451	馬爾基安	迦克墩公會議	基督一性派被斥為異端
5	553	查士丁尼一世	第二次君士坦丁堡公會議	再次確認迦克墩公會議決議
6	680 | 681	君士坦丁四世	第三次君士坦丁堡公會議	「基督一志論」（≒基督一性論）被斥為異端
7	787	伊琳娜女皇	第二次尼西亞公會議	禁止聖像破壞運動
第八次（869-870）至第二十一次（1962-1965）僅由天主教會召開				

※ 基督教在1054年分裂（東西教會大分裂），自此分為羅馬天主教與東方正教會兩大宗，走上不同的道路

※ 330年時，君士坦丁一世將首都從羅馬遷至君士坦丁堡（現今伊斯坦堡）

世稱為「大公會議」（或「公會議」），是基督教會最高階的會議。西元三二五年召開了第一次，地點在安納托利亞西北部的尼西亞（現今土耳其的伊茲尼克）。大公會議是為了討論基督教相關問題而發起的，大多是針對教義的爭論。而初期導致教內分歧的論爭原因，就是「三位一體說」。

4「三位一體說」真的很複雜

關於耶穌的誕生，《馬太福音》是這樣描寫的：

在伯利恆，有位猶太木匠約瑟發現自己尚未同房的未婚妻馬利亞竟然懷了孕，於是悄悄下定決心要與她分手。但那天晚上，神的使者出現在他夢中，並對他說：

「大衛的子孫約瑟，不要怕！只管娶過你的妻子馬利亞，因她所懷的孕是聖靈來的。她將要生一個兒子，你要給他起名叫耶穌，因他要把自己的百姓從罪惡裡救出來。」（注：引用自《馬太福音》第一章二十至二十一節，新標點和合本）

從夢中醒來後，約瑟對一切了然於胸，於是裝做不知情地與馬利亞以夫妻身分生活，直到臨盆那天，他們準備迎接耶穌誕生……

長老亞流提出「耶穌不是神，也不是人」

在《新約聖經》正典即將確立時，大多數的基督徒都老實地接受了馬太所說的基督誕生故事。但就在這時候，有一位長老主張：

神是唯一的存在。耶穌不是神，而是受神所造的。也就是說，神和耶穌是不一樣的。神就是神，耶穌既不是神，也不是人。

這意思是，耶穌是神所造的（所以他不是神），所擁有的只有人類的肉體，卻沒有人的靈魂，於是「道」進入耶穌的身體以代替靈魂。長老並沒有否定耶穌的神性，只是認為耶穌並非神明本身，並稱耶穌為「次神」（或「半神」），是介於神與人之間的。

這位長老就是埃及亞歷山大港正教會的亞流（二五〇—三三六）。對一般信徒來說，受神所造、擁有人類肉體，又介於人神之間的耶穌，能像神一樣拯救全人類是非常自然的。

君士坦丁一世召開尼西亞公會議

在亞流所屬的埃及亞歷山大港正教會中，以總主教為首的大多數神職人員都反對亞流提出的論點，於是透過舉辦幹部會議，將亞流逐出教會。他們提出的主張是「耶穌乃是神子」。

亞流
（250-336）

但由於亞流的主張非常容易理解，因此從埃及到遠東地區，甚至是已逐漸在西歐確立統治權的各民族之間，也成爲非常有力的派別。

剛統一羅馬帝國的君士坦丁一世（西元三二四～三三七年在位）雖然才剛許可信仰自由，但對他來說，基督教是非常重要的信仰，他當然也重視基督教發生內部紛爭一事，於是在西元三二五年召開了尼西亞公會議。這次大公會議的主要目的，就是要釐清「耶穌與神的關係」這個主題。而將「神子」這個論點整合爲神學體系的，就是「三位一體說」。

「三位一體說」是怎樣的神學理論？

在尼西亞公會議中強力主張「耶穌是神子」的主要人物，是當時擔任亞歷山大教會執事的亞他那修（西元二九八～三七三年）。

他的主張大致上是這樣的：

神借用了耶穌這名人類，使道成肉身，信仰耶穌這件事才有辦法成立。若是像亞流所主張的，神與耶穌的本質並不相同的話，信仰就無法成立了。因此天父與耶穌是一樣的。耶穌是神之子。

君士坦丁一世
（324-337 在位）

亞他那修
（298-373）

「道成肉身」指的是神子耶穌以人類形式（也就是肉身）出生一事。另外，亞他那修還認為：

寄宿於馬利亞身上的是聖靈，可說是神的分身，也可以是創造宇宙的神，為的是要將人類從原罪中拯救出來，因此創造出既是聖父，也是聖子耶穌，同時又是寄宿於馬利亞身上的聖靈這樣的三個位格。這三個位格都是神。耶穌雖由母親馬利亞生下，但他是具有神格的存在，並不是人。

「位格」這個宗教用語的拉丁文是「persona」，原先的意思是「面具」，並由此發展出人或人格的涵義，用英文來表示就是「person」。因此「位格」也包含了「具備、擁有智慧與意志的獨立個體」這樣的語感。以亞他那修為代表的人們所提出的「聖父、聖子與聖靈這三個位格實為一體，都是神」就是「三位一體說」。

眾人在尼西亞公會議激烈爭辯，討論究竟應該視耶穌為神或人。結果三位一體說贏得勝利，並確立《尼西亞信經》，亞流派被視為異端。但由於亞流派的說法很容易親近又好理解，因此接受這派論點的人始終沒有減少，勢力也未曾衰退。就連召開尼西亞公會議的君士坦丁一世在死前，據說也接受了亞流派的洗禮。

後來，即使亞流過世，亞他那修也跟著離開人世，亞流派的論點仍然沒有消失，反而又引發了更大的論爭。於是西元三八一年時，羅馬皇帝狄奧多西一世（西元三七九～三九五年在位）於君士坦丁堡召開第一次君士坦丁堡大公會議。

在這次會議中，再次確認了基於「三位一體說」的《尼西亞信經》內容。

狄奧多西一世為了讓與基督教教義相關的論爭能有個結果，因此將基督教定為羅馬國教（西元三九二年），除了嚴格禁止其他宗教，還加以鎮壓。狄奧多西一世會下這樣的決心，是由於當時羅馬的統治勢力（羅馬街道及羅馬軍團的據點）已遭到北方諸多民族入侵而嚴重損壞。他打算直接將基督教為了傳教而在羅馬帝國全境建設的教會，當成帝國的統治機構來使用；當然，另一方面也是由於他身為基督徒的緣故。

而推了狄奧多西一世一把的，就是米蘭教會的主教安波羅修。一個宗教若是成了國教，就能獲得偌大的權利。自此時起，希臘多神教的諸神信仰被迫陷入漫長的沉眠，直到文藝復興時期；而不管是獻給希臘神明的祭典、還是古代奧林匹亞運動，全都遭到禁止。

順帶一提，自君士坦丁一世將帝國首都遷到君士坦丁堡後，就成立了可說是基督教五大據點的五大教區（牧首區），分別位於：君士坦丁堡、安提阿（位於現今敘利亞）、耶路撒冷教會、亞歷山大港和羅馬。針對三位一體說爭論不止的，以羅馬之外的東方四教區為中心。當時的羅馬已經不是帝國首都，人口少，地點又偏僻，讓他們還能撐下去的，恐怕只有「耶穌門徒第一人」彼得的墓地所在地這一點。

聶斯脫里派之所以成為異端

上一節所提的五大教區之最高領導者為「宗主教」，但亞歷山大港和羅馬教區的最高領導者稱爲「教宗」。

五大教區中，權勢最高的是首都君士坦丁堡教區的宗主教，而聶斯脫里（西元四二八～四三一年在職）就曾擔任君士坦丁堡宗主教。

當時，馬利亞以聖母的身分廣泛受到民眾崇敬，大家認爲她抱著耶穌的畫像表達出滿滿的溫柔愛意。而不知何時起，人們開始尊稱馬利亞爲「Theotókos」（神之母），並廣爲流傳。

但聶斯脫里並不認同：馬利亞明明是人類，稱呼她是「神之母」非常奇怪，並認爲人類母親（馬利亞）是因爲有聖靈的存在，才能生下聖子耶穌。要是認同馬利亞具有神格，那不就根本搞不清楚她是人還是神？

聶斯脫里認爲，耶穌雖然具備神的要素，但也具備人類的要素。其神格雖因聖靈之故寄託於馬利亞腹中，但馬利亞所具備的人格，耶穌也有。當耶穌被釘上十字架死亡時，人格便喪失了，復活的是只具備神格的耶穌。

聶斯脫里的論點也很容易理解，介於基督教正統「三位一體說」和亞流派之間，但他的說法卻遭到持「三位一體說」的主教們強烈反彈。

西元四三一年，羅馬皇帝狄奧多西二世在安納托利亞面對愛琴海側的古都——以弗所召開了以弗所公會議。

在這第三次舉行的大公會議中，亞歷山大港教區的基里爾成爲急先鋒，反對君士坦丁堡的聶斯脫里；換句

聶斯脫里
（428-431 在職）

話說，以弗所公會議其實也隱含著兩個教區之間的勢力爭奪。據說這一點導致公會議難以形成共識，甚至發展爲兩個教區打算互相罷免對方的情況。最後由羅馬皇帝狄奧多西二世出面調停，認同三位一體說、確定聶斯脫里派爲異端，聶斯脫里也遭到放逐。

面對「三位一體說」的辯駁，聶斯脫里派應該覺得很難接受吧。

三位一體說認爲，神格和人格是不可分割的，但並未對此多加說明；聶斯脫里派則進一步思考出神人兩性觀，反而還比較好理解一點。

只是三位一體說的支持者完全拒絕妥協。聶斯脫里派說不定也覺得，實在無法再繼續和這些老頑固瞎混下去，於是離開了羅馬帝國，往東來到現在的土耳其、伊朗和中亞全區，並獲得大量信徒。

成吉思汗的孫子、創立元朝（蒙古帝國）的忽必烈（西元一二六〇～一二九四年），他的母親出身於蒙古高原的遊牧民族，也是聶斯脫里派的信徒。以弗所公會議於西元四三一年召開，而忽必烈出生於西元十三世紀，相距超過了八百年，可見聶斯脫里派的扎根之深。

聶斯脫里派在唐太宗在位時（七世紀前半）傳進中國，稱爲「景教」，並在各地建立名爲「大秦寺」（「大秦」是當時中國對羅馬帝國的稱呼）的教會。嚴格來說，聶斯脫里派至今仍未消失，目前的總據點位於底格里斯河上游地區，因地得名，稱之爲東方亞述教會。

不一樣，就是異端

西元四五一年，召開了第四次大公會議，也就是迦克墩公會議。在這次會議裡，認定耶穌只有神性的「基督一性論」被斥爲異端。直到現在，相信基督一性論的教會仍持續活動中。例如亞歷山大科普特正教會（埃及）、敘利亞教會和亞美尼亞使徒教會等。

三位一體說認爲，耶穌的位格是一體性的、不可分割的，神性與人性結合在一起，因此不會去問「是神還是人」這種問題；說得更精確一點，他們希望大家別去想這個問題，只要相信《聖經》上面寫的東西就好了。而現在教徒們在禱告結束前所說的「奉聖父、聖子、聖靈之名。阿門」，可說是完全體現了三位一體的精神。

話說回來，要思考這些問題，並整理成理論，恐怕得花費不少時間。連「生下基督後，馬利亞的處女膜如何了？如果生下的是神，應該還在吧？」這種問題都曾有人提出。這應該是習慣性地想用世俗的社會事實框架，套用在發生於信仰世界裡的事吧。

無論如何，「三位一體說」的確是非常不可思議的理論，但若是未以信仰爲前提來討論的話，光是依靠邏輯，我想怎樣都很難以理解。

順帶一提，關於馬利亞處女懷胎一事，有一派學說指出，把《舊約聖經》譯成希臘文的時候（即後來的《七十士譯本》），將希伯來文中代表「少女」的字譯成了「處女」；也就是說，其實是誤譯導致了「處女懷胎」這項戲劇化發展。

5 基督教會東西大分裂

直到第二次尼西亞公會議（西元七八七年）爲止所舉行的七次大公會議，都是所有教會集合起來舉辦的。

但事實上，君士坦丁堡教區與羅馬教區的對立抗爭日趨激烈，到了西元一〇五四年，兩者終於決裂，正式分裂爲東方的東正教與西方的羅馬天主教會（東西教會大分裂），直到一九六五年，東西教會才終於邁出了和好的第一步。也因此，從第二次尼西亞公會議之後，一直到二十世紀，都是由羅馬天主教自行召開大公會議。

後來的基督宗教歷史，便分別由東方的東正教與西方的羅馬天主教會打造。

6 與佛陀無關的大乘佛教登場

在基督教以羅馬帝國爲中心發展的時代，印度則有大乘佛教的登場。

當時的婆羅門教高舉難以理解的教義，且爲了祭祀而頻繁宰牛，因此遭到佛教和耆那教信徒以「禁止殺生」的教誨爲由反抗。

結果，婆羅門教被民眾從城市驅趕到地方。在此過程中，信徒也從失敗中學習，不再殺牛，也改動了難以理解的教規。婆羅門教最重要的神明原是司掌雷電的因陀羅，大約在這時候，逐漸轉變爲較大眾化的濕婆和毗濕奴，而教義的核心也變得非常簡單：只要信仰祂們，便能得救。他們同時告知信徒，除了可以對著濕婆的神像祈禱，也可以對著外觀看起來像男根（濕婆的象徵）的石柱祈禱。

這使得婆羅門教開始在印度的鄉村地區受到歡迎。之後，人們爲了找工作而從鄉村前往都市，於是又將婆羅門教帶回城市。這時候的婆羅門教已改名爲印度教，並逐漸轉變爲印度的國民宗教。

印度教的復活，讓信徒以知識分子爲主的佛教受到了震撼。即使是都市，也有生活較困苦的民眾，這些人很難理解悟道或涅槃等佛教教義；畢竟每天光是想著該如何活下去，就已費盡力氣，實在沒有心思去想悟道之類的事。

面對來勢洶洶的印度教，佛教界有些立場較激進的僧侶，開始思考應該如何對抗，也因此有了大乘佛教。

名為「大乘」的全新思考

原先的佛教被稱爲「部派佛教」，主要目標是個人的悟道，並沒有拯救迷途眾生的概念。面對以大眾爲傳教目標、教義簡明且擴散迅速的印度教，開始有佛教僧侶提出這樣的主張：

「只要拯救我自己」的思考方式，是讓人們坐上僅限一人搭乘的交通工具去獲得幸福。因此要將過往的佛教稱爲「小乘佛教」，並否定這種做法。我們現在的目標，是要打造能讓許多人一起搭乘、一起獲得幸福的大型交通工具。從現在開始，這就是我們的教義，稱之爲「大乘佛教」。

當然，佛陀在不斷修行後終於領悟，想來也不單純只是想拯救他自己，也有要以一己之力拯救他人的想法，因此把部派佛教叫做「小乘」未免過於嚴苛。但事實上，也無法完全否認，當時的部派佛教的確給人這樣的觀感。

只是「小乘」這個詞語畢竟帶有貶義，因此現在並不會用「小乘」這個說法，而是將傳統佛教稱爲「上座部佛教」。

就這樣，激進派的僧侶開始編寫各式各樣所謂「佛陀教誨」的經文，產生了大量連佛陀都不曾聽說過的典籍。

大乘佛教主要經典

大乘佛經主要分爲以下四類：《般若經》《法華經》《淨土三經》和《華嚴經》。

《般若經》寫於紀元前後，一般認爲這是最古老的大乘佛經，教義的中心則是教導何謂「空」。

正如數字「零」是印度人發現的，這是很有印度風格的思維：人生在世，包含人類在內的各種事物，都是由於彼此之間有關係存在，才有所謂的實體；如果沒有關聯，實體就等於不存在。他們認爲這就是所謂的「空」。也就是說，世上所有東西都必須憑藉著與彼此的緣分才能成立，而這也可說是告訴大家「諸物之生」的緣起。

另外，所謂的「般若」是指「用來領悟眞實的根本智慧」。《般若經》裡記載了許多咒術般的內容，它與之後登場的密宗也有密切的關係。現存最具代表性的《般若經》，就是唐代僧侶玄奘從印度帶回的《大般若波羅蜜多經》（簡稱《大般若經》）共六百多卷。

《法華經》則是在西元三世紀後半由中國翻譯、非常具代表性的大乘佛經。原本梵文的標題是「宛如白色蓮花之正確教誨經典」，中文則譯成《妙法蓮華經》，或稱爲《法華經》。《法華經》中認爲，佛陀並非在他當下那一世獲得頓悟，而是早在非常久遠的過去，就已實際成佛，並一直存在於現世，也就是認爲佛陀是「久遠實成」的存在，如今仍在平等地拯救眾生、給予大家永遠的生命。《法華經》的理想主義、平等主義色彩非常濃厚，就算說《法華經》的思想屬於大乘佛教中的偏激派也不爲過。

現存最具代表性的《法華經》，是五胡十六國時代（西元三〇四～四三九年）由鳩摩羅什翻譯的《妙法蓮華經》共八卷二八品。

《淨土三經》包括《無量壽經》《觀無量壽經》《阿彌陀經》三部典籍。這三部經典大約成書於西元三世紀中葉至五世紀中葉；另外，「無量壽」本爲「阿彌陀」的漢譯之一。而阿彌陀這位佛主掌著西方的極樂淨土。即使現世過得非常貧窮或極爲痛苦，只要誠實活下去、相信阿彌陀佛，合掌念誦「南無阿彌陀佛」，死後便能在極樂淨土獲得永恆的生命，這就是由《淨土三經》所衍生出的教誨。

大乘佛教中，包含《淨土三經》的阿彌陀佛在內，佛的數量並不少。而在上座部佛教當中，凡是提到佛，就是指佛陀，也就是釋迦牟尼這一位。大乘佛教認爲，佛陀也是衆佛之一，就是這一點惹得上座部僧侶們對大乘佛教嚴厲批判。

《華嚴經》成書的地點並非在印度，據推測，應該是在西元四世紀前後於中亞地區寫就。原名的意思是「佛是超越時間與空間的絕對存在，此書爲其宛如以華美花朵裝飾的莊嚴教誨」，漢語則譯爲《華嚴經》。在《華嚴經》裡，支配這個世界的佛是「毗盧遮那佛」，祂有爲數衆多的菩薩侍奉，其地位僅次於佛。由於這些菩薩將來也會成爲佛，因此祂們一邊修行，一邊爲了拯救衆生而採取各種行動。

《華嚴經》的思想在進入中國後，受到當時許多由不同種族建立的王朝統治者接受，並在朝廷的幫助下拓展勢力——君主（皇帝）就是毗盧遮那佛、官員和軍人則爲菩薩，而人民就是尋求救贖的衆生（大衆）。皇帝有如佛祖般的慈藹政治將帶來王道樂土，使人民（衆生）獲得拯救。

參考了希臘雕刻的佛像？

出現在《華嚴經》裡的觀世音菩薩，能變化爲各種不同的姿態，最具代表性的就是寶冠上有著馬頭和有三張面孔的馬頭觀音（或稱「馬頭明王」），以及有一千隻手臂的千手觀音等。不過觀世音菩薩並非《華嚴經》創造出來的，而是轉化自印度教神祇毗濕奴——變身是祂的拿手好戲（本性）；另一方面，印度教也認爲，釋迦乃是毗濕奴的化身之一。看來不論是哪個宗教，都會向其他宗教借用某些形象好進一步發展。

現在我們可以看到千手觀音的雕像，但是在大乘佛教出現前，其實並沒有佛像。在那之前的佛教，會將法輪或佛足石做爲祈禱的對象。「法輪」的說法來自古印度傳說的「轉輪聖王」，認爲統一世界的君王出現時，空中會飛來金輪，並在其頭上旋轉，做爲統治權力的證明。佛教沿用此一說法，認爲佛陀的教誨如同金輪，稱爲「法輪」；而「轉法輪」則用來比喻佛法在世上的傳播並不停滯於一人一處。至於佛足石，除了指佛陀在石

佛足石（約西元 1 世紀），現藏於日本東京世田谷區善養密寺，commons.wikimedia.org

法輪，commons.wikimedia.org

上留下的足跡，也指信徒仿製的足形石刻，用來表示對佛陀爲了個人修行與拯救衆生而遍行四方的崇敬。

之所以透過物品做爲教祖的象徵，是由於教祖非常令人崇敬，要描繪其姿態或做成有形的偶像，多少會覺得冒犯。

佛像最初出現在從西元一世紀到三世紀都非常繁榮的印度貴霜王朝。這個王朝最初發展自印度河上游地區，在最盛時期，連恆河中游都是它的勢力範圍，並在位於今天巴基斯坦西北部和阿富汗東部的犍陀羅地區留下了許多包含佛像在內的各種美術品，後世稱爲「犍陀羅藝術」。

犍陀羅藝術（佛陀立像）

爲何在這裡會出現佛像？這其實是亞歷山大大帝東征的緣故，使得阿富汗北部出現了一個希臘化國家，也就是巴克特里亞王國（約西元前二五〇～一四五年）。之後他們繼續往東方推進、入侵印度北部。後來巴克特里亞王國的印度部分和王國分裂，建立了以「彌蘭王問經」而聞名的印度—希臘王國。受到希臘藝術的影響，較晚來到此地的貴霜王朝佛教徒也開始製作佛像，並展現出希臘式風格。過去一直認爲，這應該就是佛像雕刻的起源。

不過近年來又有人提出不同的論點。後來發現，恆河中游地區的主要都市馬圖拉也有佛像留下來，但這一帶並沒有希臘人的足跡。因此認爲，馬圖拉的佛像可能受到印度教的強烈影響。而根據研究，認爲馬圖拉受印度教影響而開始製作佛像的時間，可能早於犍陀羅，使得這個論點變得更有力。

7 用哲學維護教會正統性的「教父哲學」

在基督教發展的過程中，起源於希臘的哲學（說得更精確點，是所有學問）正走向衰退。舉例來說，保羅爲了維護信仰的純粹性而否定哲學。但是當「三位一體說」歷經各種爭論、終於獲可爲教會正統教義後，這種思考方式逐漸產生了變化：將希臘哲學的思考與邏輯推演，用於將基督教教義轉爲理論，並使其更具系統性，好與異端進行辯論。

主要負責這件事情的，幾乎都是神學家或神職人員，統稱爲「教父」。他們試圖利用希臘哲學的思考方法來強化基督教教義的邏輯，後來的哲學界便稱此爲「教父哲學」。其中最具代表性的人物，就是希波的奧斯定（西元三五四～四三〇年）。

他有一部作品《天主之城》，其中「天主之城」指的就是神所治理的國家，天主之城終將戰勝大地之城，統治整個世界。這就是他的論點。他同時也主張，即使在人間，仍有上主意志所在的場所，也就是教會。簡單來說，就是他認爲教會的權力高於一切世俗權力。

在西元四到五世紀時特別主張這一點，是很値得注意的。這是由於羅馬帝國將基督教提升爲國教後，人們反而把羅馬帝國的衰退歸咎於基督徒拋棄傳統的多神信

希波的奧斯定
（354-430）

仰；再者，基督教成爲國教後，羅馬皇帝成了神的代理人，而教會頂多是門徒彼得的代理人。因此希波的奧斯定覺得有必要著書回應，同時也提高教會權力等級。

《懺悔錄》裡的自由意志

希波的奧斯定曾信仰摩尼教，學習過許多思想後，才成爲基督徒。出身北非的他留下許多作品，其中相當於自傳的《懺悔錄》特別廣爲流傳。他在書中也提到，年輕時候曾與某位女性長期同居，對方還爲他產下一名男孩。

《懺悔錄》之所以在哲學上受到矚目，是由於書中談論到人類自由意志的問題。這個主題對西洋哲學來說，是非常重要的關鍵要素。希波的奧斯定認爲，人類天生擁有自由意志，但是生活在伊甸園的人類，卻不聽從神的吩咐，吃下禁忌的果實。這就是犯了原罪。人類必須先償還這份原罪，才能取回自由意志；爲此，必須獲得神的恩寵。信仰基督、領受上帝恩惠之後，人類才有可能獲得自由意志。

根據這個說法，希波的奧斯定告訴大家，只要歸信基督、獲得信仰之心，就能從人生所背負的苦惱中獲得解放和自由。這種思考方式一直持續到文藝復興時代，甚至是宗教改革時代，並成爲哲學與宗教的一大主題。

第8章（1）

伊斯蘭教的誕生、發展與挫折

1 穆罕默德本來只是個普通人

前天主教修女凱倫．阿姆斯壯所寫的《穆罕默德：宣揚謙卑、寬容與和平的先知》，就我目前讀過有關穆罕默德的相關書籍來說，是最令人深思的傳記。若搜尋作者的名字，就能看見一名非常有活力的女性說明伊斯蘭教的影片。如果想更加了解伊斯蘭教，那麼我非常推薦這本書。以同為閃族一神教的修女觀點來看穆罕默德的生平，實在非常新鮮，也很有說服力。

認眞說起來，耶穌或佛陀都算是修行者，但穆罕默德是位商人、市長，還是位軍人，最後在愛妻看護下於自家離世，是個普通人。

以「伊斯蘭國」等激進組織為首，自二十世紀末到二十一世紀的今天，伊斯蘭教在歷史上捲起一陣風暴。本章將說明有關伊斯蘭教的部分，並同時討論它與基督教的關係。

前面提過，伊斯蘭教也是閃族一神教的一員，認為有唯一眞神；善人會在最後的審判當中得到救贖並前往天國，惡人則將進入地獄。他們稱唯一眞神為「阿拉」。

伊斯蘭教視穆罕默德為最後的先知。所謂的「先知」，是指神將話語託付給他，他再將這些話告訴衆人。換言之，穆罕默德的確是個普通人；另一方面，伊斯蘭教也視耶穌為先知之一，因此耶穌也被定位為人類。伊斯蘭教並沒有像三位一體說那種非常複雜的論點。

伊斯蘭教最重要的經典是《古蘭經》，地位相當於基督宗教的《聖經》。字面上的解釋是

「誦讀」。穆斯林（伊斯蘭教信徒）相信，《古蘭經》是眞主託付給穆罕默德的話語。至於地位僅次於《古蘭經》的是《聖訓》，爲穆罕默德的言行錄。

西元六三二年，穆罕默德過世；西元六五〇年，《古蘭經》成書。當時穆罕默德的夥伴多半還在世，他們在穆罕默德生前就已在協助記錄這些眞主的啓示；在他過世後，也根據之前的紀錄和自己的記憶進行編撰。主事的中心人物是穆罕默德的友人，也是第三代哈里發奧斯曼。據說《古蘭經》一完成，他就將其他可疑的眞主話語給燒了。因此，《古蘭經》並不存在像基督教那樣的次經，而且《古蘭經》的正本也只製作了四冊。

另外，《聖訓》雖然在《古蘭經》之後才完成，但由於從穆罕默德到最後一位口傳者的傳承脈絡都非常明確，因此在典籍製作上可說毫無混亂。

相對於基督教《新約》《舊約》成書過程的迂迴曲折，以及大乘佛教所創作的諸多典籍，伊斯蘭教顯得單純明確。在伊斯蘭教的典籍當中，《古蘭經》共有一一四章，遜尼派公認的《聖訓》共有六部，十世紀後，什葉派也編纂了四部《聖訓》。

2 伊斯蘭教的「六信五功」

伊斯蘭教的最大特徵，就是不像基督教或佛教那樣，有專職的神職人員（神父或僧侶）；說得再白話一點，就是沒有專職經營教會或寺廟、專門從事傳教或婚喪喜慶儀式等事宜的神職人員，賣菜的老闆可能也同時身兼伊瑪目（領袖，率眾禮拜者）。

也因此，伊斯蘭教並不需要為了神職人員的生活而募款，其宗教設施也多半是由地方政府或民間組織管理。

伊斯蘭教信仰的中心是稱為「六信五功」的戒律。「六信」指的是六項基本信仰準則；「五功」指的是穆斯林必須遵守的五門功課。

「六信」包括：信真主、信天使、信經典、信先知、信末日、信前定。「真主」就是阿拉；「天使」是阿拉用光創造的，肉眼看不見，但分布於天地之間，數目眾多且各司其職。「經典」是指《古蘭經》，「先知」就是指包括穆罕默德在內、曾為真主傳遞啟示的人們。「後世」即來世；至於「前定」，則有點像喀爾文的預選說，也就是認為人類能獲救或毀滅，都是真主事先決定好的。相信前定，就表示相信真主的決定而活下去。

伊斯蘭教要求所有穆斯林都必須相信這六項準則，皈依的儀式也很簡單，只需要表白自己的信仰：「除了真主（阿拉）之外，再無其他的主，而穆罕默德是阿拉的使者（先知）。」即可成爲信徒，眞的非常簡單。一旦信仰伊斯蘭教，就必須實踐五門功課，也就是：證信、禮拜、齋戒、天課、朝覲。

「證信」即是前面所說的表白信仰；「禮拜」每天要做五次，並朝向位於麥加的卡巴天房（伊斯蘭教最神聖的聖地）。「齋戒」指的是在齋戒月期間（伊斯蘭曆的九月）禁食，「天課」指的是捐獻。最後一項是「朝覲」，認爲一生中至少要去麥加朝聖一次。

一天要做五次禮拜，很容易給人「好像很辛苦」的感覺。不過大腦的集中力原本就只能持續大約兩小時左右，因此一天做五次禮拜，剛好可以轉換一下心情，從腦科學的角度來說，其實頗爲合理。

大致上來說，六信五功是任何人都能遵守的。可能有人覺得齋戒比較辛苦，但某方面來說，這其實也是一種很健康的做法（而且只有日出到日落這段時間禁食）。伊斯蘭教並沒有神職人員，透過要求穆斯林各自實踐容易達成的六信五功，就能培養他們自立自強的態度。

3 伊斯蘭教的合理性

西元五七〇年左右，穆罕默德出生於阿拉伯半島、鄰近紅海的貿易城市麥加，家族（古萊什族的哈希姆家族）在麥加算是望族，但他很早就失去雙親，在祖父母與叔父監護下成長。長大後成為商人，二十多歲時便與比他年長十歲以上的女富商赫蒂徹結婚。並且生下愛女法蒂瑪等數名子女。

但是在他過了四十歲之後，卻常常一個人窩在麥加郊外的希拉山洞裡。某天，他在山洞裡沉思時，身邊傳來一個聲音（以下的故事比較接近傳說的內容）：

「誦讀吧。」

那個聲音接著又說：

「你應當奉你創造主的名義而宣讀，祂曾用血塊創造人。你應當宣讀，你的主是最尊嚴的，祂曾教人用筆寫字，祂曾教人知道自己所不知道的東西。」（注：《古蘭經》第九六章一至五節，馬堅譯本）

所謂的「誦讀」就是出聲閱讀、詠唱，以阿拉伯語表示，就是「古蘭」。不識字的穆罕默德於是跟著那個聲音誦讀出《古蘭經》，然後從沉思中回過神來。

他萬分興奮地回到家中，將自己的體驗告訴赫蒂徹。據說這就是世界上最後一位先知穆罕默德誕生的瞬間。而他的妻子赫蒂徹也成為最初的穆斯林。

在穆罕默德耳邊的聲音，據說就是大天使吉卜利勒（基督教稱為「加百列」）。

就這樣，穆罕默德開始以先知的身分傳教，但除了將真主的教誨傳達給麥加的人們外，他的生活並沒有任何改變。另一方面，麥加的人們一直以來信仰的都是多神教，因此有許多人對穆罕默德傳播的一神教抱持反感，而這種反感後來逐漸轉化成惡意，穆罕默德只好和信徒們離開麥加，前往西北方的麥地那，在那片土地開始傳教事業。那是西元六二二年的事，後來人們稱這次遷徙為「希吉拉」（「出走」之意），並以這一年做為伊斯蘭曆元年。

移居至麥地那後，越來越多人相信穆罕默德提出的教誨，並產生了小型社群（阿伯拉語為「烏瑪」）。後來社群的規模逐漸成長到足以支配整個麥地那，穆罕默德便成為麥地那的支配者。用現在的話來說，就是集市長、軍事司令官、宗教領袖於一身。

之後，穆罕默德率領自己的追隨者試圖征服麥加，並獲得勝利。但他並未回到麥加，反而仍以麥地那為據點，與信徒兼同伴兼戰友的這群人，在阿拉伯半島上擴張勢力。到了晚年，更成為阿拉伯半島實際上的統治者。人生的最後，穆罕默德在年輕妻子阿伊莎的膝上永眠。

為了悟道，佛陀捨去了社會地位和家庭，耶穌也以殉教者身分死去。無論是佛陀或耶穌，他們所過的都不是一般人的生活，而是以出家人、離世者的身分畫下人生句點。相較於他們，穆罕默德則一輩子都過著與你我無異的日子。

一位「普通商人」所建立的宗教，就是伊斯蘭教。這表示，要把多數人難以接受的極端思想或攻擊行動當成教義，是不太可能的；就連前面提到的「六信五功」，其實都不用非常勉強就能做到，基本上都在人力所能及的合理範圍內。畢竟要是一直攻擊他人，根本無法做生意。

穆斯林大量分布於印尼、巴基斯坦、孟加拉、印度、馬來西亞和東南亞各國。這是由於阿拉伯商人除了和中國有貿易關係，也會到東南亞進行商業交易。或許就在耳濡目染下，使得亞洲的人們逐漸成為穆斯林（也有可能是他們覺得，若是自己信了伊斯蘭教，生意往來或許會更順利）。

如前面所說的，伊斯蘭教並沒有專職的神職人員。因此，若有對伊斯蘭教有興趣、想成為穆斯林的印尼商人想進一步了解教義，和他做生意的阿拉伯人，說不定馬上就能介紹兼任神職的商人或船員給他。就是因為可以很輕鬆地接觸，使得東南亞地區的穆斯林快速增加。反觀佛教和印度教，往往受限於修行十分辛苦、教義艱澀難懂，或民族性特色太過強烈等問題，很可能因此也為穆斯林的增加推了一把。

4 穆斯林的禮拜與《古蘭經》

伊斯蘭教始終徹底禁止偶像崇拜。幾年前，歐洲某家週刊由於刊載了穆罕默德的諷刺漫畫，引發了非常大的問題，甚至造成嚴重死傷。原因之一在於漫畫畫出了穆罕默德的臉，而這件事對穆斯林來說，本來就是嚴格禁止的。自古以來，就算是穆罕默德傳記的繪本，他的臉上也都用白布蓋著，絕不會讓人看到他的臉孔。

那麼，穆斯林是以什麼做為祈禱對象呢？正確來說，穆斯林不以任何「東西」為禮拜「對象」，僅以天房做為禮拜的「朝向依據」。

朝向麥加天房的方向稱爲「基卜拉」，穆斯林會朝該方向進行禮拜；清眞寺也會在朝向麥加方向的牆面開一個拱型的孔，告知大家祈禱的方向。穆罕默德待在麥地那的那段時間，一直都是朝耶路撒冷進行禮拜，因爲那裡是穆罕默德獲得天啓的地方。但在他征服自己的出生地麥加後，便固定朝著天房的方向禮拜。一直到今天，全世界的穆斯林都是按基卜拉進行禮拜。

自古以來，麥加的街道就因其貿易都市的地位非常繁榮。城鎮的廣場上有祭祀多神教諸神的神殿（卡巴）。「卡巴」的原意是「方塊」，在此方形神殿的廣場上，貿易商人會定期聚集在這裡，爲了祈禱旅途一路平安和交易順利而舉辦祭典。在祭典上，商人們會以詩歌的形式，將行商的回憶、祈禱平安的心情搭配旋律高聲詠唱，並一較高下。這項活動在當地非常有名。而最優秀的詩歌將被寫在布條上，懸掛在神殿外。

在麥加出生成長的穆罕默德，應該曾多次聽見那些吟唱，而《古蘭經》必須以特殊的發音和旋律誦讀，想必也與穆罕默德的體驗有關。

穆罕默德獲得勝利、回到麥加時，將原本天房中的多神教偶像全都破壞掉了，只留下神殿本身，成爲伊斯蘭教最重要的清眞寺。穆斯林相信，這是眞主指示穆罕默德要還原卡巴天房上古一神教的意義。

《古蘭經》的內容，是穆罕默德依著天使吉卜利勒授予的天啓，一一出聲誦讀所成的（由於穆罕默德不識字，所以再由其他人寫下），因此即使到了今天，《古蘭經》原則上仍須出聲朗讀。另一方面，穆罕默德是阿拉伯人，也只會說阿拉伯語，《古蘭經》當然也是阿拉伯文寫成的；而特別值得一提的是，全球穆斯林至今依然使用阿拉伯文來詠唱《古蘭經》。

眞主的話語是獨一無二的，因此在信仰上，不允許翻譯《古蘭經》，全球各地清眞寺所傳來的誦念聲，清一色都是阿拉伯語（這表示幾乎所有穆斯林都能聽懂阿拉伯語）。不過因為允許以參考文獻的方式進行翻譯，所以大家還是能以自己的母語理解經文內容。

假設日本基督徒遇上了德國基督徒，雖然大家讀的都是《聖經》，但如果不了解彼此所使用的語言，也沒有共通語言可用，這兩人就無法談論有關教義之事。但穆斯林都是以阿拉伯語學習《古蘭經》，因此即使國籍不同，應該還是可以進行初步溝通。

要記住《古蘭經》，就只能學習阿拉伯語。憑藉這一點，伊斯蘭教得以將全世界的穆斯林聯繫在一起，也使得傳教變得更容易。

5 什葉派與遜尼派

大家可能都知道，伊斯蘭教最主要的兩個派別是什葉派與遜尼派，也或許不少人都認為他們經常發生紛爭吧。事實上是否如此，待會再說，先來看一下什葉派與遜尼派形成的由來。

首先應該要注意的是，什葉派與遜尼派之間並未發生過像基督教那樣，因為教義而引發以血洗血的大規模宗教戰爭——於羅馬天主教與新教之間發生的激烈宗教戰爭，在宗教改革的段落會再說明。

正如同《古蘭經》的成書過程非常清楚，在伊斯蘭世界中，對於什麼是眞實的教誨可說毫無懸念，疑問與對立都是不存在的。

那麼什葉派與遜尼派爲何而產生對立？一言以蔽之，就是派系鬥爭，爭「誰是接班人」。

「遜尼」的原意是道路，也就是認爲穆斯林應該遵守書寫在《古蘭經》和《聖訓》上的穆罕默德話語及行動，並當成習慣加以重視。相對於此，什葉派則是指「阿里的追隨者」（「什葉」是「派系」的意思）。

觀察遜尼派與什葉派的勢力關係，會發現目前以遜尼派穆斯林爲多數，什葉派則受到其戲劇化的形成過程影響，主要以伊朗爲中心，而且存在感非常強烈。接下來先看看什葉派形成的過程。

什葉派是如何形成的？

在穆罕默德死後，才成立不久的伊斯蘭社群（烏瑪）由他的三位戰友輪流繼承：阿布・巴克爾、歐瑪爾和奧斯曼，他們都是建立伊斯蘭王國基礎的人，被稱爲「哈里發」，意指「先知的代理人」。自西元六三二年穆罕默德去世，一直到西元六五六年奧斯曼遇刺爲止，這三位哈里發都非常順利地傳承下去，但到了第四代哈里發——阿里的時候，卻引發了問題。

相較於前三位哈里發是穆罕默德的戰友，阿里則是穆罕默德的女婿及堂兄弟。當然，他並非因此而被選爲哈里發，而是衆人認定他具有領導者的特質。但卻有人對他繼任哈里發提出質疑。

這個人就是穆阿維亞，他與奧斯曼一樣，都出身於古萊什一族的伍麥葉家。他要求阿里查明奧斯曼遇刺的眞相，若是辦不到，就應該讓出哈里發的位置。

穆阿維亞如此要求，是有前因後果的。

阿里被選爲第四代哈里發時，伊斯蘭的勢力範圍已擴張到可稱爲「帝國」的地步了：西邊越過埃及，來到的黎波里；東邊則到現在的阿富汗一帶。但穆罕默德與繼承他衣缽的哈里發，卻仍住在小城市麥地那的哈里發居所裡進行統治。

哈里發居所只是間普通的民宅，並非宮殿。沒有城牆，也沒有護城河，當然也沒有多少警衛。與其說是經營一個帝國，更像是在規畫部落行事一樣，首腦們聚在一起，並肩坐下討論，就這樣決定政策。以民主來說的確是很棒的方式，但是在烏瑪成長、擴大到帝國的規模後，統治架構也應該隨之配合調整才對。也就是說，統治體制明明已面臨需要變化的時候，卻沒能採取任何對應手段。

穆罕默德死後，第一代和第二代的哈里發——阿布．巴克爾與性格強悍的歐瑪爾——在位時都還沒發生什麼大事。但是到了第三代的奧斯曼，卻因討論毫無結果，而遭到激進分子暗殺。畢竟哈里發居所只是間沒有防禦設施的房子，要暗殺可是一點難度都沒有。

就在奧斯曼遇刺、遴選阿里成爲第四代哈里發時，伍麥葉家的穆阿維亞強迫大家接受他的要求。

當時的穆阿維亞身爲敘利亞總督，認爲伊斯蘭共同體已成爲帝國，應該好好建立具備防禦設施的宮殿，並建立專門的軍隊，其中應包含類似禁衛軍的護衛兵。同時，也認爲應該要建立官僚組織以執行行政工作，否則無法維持國家的穩定。

穆阿維亞的想法與開拓羅馬帝國的凱撒十分相似。在羅馬成爲世界大國後，這位政治家提出疑問，認爲像元老院那樣責任歸屬不明確的共和政體，無法統治國家。穆阿維亞應該也有統治伊斯蘭帝國的野心吧。另一方面，他的政治敏銳度確實很高。

但阿里畢竟曾與穆罕默德相當親近地生活，非常重視過去那種與夥伴互相協助、慢慢拓展帝國的傳統想法。後來穆阿維亞起兵反叛，導致伊斯蘭帝國產生大動亂（另有一說，是穆阿維亞認爲暗殺奧斯曼的首腦就是阿里，所以要他給個交代）。

這場內戰沒有人占上風。後來兩人同意停戰，讓眞主做最後的裁決。裁決結果，阿里讓出哈里發的位子，穆阿維亞的敘利亞總督也遭免職，事件暫時平息。

部分激進分子卻非常憤怒，因爲阿里明明經由正統程序成爲第四代哈里發，而穆阿維亞不過是個反叛者和地方總督。

「叛變的穆阿維亞不可原諒。但對於這樣的穆阿維亞，阿里竟然未給予任何處罰，就這樣原諒對方，他也墮落了。」

這些激進分子被稱爲「哈里哲派」（意爲「分離者」），他們認爲戰場上的勝利者，才是眞主的裁決。由於憤怒，他們對阿里和穆阿維亞雙方都派出了暗殺者。結果在敘利亞大馬士革的穆阿維亞平安無事，阿里卻在庫費的清眞寺當中遭到暗殺。

暗殺事件後，阿里的長子哈桑將帝國交給穆阿維亞，在麥地那的自宅裡沉溺於酒色，鎮日吸食哈希什（大麻脂），過著遠離世間的生活，直到過世。穆阿維亞也因此繼任為新的哈里發，並將首都遷至大馬士革，於西元六六一年開啟了伍麥葉王朝。

阿里有三個兒子，次子胡笙與哥哥不同，他無法接受曾起兵反抗的穆阿維亞。但由於哥哥認可穆阿維亞，使得胡笙就算不滿，也只能摸摸鼻子吞下去，每天煩悶度日。

此時，有位使者從美索不達米亞的軍事都市庫費前來拜訪胡笙，表示庫費的人民支持阿里，並希望胡笙能繼承阿里的遺志，在東方打造眞正的伊斯蘭帝國。胡笙欣喜萬分地接受了，並帶著整個家族的人前往庫費——據說包含女性和兒童在內，共有五十人左右。

但胡笙踏上旅途的事情，傳到了大馬士革的伍麥葉王朝耳裡。這時穆阿維亞已經過世，由兒子雅季德接續統治。雅季德認為，若是胡笙在庫費那裡揭竿起義的話，事情會變得非常麻煩。為了阻止他們，於是派遣了正規軍隊前去攔截，並在巴格達附近的卡爾巴拉襲擊胡笙一行人。軍隊不分男女老幼，幾乎將所有人殺害殆盡，當然也包含胡笙在內。那是西元六八〇年的事。

後來，什葉派稱卡爾巴拉戰役發生的這天為「阿舒拉日」，是遭到殘酷殺害的胡笙殉教之日。在這天，什葉派男性會以鞭子或鎖鏈鞭打自己的身體，並邊哭喊邊前進以做為祈禱。

由於在卡爾巴拉遭到殺害的胡笙一族，是具有穆罕默德血統的正統繼承人，因此什葉派認爲，唯有胡笙一族的人，才有權利成爲穆斯林宗教與政治上的領袖。

伊朗熱烈信仰十二伊瑪目派的理由

第四代哈里發阿里，與穆罕默德的女兒法蒂瑪結婚；他的次子胡笙，則娶了一位薩珊王朝的波斯公主爲妻。也就是說，這位妻子與胡笙所生下的孩子，同時繼承了伊斯蘭教創教者與薩珊王朝的王族血統，而且薩珊王朝是波斯非常引以爲傲的傳統王朝——傳承了阿契美尼德王朝血脈的名門貴族。

胡笙一族雖在卡爾巴拉戰役中遭到虐殺，但由於當時這些繼承了雙重高貴血統的孩子們太過幼小，才倖免於難。

卡爾巴拉戰役讓庫費的人們失去了胡笙，他們對此表示深刻哀悼，並反省自己竟未派兵護衛。另一方面，雖然發生了這樣的悲劇，但身上流著高貴血液的孩子們卻活了下來，實在是不幸中的大幸。繼承波斯名門及穆罕默德之血的一族就此誕生，而這也是最令波斯人感到自豪的一族。於是他們將阿里與胡笙奉爲該族血脈的源頭，稱他們爲「伊瑪目」。

就這樣，直到今天，波斯一帶仍以什葉派占優勢，並掌握政治與宗教主導權。現在伊朗（全名伊朗伊斯蘭共和國）的宗教與政治主導權，仍由什葉派中的主流派別——「十二伊瑪目派」掌握。十二伊瑪目派從十六世紀初期，也就是薩非王朝統治伊朗的時候起，便被立爲伊朗國教（這也意味著遜尼派遭到大規模迫害）。

十二伊瑪目派所承認的伊瑪目只有十二位。第一位是阿里、第二位是阿里的長子哈桑、第三位是阿里的次子胡笙，接下來的每一任伊瑪目都是前任的兒子。第十二位，也就是最後一位伊瑪目，在少年時期（西元九八〇年）便「隱遁」（Ghaybah）起來。而他們也相信，這位隱遁的第十二位伊瑪目將在最終審判那天現身。從現實的角度來看，所謂的「隱遁」應該只是一種曖昧的表現手法，事實上很可能早就被殺或身故。

那麼，直到「隱遁」的第十二位伊瑪目再次現身前，該由誰來領導世界呢？德行高超的宗教學家往往代理其職，現在的伊朗總統之上，也仍有一位「伊朗最高領袖」（注：這個職位並非國家元首，也不是政府首腦，但根據伊朗的《憲法》，是伊朗在宗教與政治的最高領導人及軍隊的最高統帥，且為終身職）哈米尼。完全不了解伊斯蘭教的人，或許會覺得這種政治體制也未免太不可思議，但是對於伊朗人來說，這一點也不奇怪。因為他們是依照什葉派的教義來做事的。

遜尼派與什葉派的爭執，在於誰才是伊斯蘭社群的現世領袖：是由多數人選出即可，還是必須由先知的後裔擔任？而不是關於伊斯蘭教的教義之爭。

「遜尼派與什葉派的抗爭」之類的話經常出現在新聞報導裡。但仔細看看事件內容就會知道，部分原因其實和歐美國家爭奪石油資源等利益有關，導致他們為了自保而發動政變。在歷史上，什葉派和遜尼派從未因為教義不同引發宗教戰爭，這點絕非言過其實。

6 對「吉哈德」的誤解

有部分媒體會將伊斯蘭國等激進組織的恐怖攻擊行爲稱爲「聖戰」，但這是由於「吉哈德」（Jihad）單純被翻譯爲「聖戰」的緣故，因此很容易遭到誤解，以爲「吉哈德」是用來表現出伊斯蘭教好戰鬥狠的一面。事實上，吉哈德眞正的意思，是指「奮鬥、努力」，進一步來說，就是運用最大的氣力、努力和能力，採取偉大的行動，以面對不被認可的事物（敵人、魔鬼或私欲）。

至於什麼是「偉大的行動」呢？就是穆罕默德所提倡、重視寬容與慈悲的生存方式。當然，爲了要以穆斯林身分成爲了不起的人，還是很有可能必須與異教徒作戰——穆罕默德自己就曾與信奉多神教的麥加軍隊作戰。

穆罕默德經營烏瑪和傳教的基本精神，是寬容與慈悲。在拓展勢力範圍的過程中，除非遭遇到激烈武力對抗，否則只要支付稅金、認可伊斯蘭教，就能允許當地維持原有的信仰與習俗；當然，如果能夠信仰眞主、成爲穆斯林就更好了。

畢竟穆罕默德是位商人，他深知「以和爲貴」「和氣生財」的重要性，因此我認爲，應該從這個角度做爲理解伊斯蘭教的原點。

在凱倫・阿姆斯壯的著作《穆罕默德：宣揚謙卑、寬容與和平的先知》中提到，據說穆罕默德在結束與麥加多神教團體的戰爭後，曾說了一些話，主旨是「我們剛結束一場小型『吉哈德』，現在要面對大型的『吉哈德』」。意思是說，雖然有武力衝突這種不幸，但這是小型的吉哈德（奮鬥努力）。我們必須回到麥地那，讓這裡成為能讓大家更容易居住的和平城鎮，這是大型的吉哈德。

對穆斯林來說，真正的「吉哈德」指的是為了實踐寬容與慈悲的世界，因此每個人心裡都會發生大型「聖戰」，也就是與自己的戰鬥，絕不是重視戰鬥行為。至於表示自己信奉伊斯蘭原教旨主義的伊斯蘭國等團體的行動，後面會再說明。

7　關於四位妻子與伊斯蘭女性的地位

《古蘭經》當中寫明，最多可以娶四位妻子。

穆罕默德在赫蒂徹死後，還娶了十二位妻子。

穆罕默德是如何挑選妻子的呢？事實上，她們幾乎都是「戰爭寡婦」，也就是在穆罕默德與麥加軍隊激戰時，那些戰死者的妻子。

對當時的大多女性來說，那不是個光靠自己就能活下去的時代，穆罕默德為了保護這些寡婦的生活，而娶了她們。他最後娶進門的阿伊莎，就是他的最佳戰友——後來成為初代哈里發的阿布·巴克爾之女。

考慮到《古蘭經》成書的年代正好處在戰亂時代背景下，因此允許男性娶四位妻子。當士兵接二連三戰死，寡婦勢必增加。在那幾乎所有女性都沒有維生手段的時代，只要一成為寡婦，就只剩下當奴隸或賣身兩條路可走。為了避免這樣的女性陷入生活困頓，《古蘭經》才認可男性最多能娶四位妻子。

但就算是認可男性可以娶四位妻子，也不是男人單方面決定就好，同時還會產生相應的義務。舉例來說，如果要迎娶第二或第三位妻子，必須獲得前面妻子的同意，而女性是有權拒絕的。

另外，男性必須平等地愛自己的妻子。如果送給第一位妻子珍珠首飾之類的東西，就必須要送給其他妻子同等級的物品；就算與第一位妻子同寢，若是第二位妻子說「我也想一起睡」，就必須一起睡。

換言之，擁有四位妻子的大前提，是必須平等對待她們才行。這不論對經濟或體力來說，都是非常大的負擔。因此，現實中的伊斯蘭社會，除了王族等少數例外，幾乎所有家庭都過著一夫一妻的生活。

另外，在那一般來說是男尊女卑的時代裡，穆罕默德已認可女性擁有財產權。雖然無法同等，只有男性的一半，但這種事根本不可能發生在當時的歐洲。整體來說，只要仔細閱讀《古蘭經》，應該就能發現其中有許多很接近男女平等的觀念，並不會強迫女性必須服從男性。

有些人認為，穆斯林女性蒙面就是歧視的表現，但這其實是從單純的習俗發展而來的。在沙漠廣布、極為乾燥的中東地區，用布巾蒙面其實是非常合理的穿著，而男性也有名為「特本」（Turban）的頭巾。

二〇一八年六月，沙烏地阿拉伯終於解除女性開車的禁令，而女性無法外出工作這點，也在該國引發社會和經濟問題。但要特別注意的是，沙烏地阿拉伯信奉的是伊斯蘭教的瓦哈比派，此派系極端保守，這表示沙烏地阿拉伯在伊斯蘭國家之間，是個比較特殊的國家。

另一方面，像是印尼、巴基斯坦、孟加拉、印度等穆斯林人口較多的國家裡，女性可都很活力十足地在工作，而這四個國家的共通點，就是都曾有過女性總統或首相。

不論是摩西、耶穌或佛陀的教誨，都是以自己生存的時代為背景，認為那樣對大家比較好，所以才提倡的。用現代的道德標準來看這些教誨、妄加批判，並不是負責任的行為。大家應該了解的一點是，在這些宗教家的思考中，其實包含對人類永恆的愛，因此才會成為普世性的宗教，伊斯蘭教也不例外。尤其是關於對女性的歧視與吉哈德等問題，人們特別容易因為偏見而誤會伊斯蘭教的教義。

8「伊斯蘭原教旨主義」與青年膨脹問題

我們常常可看到以類似「伊斯蘭原教旨主義分子發動的恐怖攻擊」等語句來表達中東戰亂的例子。但「原教旨主義」這個詞彙，最早是流行於十九世紀末至二十世紀初的美國，用來指稱激進派基督教團體。

舉例來說，博物館內若有達爾文演化論的展示和解說，他們就會向法院提出訴訟、企圖中止展覽。他們會說：「人類的始祖是亞當和夏娃，將南方古猿這類『猿人』當成人類的祖先，違背了《聖經》，應該要立即中止展示。」

他們認為《聖經》所上寫的全都是事實。但由於這種想法實在太誇張，因此人們用帶點諷刺的語感，稱他們為「基本教義派」或「原教旨主義者」（fundamentalist），後來凡是某些宗教群體試圖回歸其原初信仰的運動，或認為應嚴格遵守基本教義的立場，都稱之為「原教旨主義」。

那麼，為什麼伊斯蘭國等組織會呼籲「回歸穆罕默德」「回到《古蘭經》的世界」呢？從歷史來看，伊斯蘭世界和中國或日本一樣，都沒有趕上工業革命與建立民族國家這近代的兩大人類活動。日本靠著明治維新才勉強追上世界趨勢，中國也在近幾十年才開放改革，但直到現在，部分中東伊斯蘭世界的發展，仍和世界不太同步。

仔細思考伊斯蘭國的主張，其實很像「尊王攘夷」或唐代滅佛時所提出的「佛教是外來宗教，應該消滅」等思考模式。

現代中東的這般困境，要是再缺少優秀的政治領導者，恐怕會更雪上加霜。但我認爲這與伊斯蘭教本身毫無關係，而是歷史性、政治性的問題。

另外，關於經常發生的恐怖攻擊行爲，我認爲應該連同青年膨脹問題（youth bulge，青年人口激增）一併討論。

在政局不穩定且經濟發展欠佳的中東地區，占人口最多數的年輕人就算想工作，也沒有工作可做。伊拉克和敘利亞的國家體制都已崩壞，明明有許多年輕的勞動力，卻沒有可以派上用場的地方。另一方面，這些年輕人也和其他人一樣，想談戀愛、約會，度過充實的青春歲月。但沒工作就沒錢，也沒有什麼娛樂可言。這些國家的年輕人在極端絕望下，只能走上恐怖攻擊的道路。

我認爲中東恐怖攻擊問題的根本，就是這樣的青年膨脹問題；當然，跟伊斯蘭教的現況也不是毫無關係。但若只是單純把恐怖攻擊和伊斯蘭教當成一體兩面的問題來思考，那就太過極端了。我想，比起宗教本身，青年膨脹的問題和恐怖攻擊的關係還更近。

9 比基督教年輕六百歲的伊斯蘭教

順帶一提，穆斯林不能隨便吃一般市面上販售的食物，必須經過特別的處理——也就是所謂的「清眞」。乍看之下非常特殊，但其實猶太教也是一樣的；至於基督教，很早就捨去這項特性而世俗化，並從其他宗教借來聖母像和聖誕節等。從這個角度來說，伊斯蘭教和猶太教較爲相似，還強烈地殘留著傳統閃族一神教的色彩。

在金錢方面，伊斯蘭教禁止收取利息。基督教過去也是禁止的，但後來爲了教會的營運而允許，只要有捐獻給教會就可以接受，而這也是許多高收入人士至今勤於捐款的淵源之一。完全接受金融行業的，只有猶太人。

伊斯蘭教至今仍禁止偶像崇拜，保有閃族一神教信仰上的純粹性。但這件事情究竟是好是壞，我認爲只從社會方面來看，的確有些過分激進。但仔細想想，伊斯蘭教是個比基督教年輕大約六百歲的宗教。若以歷史尺度來思考，將來的伊斯蘭教說不定也會變得像基督教一樣世俗化，但是否會如此改變，眞的只有眞主才知道了。據說，在象徵現代社會的世界性大都市紐約，人口增加速度最快的社群就是穆斯林。

要評價這個三大宗教中相對較年輕的伊斯蘭教，我認爲不該帶有太多刻板印象，而是要根據實際情況來思考。

第8章（2）

伊斯蘭教對希臘哲學的繼承與發展

900	950	1000	1050	1100	1150	1200	1250	1300

伊本・西那
（980-1037）

伊斯蘭
神學體系完成

伊本・魯世德
（1126-1198）

雙重真理說

卡斯提爾王國占領托雷多

托雷多翻譯學院

對柏拉圖與亞里斯多德
的再研究

托馬斯・阿奎那
（約1225-1274）

12世紀的文藝復興

士林哲學

基督教
神學體系
完成

（十二伊瑪目派）

淨土宗

禪宗

自查士丁尼一世關閉學院至12世紀文藝復興時期的哲學與宗教流變

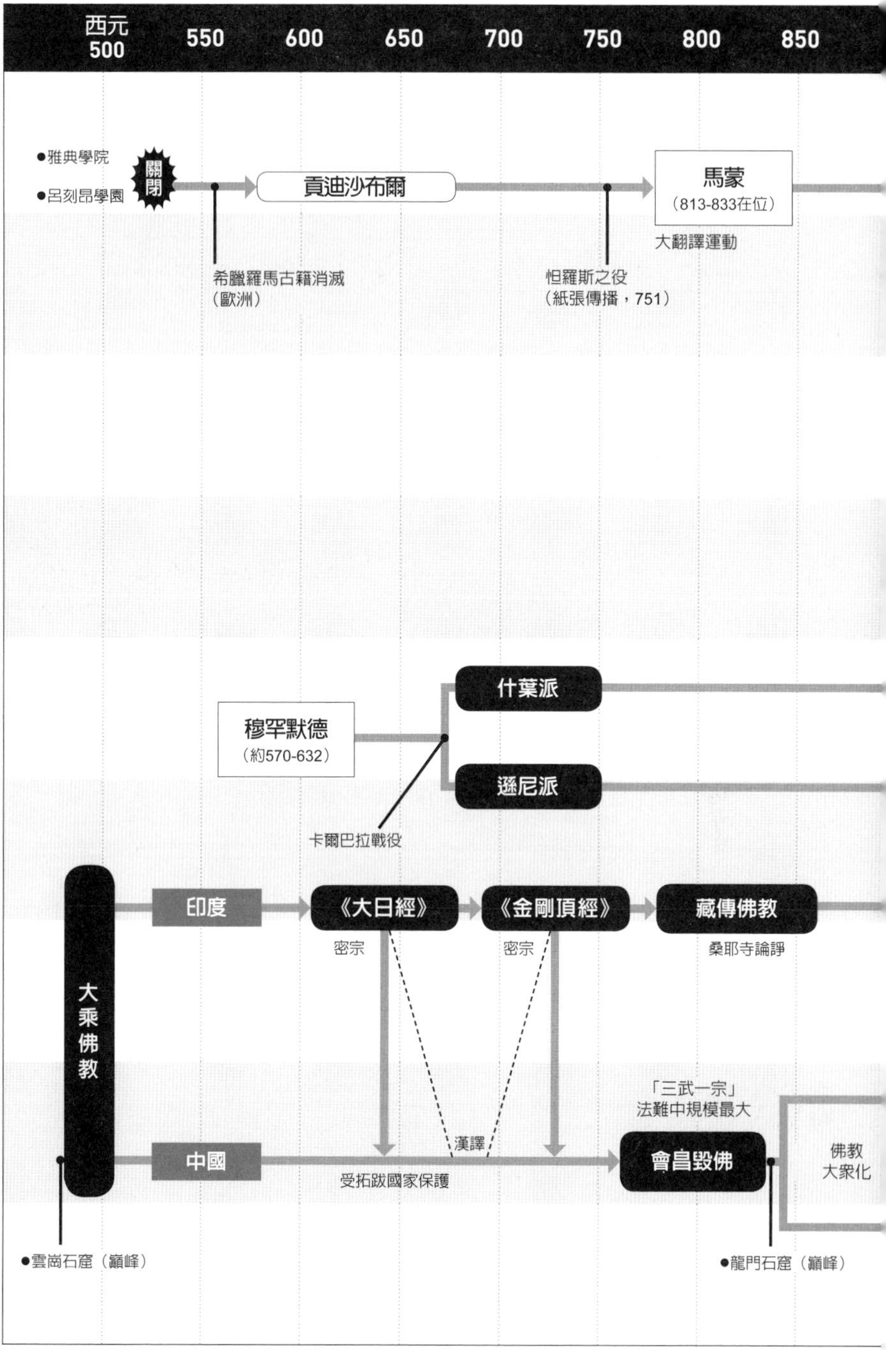

1 令人敬畏的阿拉伯求知精神

伊斯蘭教勢力在中世紀逐漸擴大的同時，也是伊斯蘭哲學得以發展的時代。會出現這種現象，自然有其背景。

羅馬皇帝查士丁尼一世在西元五二九年時，關閉了位於雅典的兩所學校設施，也就是柏拉圖設立的學院和亞里斯多德設立的呂刻昂學園，理由是這兩所學校教導的學問，是與基督教毫無關係的柏拉圖與亞里斯多德哲學。對當時已是羅馬帝國國教的基督教來說，凡是教導《聖經》以外的學問，都會令他們十分不悅。

查士丁尼一世會對基督教採取這種態度，當然有他自己的考量。查士丁尼的如意算盤，就是要利用已在宗教上支配整個歐洲的基督教幫他遠征西方。但這麼做，無異於西方世界的「焚書坑儒」。

用現代的學校來比喻，柏拉圖的學院大概跟牛津大學差不多吧，是相當有權威的學校；呂刻昂學園大概就是哈佛之類的大學。原本在這兩所學校裡繼承柏拉圖與亞里斯多德衣缽的教授們，就在皇帝的一聲令下失業了。後來他們去哪裡了呢？

當時的波斯，正是薩珊王朝的時代。薩珊王朝繼承

查士丁尼一世
（527-565 在位）

了自阿卡德帝國以來、美索不達米亞世界帝國的精神，非常積極保護學問，並在現今伊朗西南部的貢迪沙布爾建立了大學與大型圖書館。那些自雅典出奔的大學教授，便前來投靠貢迪沙布爾的大學；當然，還帶著柏拉圖與亞里斯多德等人的著作。

薩珊王朝波斯在伊斯蘭帝國第三代哈里發，也就是奧斯曼在位時遭到征服（西元六五一年），幸好，征服薩珊王朝的阿拉伯人接收了貢迪沙布爾的大學，以及保存在圖書館裡的希臘與羅馬文獻。

當時的阿拉伯人可是以求知若渴的傳統聞名於世。傳說穆罕默德甚至曾留下這樣的名言：

「去求知！就算是中國的事，也要想辦法知道。」

當然這應該不是眞的。畢竟一般認爲，穆罕默德應該對中國一無所悉。但會有這樣的話語流傳下來，表示它的確反映出當時的時代精神。另外還有這樣的諺語：

「人生有三樂：馬背上、書本中、女人懷抱裡。」

這種話對女性來說當然有些失禮，不過這也表示他們多麼重視透過書本獲得新知，以至於留下這樣的諺語。習性如此的阿拉伯人，竟然拿到了數量驚人的希臘與羅馬古典文獻，想必非常興奮；但這些文件大部分都用希臘文寫成，就算想讀也沒辦法，最多也只能請具備知識的猶太人或聶斯脫里派的基督徒讀給他們聽。

之後，伊斯蘭帝國進入阿拔斯帝國時代（西元七五〇～一二五八年）。

西元七五一年，阿拔斯帝國軍在中亞南部的怛羅斯河畔與唐朝軍力交鋒（怛羅斯之役）。據說藉著這次戰役，阿拉伯人從唐朝軍隊那裡知道了製造紙張的方法。這下更是如虎添翼，阿拉伯人求知若渴的精神就此爆發。

有了紙張這項絕佳的書寫材料後，阿拉伯人開始進行希臘羅馬古籍的大規模翻譯運動，其規模和佛典漢譯相當。這項運動在第七代哈里發馬蒙（Al-Ma'mun，西元八一三～八三三年在位）的時代來到巔峰，而核心當然是阿拔斯帝國的首都巴格達。

馬蒙（813-833 在位），commons.wikimedia.org

馬蒙對翻譯究竟有多熱衷？舉例來說，他會舉辦亞里斯多德書籍的翻譯比稿大賽，最優秀者能獲得與書本等重的鑽石爲獎賞。這實在是非常驚人的獎勵機制，而參與者也以猶太人和聶斯脫里派基督徒爲多。

阿拔斯王朝的大規模翻譯運動，與中國將大乘佛經自梵文譯爲漢文，並稱人類兩大翻譯運動。就這樣，大家終於能以阿拉伯文閱讀柏拉圖和亞里斯多德的著作了，許多穆斯林學者們也就這樣一頭栽進希臘哲學裡，並出現好幾位對歐洲產生極大影響的偉大思想家。以下舉出最具代表性的兩位。

「無中不生有」的伊本・西那

伊本・西那（Ibn-Sina，西元九八〇～一〇三七年）出生在中亞的布哈拉近郊，歐洲人稱他為「阿維森納」（Avicenna）。

他透過邏輯推論，把阿拉這位眞神的存在，與柏拉圖和亞里斯多德哲學結合在一起。

我們先將目光拉回西元三世紀。據說亞歷山大城的哲學家普羅提諾（約西元二〇五～二七〇年）是「新柏拉圖主義」這個哲學學派的建立者。

柏拉圖以二元論的角度來理解世界，認為宇宙有著某些純粹型態（也就是物質眞實的型態），稱為「理型」；而現實世界裡的所有事物，都是模仿理型製造出來的。

舉例來說，有個「桌子就是這種東西」的理型存在，在模仿它之後，便以「有張桌子在這裡」的狀態呈現出來。世界就是這樣打造出來的。

但這實在太難理解了，讓人忍不住想問「那我正在使用的這張桌子又是什麼？仿冒品？」之類的問題。由於理型論實在太艱澀，往往讓人覺得曖昧難明。

普羅提諾的理論稱為「流出說」。他認為，單純說明理論架構的話，應該是這樣：最初有完整的「一者」（太一），也就是理型，且萬物皆由此理型中流出。比起「有個桌子的理型，現實中的桌子則是模仿該理型而打造」的二元論思考模式，「從理型界流出桌子的理型」這種思考

伊本・西那
（980-1037）

普羅提諾
（約 205-270）

方式更接近一元論的世界，也更簡單。而且如此一來，也比較能夠理解「理型」這樣觀念性的存在，確實比現實的桌子要來得尊貴許多。若想了解普羅提諾的理論，可閱讀他的著作《九章集》（*Enneads*）。

現在再把話題拉回伊本・西那。他的學說和普羅提諾並不相同，但他在熟讀柏拉圖及亞里斯多德作品的譯本後，想出這樣的論點：

「無中不生有。」

現代的自然科學在分析世界後，已經得知目前為止的「無中生有」只有一次，也就是大霹靂。但是以當時的科學水準來說，這是無法想像的。

伊本・西那認為「無中不生有」，因此一定有某個產生事物的存在。這是唯一的可能，否則理型不可能存在。伊本・西那是位非常虔誠的穆斯林，若說到有什麼存在能無中生有，他當然馬上想到伊斯蘭教唯一眞神阿拉。對身為穆斯林的伊本・西那來說，阿拉的存在是必然的。這樣一細思，那麼不管是桌子的理型還是眞正的桌子，他們存在這個世上的基礎都是阿拉。也就是說，所有事物都是從阿拉流出的。

伊本・西那就這樣以眞主的存在為前提，成功地將柏拉圖與亞里斯多德的哲學理論應用在伊斯蘭神學上。藉由將哲學理論導入神學，伊斯蘭教的神學也得以建構出精緻的邏輯。

伊本・西那還提出另一項劃時代的思想。

那就是「懸浮者」。假設有個人在沒有空氣，也沒有光線的黑暗世界裡漂浮著。他既沒有任何感覺，也沒有意識；畢竟他周遭什麼也沒有。他只注意到一件事，那就是有個浮遊在此的我。是不是覺得好像在哪裡聽過？沒錯，就是被稱爲「近代哲學之父」的笛卡兒名言「我思故我在」。這個概念被認爲是近代很重要的自我確立命題，而它的萌芽，最早就是來自伊本．西那。

伊本．魯世德的「雙重真理論」

伊本．魯世德（Ibn Rushd，西元一一二六～一一九八年）出身西班牙哥多華，西方人稱他爲「阿威羅伊」（Averroes，轉化自他名字的希伯來文譯名）。

他對亞里斯多德文獻的研究非常深入，最有名的就是他撰寫的大量注解；而他也在這個過程中，將自己的哲學以「雙重眞理論」爲基礎進行演繹。換言之，他認爲這個世界上不但有神（阿拉）的存在，從信仰中所獲得的眞理，與亞里斯多德透過卓越理性建構的邏輯所引導之眞理也都是存在的。我們可以從這裡窺見，人類意志試圖從神的限制中獲得自由的樣貌。

當然，伊本．魯世德認定這兩種眞理都在眞主的偉大意志之下。這是他的前提，卻也使得雙重眞理論產生某些難以釐清的弱點。但他以「雙重眞理論」爲基礎，爲亞里斯多德哲學寫下簡明易懂的注釋，確實是非常了不起的成就，而這項成果也對伊斯蘭教神學結構的精緻化，有非

伊本．魯世德
（1126-1198）

常大的貢獻。

兩位哲學家的人生

伊本．西那和伊本．魯世德都是穆斯林、非常偉大的思想家、優秀的自然科學家，也是能代表時代的醫學家，更是非常有能力的醫師——他們都曾在王室宮廷裡擔任醫官。

伊本．西那年輕時在中亞的布哈拉學習醫學，接觸到柏拉圖與亞里斯多德哲學後，也開始學習哲學。但他的一生實在無法說是幸福。雖然有著高超的醫術及學識，但他所侍奉的王朝卻遭到覆滅，後來又被奴隸背叛，甚至遭到統治者流放。他在二十二歲左右離開布哈拉，之後就在裡海東南岸至伊朗北部各王國之間流浪，並持續寫作。最後來到德黑蘭西南方的哈馬丹，在身邊沒有任何家人的情況下，就此病逝。

他被評為伊斯蘭世界最具智識之人，對歐洲的醫學與哲學界也帶來非常大的影響。伊本．西那將希波克拉底（約西元前四六〇～三七〇年）和蓋倫（約西元一二九～二〇〇年）的思想系統化整理後，寫成《醫典》一書。至少在十六世紀前，這本書取代了蓋倫的著作，做為西歐醫學院的標準教科書。

伊本．魯世德出身西班牙哥多華的法學世家，長大後在摩洛哥柏柏爾人所建立的穆瓦希德王朝（西元一一三〇～一二六九年）擔任宮廷醫師。住在馬拉喀什的他，除了以醫師的身分大為活躍外，也在此時培養出哲學才能。特別值得一提的是，他不但翻譯了亞里斯多德的著作，還加上了極為優異的注釋。他的寫作也對歐洲的士林哲學（或稱「經院哲學」）產生非常大的影響，讓它幾乎成為獨立學派。

但穆瓦希德王朝突然對他的著作發出禁令、解除其宮廷醫師的職位，並予以放逐。而伊本·魯世德被趕出哥多華後，就在馬拉喀什鬱鬱而終。

另外，伊本·西那和伊本·魯世德都被歐洲人取了拉丁文名字，分別是阿維森納和阿威羅伊，這是由於歐洲的基督徒哲學家與神學家心中多有偏見，無法坦率地學習穆斯林的思想，才幫他們取了新的名字。

希波克拉底
（約西元前 460-370）

蓋倫
（約 129-200）

第8章（3）

伊斯蘭神學與基督教神學

1 托馬斯·阿奎那的豐功偉業

托馬斯·阿奎那（約西元一二二五～一二七四年）由於試圖融合亞里斯多德哲學與基督教神學，而被後世認爲對基督教教義的深化有卓越貢獻，並被天主教封爲聖人。

在這一章裡，會跟大家介紹托馬斯·阿奎那的哲學，以及與伊本·西那和伊本·魯世德這兩人的思想關聯。

阿拔斯王朝大規模翻譯運動的成果，也傳到了西班牙的伊斯蘭國家——後伍麥葉王朝（西元七五六～一〇三一年）。後伍麥葉王朝滅亡後，基督教國家卡斯提爾王國於西元一〇八五年時再次征服了托雷多——位於馬德里郊外的古都，爲穆斯林的據點之一。卡斯提爾國王阿方索六世，下令將該地沒收的希臘羅馬古典書籍及伊斯蘭學者著作，全部譯成拉丁文（拉丁文是當時西歐知識階級的共通語言）。配合這項翻譯活動而聚集在一起的學者組成了「托雷多翻譯學院」。在他們所翻譯的書籍裡，也包含了伊本·西那等人在內的穆斯林著作。

自從柏拉圖學院及呂刻昂學園關閉以來，經過五百年的歲月，柏拉圖和亞里斯多德的哲學思想終於透過這項

托馬斯·阿奎那
（約 1225-1274）

翻譯活動，得以在歐洲復活，而這也是「十二世紀文藝復興」的開始。

此時，在因希臘羅馬典籍的復活而齊心一致的歐洲，開始興盛起「士林學」。**所謂的「士林學」是基督教神學家所建立的治學方法**。原先教會與修道院所傳授的學問，只是單方面地告訴學生「相信（我們教你的）這套基督教神學就對了」；士林學則將重心放在邏輯的學習與回答外界的提問。學習的場所是當時開始出現在都市內的「schola」，也就是拉丁文「經院」「學院」或「學院中的學者」的意思，於是後來被稱為「士林學」；而這個字也是「學校」（school）的字源。當然，這些學習仍有個最大的前提，就是認可上帝的存在。

士林學的發展逐漸擴大為對於各種學問的求知欲，並進一步演變為成立大學。十一世紀末，在現今的義大利成立了波隆那大學（有「大學之母」的稱號）；在十二世紀前半則，則成立了巴黎大學。尤其是巴黎大學，是士林哲學研究的中心。另外，研究領域也拓展了，在托雷多翻譯學院的基礎上，使得學者們也十分熱衷於研究希臘哲學。不僅如此，還多了在希臘羅馬時代被稱為「自由學藝」的博雅教育（也就是現在的通識教育）。

在如此多樣化的士林學裡，**與神學和哲學相關的學問，特別被稱為「士林哲學」**，而道明會士托馬斯．阿奎那，更被評為偉大的士林哲學家。

托馬斯．阿奎那如何證明神存在？

托馬斯．阿奎那非常認真地閱讀希臘哲學、伊本．西那和伊本．魯世德的著作。他依循著前人的成果，試圖以邏輯方法來證明神的存在。

當時關於「如何證明神存在」，的確有各式各樣的論點。對此，托馬斯．阿奎那認爲這是因爲不明白何謂神，也不明白神的本質，因此無法證明其存在。這時候，他接觸到亞里斯多德的「四因說」。用最簡單直接的方式來說明這項學說，就是不論什麼樣的狀態或存在，必然有其「之所以如此」的原因，而這些原因大致上可分爲四類。也就是若東西在動，必定有什麼力量去推動它。這理所當然的邏輯，正是一切的起點。

亞里斯多德的「四因說」啓發了托馬斯．阿奎那。

地球是圓的，太陽繞著它轉，因此有了白天與夜晚——這是天動說的內容，和同時代的其他人一樣，托馬斯．阿奎那也是這麼思考日月星辰的關係。但亞里斯多德也說「若東西在動，必定有什麼力量去推動它」。那麼，繞著地球運行的月亮、星星、太陽，又是由什麼力量推動的呢？

托馬斯．阿奎那認爲，一定有一個最根本的原因，打造出所有的存在與狀態，並把它命名爲「第一因」，也就是神，不可能是別的。托馬斯．阿奎那所構思、證明神存在的理論，稱爲神的「宇宙論論證」，並藉此使神的存在變得明確。

我認爲這個邏輯推演的過程，與伊本．西那從「無中不生有」聯想到眞主確實存在的理論十分相似。

哲學為神學之僕

伊本・西那用「雙重眞理論」表示信仰的眞理與理性的眞理同時存在。

托馬斯・阿奎那則在試圖統一亞里斯多德、柏拉圖哲學與基督教神學時，巧妙地活用了雙重眞理論。

他認爲，人類具備理性，才會出現以柏拉圖和亞里斯多德爲代表的哲學。只要學習哲學，就能用理性判斷世界上所有事物：不管是人類、社會或動植物等自然界都一樣。也就是說，能用理性來理解我們所生存的世界。但關於死後的事情，由於死人不會說話，所以我們無法知曉。同樣的，沒有人去過宇宙，所以也沒人明白宇宙。能夠說明這些事情的，就是由信仰的眞理建構出的神學。

托馬斯・阿奎那認爲眞理有兩種，一是能以哲學來理解的世界眞理，一是以神學來理解的另一個世界和宇宙的眞理。這樣一來，神學的地位就很理所當然地優於哲學了；畢竟神是全能的，是拯救全人類的存在。托馬斯・阿奎那就這樣以清晰的邏輯，將哲學的眞理置於神學之下。他甚至表示：

「哲學是神學之僕。」

也就是說，在這個世界上，身爲信仰之僕的基督教會是最接近神學世界、最具權威性的存在。托馬斯・阿奎那借用了伊斯蘭神學的智識，將基督教會提升到極高的位置。從這個角度來看，伊斯蘭神學其實是基督教神學的導師呢。

將中世紀哲學的龐大體系清晰整理爲「哲學爲神學之僕」這項論點，並集其大成的著作，就是托馬斯．阿奎那的《神學大全》。用這個觀點來閱讀這本書的話，的確會讓人覺得「人類還真是挺聰明的」。

順帶一提，托馬斯．阿奎那出身於拿坡里大學，這所學校是由英明的羅馬皇帝腓特烈二世（西元一二二〇～一二五〇年在位）所創辦，而且很可能是全世界第一所官僚養成學校。

2 十二世紀的文藝復興

希臘羅馬典籍從伊斯蘭世界回到歐洲的時代，稱爲「十二世紀的文藝復興」。這個說法是由二十世紀的歷史學家查爾斯．霍默．哈斯金斯（一八七〇～一九三七年）所提出的。

伴隨著希臘羅馬哲學的古籍重現，各種學問及神學的蓬勃發展可說是最主要的導火線。但受到伊斯蘭世界（指西班牙）的影響，西歐盛行騎士文化，也因此誕生了不少騎士故事，像是「亞瑟王傳說」和史詩《羅蘭之歌》

腓特烈二世
（1220-1250 在位）

查爾斯．霍默．哈斯金斯
（1870-1937）

等。另外，也發明了直衝天際的哥德式建築，像是巴黎聖母院等許多具代表性的宗教建築，更一幢接著一幢建造完成。馬利亞信仰也在此時期最爲盛行。

由於地球暖化，這個時期的農業活動也有許多新的成果，不但出現了嶄新的三圃制（注：將土地分成三部分，以三年爲週期進行輪作，每年都有一塊土地休耕）等耕地改革，熙篤會這類積極推動農地開墾運動的修會也陸續出現，生產力節節上升。

農業生產力的提高，成爲文化活動積極的助力和最大的原動力。在十五世紀的義大利文藝復興發生前，第一個浪頭就是十二世紀文藝復興。

第8章（4）

佛教與儒學的轉變

1 密宗就是「只把祕密告訴你」的佛教

西元六三二年，穆罕默德去世的這時候，印度正盛行密宗（密教）。所謂的密宗，是模仿印度民間咒術性祭典與印度教而形成的。

回顧佛教的變遷，最初是爲了追求個人悟道，而產生了原始佛教；分裂成上座部與大衆部後，又因爲批判原有的宗教型態，認爲宗教應成爲「能讓大多數人搭乘的工具」，因此演變出大乘佛教。同時，他們也從印度教學到許多，包括宗教的教義必須容易明白、讓人容易信仰，所以又出現了只需要念誦「南無阿彌陀佛」或「南無妙法蓮華經」，就能前往極樂世界的理論。但這充其量不過是印度教的濕婆信仰和毗濕奴信仰的一種分支罷了。大乘佛教發展至此，已面臨瓶頸，很難在印度繼續擴大。

爲了打破這個困境，佛教開始思考對策，並決定回歸初衷。佛教原本就不是針對下層民衆爲對象的宗教，其信徒大多是城市裡的上流階級；現在他們要回歸的，就是這個原點。因此創作了《大毗盧遮那成佛神變加持經》（《大日經》），這部經典的內容是讚美統理宇宙的大日如來（毗盧遮那佛）；另外還詳細記載了許多祕密儀式（透過詠唱各種咒文和咒語，來實現某種祈願）的《金剛頂經》。

密宗以抱著遠大理想的《大日經》爲教誨，再加上用來實現世俗願望的《金剛頂經》咒術儀式，以有錢人爲中心傳教。

「由於你是非常偉大的人，因此我特別傳授尊崇的教誨給你，也幫你進行祕密的祈禱。」這正是稱爲「密宗」的由來。

使用這種方式的密宗，成功深入上流階級。而相對於密宗，其他佛教都被稱爲「顯教」。建構出密宗的人們抱著強烈的熱情傳教，除了印度，甚至還想傳播到中亞和中國一帶。但在西元七世紀左右，中亞已成伊斯蘭世界，如果想告訴那邊的人們「我們想傳播全新的密宗」，應該很難說服對方允許傳教者進入，更糟糕的是，還有可能會遭受迫害。畢竟那是唯一眞主阿拉的世界。

傳教者之中，也有一群人選擇了翻越喜馬拉雅山的困難路線。但在他們抵達西藏後，卻在當地與大乘佛教僧侶發生對立，雙方便在西藏展開宗教論戰，互相競爭優劣（桑耶寺論諍，西元七九四年）。

當時支配西藏地區的是吐蕃王朝，而在該地的大乘佛教（禪宗）僧侶，則是吐蕃占領西域敦煌時所俘獲的中國僧侶。印度僧侶靠著對傳播新宗派教誨的熱情與魄力，擊敗了中國僧侶。與其說密宗贏在教義爭論上，不如說是贏在氣勢上。自此以後，西藏的佛教就成了密宗的天下。

密宗在中國的發展，至今仍可在北京找到它的影子。這是由於建設了大都（北京）的蒙古帝國（元朝）願意接受藏傳佛教的緣故。就連中國最後一個王朝——由滿洲人建立的清朝，也都允許藏傳佛教存在。順帶一提，「滿洲」這個名稱正是來自於密宗裡司掌智慧的菩薩——

文殊。文殊是掌管東方的菩薩，因此也將中國東方的這塊土地命名為「文殊」（梵語發音為「Manju」），塡入漢字而成「滿洲」。也因此，在北京的寺廟，幾乎都是藏傳佛教的寺廟。

到了密宗登場，佛教的發展歷史可說幾乎完備了。此外，伊斯蘭教進入印度時，破壞了許多佛教寺廟，導致佛教幾乎消滅。這是由於印度佛教並未深耕於一般庶民階層，而是只屬於城市知識分子的宗教。不管哪個國家，一旦有外敵入侵，首先被擊潰的，必定是立於人民上的統治階層、支持他們的有錢人和知識分子。

另一方面，佛教傳播至東南亞的進程，與它本身的發展過程並不一致。以建立的順序來說，是上座部佛教、大乘佛教、密宗。至於傳教的先後，第一波是紀元左右，大乘佛教透過絲路，經由中亞抵達中國。第二波則是在西元七世紀左右，密宗傳往西藏，接著又擴散到蒙古和滿洲。第三波則是在西元十一世紀，上座部佛教從斯里蘭卡傳往緬甸。

西元十一世紀時，第一個統一緬甸的王國——蒲甘王國建立了（西元一〇四四～一二九九年），新登基的君王並不想要舊統治階層所皈依的大乘佛教，希望由新的佛教取而代之，因此將斯里蘭卡所信仰的上座部佛教引進緬甸；而此處的上座部佛教，也在十三世紀時傳到了泰國和柬埔寨。

仔細想想，佛教眞是不可思議的宗教。在它所誕生的印度已幾乎杳無蹤跡，但大乘佛教和密宗卻在日本、中國、西藏等地非常興盛；最古老的上座部佛教，則在東南亞努力存活至今，但這裡同時也是世界上穆斯林最多的地區。近年來，東南亞的國內生產毛額持續上升中，若要思考伊斯蘭世界今後的動向，就不應該只將目光放在中東的混亂，更應該注視東南亞的宗教現況。

2 儒學的意識形態化，以及理學和心學

雖然做為中國各王朝的正統思想，但很難說以孔子為尊、以儒家思想為中心的儒學是單一思想，甚至是宗教。主要是儒家諸子各有其不同的學說，從這方面看來，很難說是體系完備、具有一致性的理論。

舉例來說，**儒學幾乎不曾提到宇宙論或另一個世界的事**。儒家最重視的，便是「修身、齊家、治國、平天下」。自己有所修為後，整頓家庭、治理地方，最後讓天下安定。也就是說，**儒學所提供的，其實只有為人處事的處方箋**。

但從西方傳至中國的佛教，卻會談論宇宙和另一個世界的事情。舉例來說，西方淨土由阿彌陀如來掌管、東方的淨琉璃世界則歸藥師如來管理等。中國的本土宗教道教也是，會談論許多關於另一個世界的豐富話題，像是神

孔子
（西元前 552-479）

仙思想、仙人下凡之類的。但儒學從不思索關於宇宙、天界或死後的問題，因此逐漸給人一種格局過小的印象。

由朱熹（西元一一三〇～一二〇〇年）集大成的理學，就是靈活運用佛教的邏輯和道教的想像力，來重整儒學的弱點，重新建構出宏偉的體系。

進一步發展「性即理」理論，確立「理氣論」

在朱熹出生前一百年左右，北宋有一對儒學兄弟檔，他們就是程顥（西元一〇三二～一〇八五年）與程頤（一〇三三～一一〇七年），後世稱為「二程（子）」。他們在學術上最大的成就，就是建立「性即理」的論點。

二程認為，人類與生俱來就有非常美好的本性，而本性與天理（宇宙的眞理）是相同的。朱熹以二程所提出的「性即理」為邏輯核心，重新建構儒學體系。

「性即理」的邏輯可以這樣解釋：

「做為俗世規律的人類本性，與做為宇宙規律的天理，是一樣的東西。」

意思是說，如果人類的本性和天理是一樣的，那麼拿此本性做為俗世的規範，就不會出錯。

從「性即理」的論點，朱熹進一步提出「理氣（二元）論」。

所謂的「理」，意指宇宙的眞理，同時也是人類的本性，也就是精神（這和柏拉圖所謂永遠不變的存在「理型」很相似）；氣則是構成事物的原料。「氣」的存在會依「理」而有所變化。若依循的是人類的理，氣就會形成人類；要是循著狗的理，就會變成狗；依著樹木的理，就會形成樹木。這就是朱熹的想法。

理會主導氣的生成，並做爲媒介形成萬物，使其得以代代相傳。從這個概念看來，理的存在就像是基因。理所當然的，由於「理」是正確的，所以不容易繼承負面或不佳的基因。但如果拿這個「理氣二元論」來對照人類打造出的歷史，情況又會如何呢？

「理氣論」與漢室血脈正統性

從理氣論可以得知，事物之理若有誤，就無法傳承下去。這個邏輯表示，目前的世界必然繼承了「正確」的事物，才得以存在，當然也包括各項政治與社會制度在內。那麼，這種有如基因遺傳的正確性，又是從哪裡繼承而來的呢？朱熹認爲，就是中國第一個漢族王朝，也就是漢朝。

朱熹所在的南宋（西元一一二七～一二七九年）是

程顥
（1032-1085）

程頤
（1033-1107）

個由漢族所建立的朝代。北邊的金國（女眞族）滅了北宋，並逼得他們南遷；換言之，朱熹眞正想說的是，金國並非正統政權，南宋才是。此外，他也不承認三國時代的曹魏是正統，主張弱小的蜀國才是正統，這是由於劉備擁有漢室血統之故。就這樣，朱熹把意識形態放進了歷史。

日本的南北朝時代也一樣，後世（明治末期）將弱小的南朝視爲正統，這也是根據朱熹的思考模式決定的。但如果將歷史做爲一門學問來掌握的話，那麼北朝才是正統，這是毋庸置疑的。

朱熹的思考中並沒有劃時代的嶄新想法，而是以漢族爲中心，強調其傳承的一貫性，因此對中國的當政者來說，可說是最強的邏輯依據。

朱熹的評價

唐朝（西元六一八～九〇七年）滅亡後，中國分裂爲許多王朝，進入五代十國（西元九〇七～九六〇年）。之後，宋朝建國（北宋，西元九六〇年），定都於交通要塞開封，並與北方力量強大的游牧民族契丹締結和平協定（澶淵之盟），持續繁榮。但面對與契丹對峙的金國（女眞族，一一一五～一二三四年）時，則由於外交失策，導致國土遭金國占領，兩位皇帝被擄，北宋滅亡。宋室被迫南遷，以長江畔的南京爲首都，重新建立宋朝。那是西元一一二七年的事情，自此以後的宋朝

朱熹
（1130-1200）

稱爲「南宋」。

朱熹於西元一一三〇年出生於今天的福建。他的父親朱松是宋朝的公務人員，因此當初與北宋王室一起逃到南方，而且也是學習二程學說的學者。朱熹長大後通過科舉考試，在朝廷任官，不過後來經常以學者身分發言。

朱熹以南宋官僚和學者身分參政時，政治上最重大的課題，就是應該對金國採取怎樣的態度；講白一點，就是要打仗？還是想辦法維持和平？而他自己也曾好幾次被捲入論爭當中。除了外交，南宋內政也不安寧，改革派與守舊派內鬥不止，朱熹甚至在人生最後面臨了官職被奪、著作全部遭禁的困境。他雖然在輸了黨爭的情況下死去，但他的學說卻未因此消滅。

朱熹過世約二十五年後，第五任皇帝理宗（一二二四～一二六四年在位）登基。這時的南宋與蒙古結盟後，消滅了宿敵金國，但接下來卻變成與蒙古苦戰，拖垮了南宋的財政。另一方面，由於理宗當初是做爲政治籌碼被推上皇位的，因此企圖透過理學賦予自己統治正當性，便大力推崇朱熹的學說、起用其門徒與其他理學家。除此以外，還表示朱熹是國家至寶，是重要的儒者，讓他和其他理學家入祀孔廟，至於原先與孔子、孟子一同受人祭拜的王安石（西元一〇二一～一〇八六年）則

王安石
（1021-1086）

被逐出孔廟。

王安石是企圖以新法取代保守派的舊法，拯救北宋於危機之中的政治家。此外，他也是有深厚儒學素養的思想家，因此理宗的行動可說是非常大膽。甚至有些人認為，如果讓王安石繼續待在孔廟裡的話，中國的近代化說不定就能更早實現。話雖如此，但從這時候起，朱熹便成為繼孔孟之後最重要的儒者；而在儒學的世界裡，理學也被稱為「新儒學」。就連發揮的舞臺也有所轉變：從原先做為教導大家如何思考人生、遵守社會規範與道德，逐漸轉變為體制化、意識形態化的存在。

稍微岔個題。日本作家小島毅曾撰寫過一本名為《天皇與儒教思想》的書，書中解析了日本進入明治時代、要打造一個以天皇為中心的國家時，如何借用儒學這種意識形態體系努力打造出制度，因為朱熹之後的新儒學，確實建構出非常精密的理論結構。相反的，日本的神道其實非常不具理論性，對於打造天皇制而言，可說完全派不上用場。

格物致知

話說回來，王安石可是名列「唐宋八大家」之一，是寫文章的高手。有趣的是，朱熹的字與王安石非常相像。

這是由於朱熹的父親曾收集許多王安石的書法作品，供朱熹臨摹用，畢竟王安石的書法在當代確實非常有名。但朱熹自己大概怎麼也想不到，日後王安石竟會因為自己的緣故被逐出孔廟，著實令人感到諷刺。

言歸正傳。朱熹認爲，事物的本性即是「理」，並因此主張理氣論；但他同時也表示，人應該學習「格物致知」。

所謂的「格物致知」，就是萬物各有其理，因此只要好好觀察萬物、探究其本質，就能理解宇宙整體的理。如果把「理」比喻成基因，那麼意思就是說，只要明白萬物各自的基因，就能明白世界是如何構成的。畢竟那可是個連遺傳基因是什麼都還不知道的時代，以思考方式來說，朱熹的「格物致知」算是十分正確的。

將「格物致知」變成動詞的王守仁

朱熹過世二七〇年後，明朝出現了一位名叫王守仁（即王陽明，西元一四七二～一五二八年）的思想家。

他依據理氣論，打算深究「格物致知」到底是怎麼回事？具體上應該怎麼做才好？他坐在庭院的竹林前，凝視竹子長達七天七夜，專心一志地思考竹子的「理」究竟是什麼。但那是只要凝視竹子就能感受到的東西嗎？七天七夜的努力毫無結果，他不但沒有獲得任何體悟，反而因過度疲勞而病倒。

王守仁
（王陽明，1472-1528）

不過從另一個角度來看，王守仁仍有一項非常大的收穫：雖然無法感受到竹子的理，但是望著竹子的自我確實存在，這和笛卡兒的「我思故我在」是相同的概念，而且還比他早了一百多年。於是他開始懷疑起自己原本信奉的朱熹學說，也就是「性即理」中所謂的「理」，是否並不存在於外界事物，而是自己的內心（心即理）呢？後來他將自己的學問定調於「心即理」，認為理存於心中，發展而為「心學」，也稱為「陽明學」（「陽明子」是王守仁的號）。若想多了解王守仁的學說，我推薦大家閱讀他的《傳習錄》。

理學與心學的差異

朱熹認為「性即理」，並基於理氣論認為，只要學習各種事物、了解天地之理後，就能採取行動。換言之，他以學習、明瞭事物之理為優先，行動為後，也就是「知先行後」的思考方式。

相對於此，王守仁認為「心即理」，心中有良知，人類的本性中也有智慧。只要能好好掌握自我，就能得到好的智慧。因此，了解自己的心是最重要的，只要按照自己的想法而行動即可。如果像格物致知或格物窮理那樣，覺得什麼事都要先思考本質的話，那麼根本動彈不得。出於這樣的思考邏輯，王守仁主張「知行合一」，也就是學習和行動互為表裡，必須一起進行，不可偏廢。

話說，我覺得「格竹七天七夜」這件事，說不定是王守仁為了批判朱熹理論而說的故事。舉個例子來說，官員在國會接受質詢的時候，面對民意代表的指摘，多半都會說：

「謝謝議員的指教，我們會詳加研究，再好好處理。」

但是不是眞的會研究、會好好處理，那就不得而知了。明代的理學家們也往往像這樣，以「這是研究時間」爲藉口，卻毫無實踐的打算。此外，不將學問做爲打造良好政治環境的武器，卻只拿來想辦法保住自己的地位及官職等，惡用「格物致知」的風潮益發刺眼。

除了批判這種風潮，王守仁的目標也在於補足理學的不足。從這層意義來說，王守仁是踩在朱熹這位巨人的肩膀上，打算超越他。這與古今中外的哲學家努力超越前人的作爲相同。

另外，自明朝開始，理學和心學可說一直是中國思想的核心，它們也對鄰近的日本和高麗有不小的影響。在日本，後醍醐天皇（西元一二八八～一三三九年）非常熱衷於理學（在日本稱爲「朱子學」），而江戶幕府的統治理論中心也是朱子學；相較之下，王守仁的心學在日本並未引起風潮。

另外値得一提的是，朱熹的曾孫朱潛（西元一一九四～一二六〇年）由於害怕遭到蒙古統治，而在西元一二二四年時出逃至高麗（據說是韓國新安朱氏的始祖）。一直以來，統治高麗的李氏王朝皆以朱子學爲治國思想，直到十九世紀末期爲止，可說對朝鮮半島有非常大的影響。還有在江戶時期致力於發揚朱子學的日本儒學家林羅山（西元一五八三～一六五七年），他的子孫後來被任命幕府直轄學校的校長（稱爲「大學頭」），代代世襲，林家代代也都很熱衷於學習朝鮮的朱子學。

理學與心學

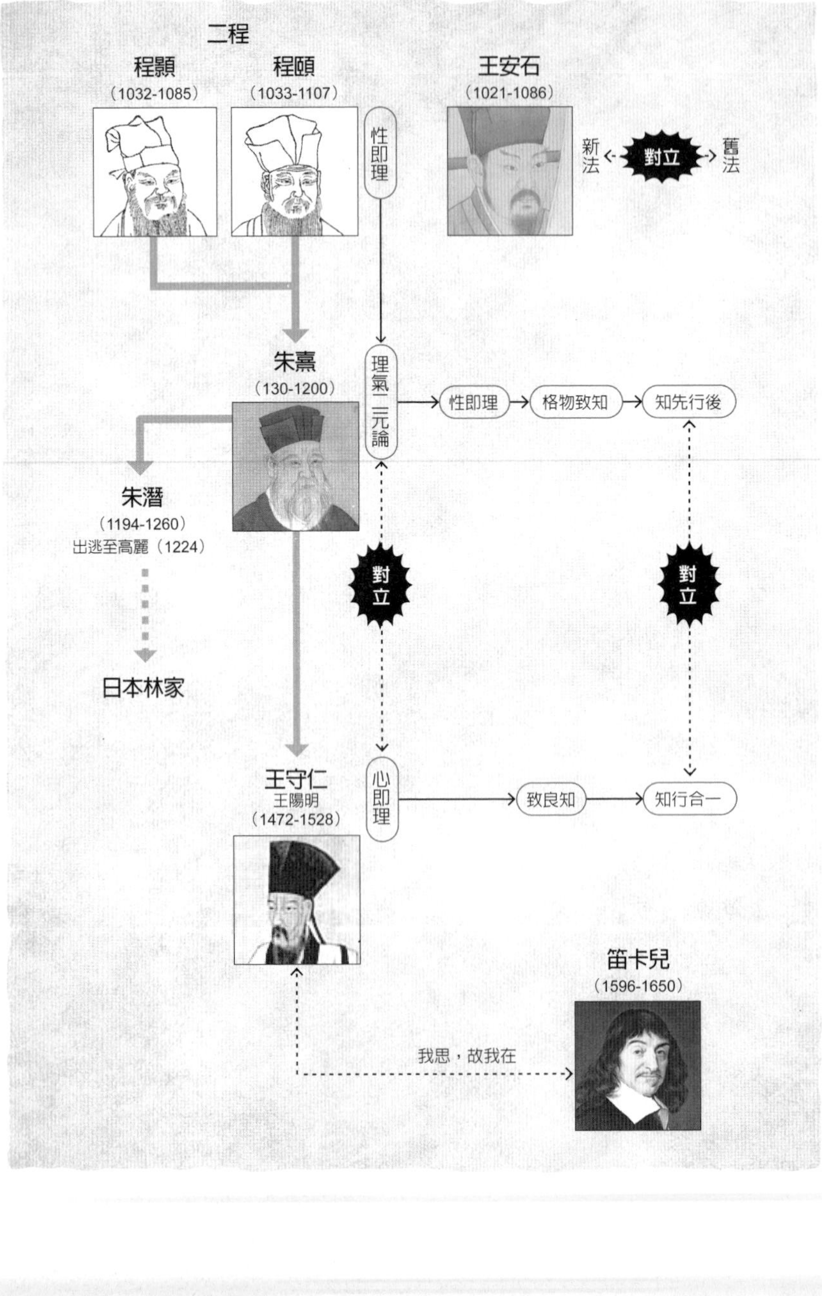

二程
程顥
（1032-1085）
程頤
（1033-1107）
性即理
王安石
（1021-1086）
新法
對立
舊法
朱熹
（130-1200）
理氣二元論
性即理
格物致知
知先行後
朱潛
（1194-1260）
出逃至高麗（1224）
日本林家
對立
對立
王守仁
王陽明
（1472-1528）
心即理
致良知
知行合一
笛卡兒
（1596-1650）
我思，故我在

第9章

走向近代世界的哲學

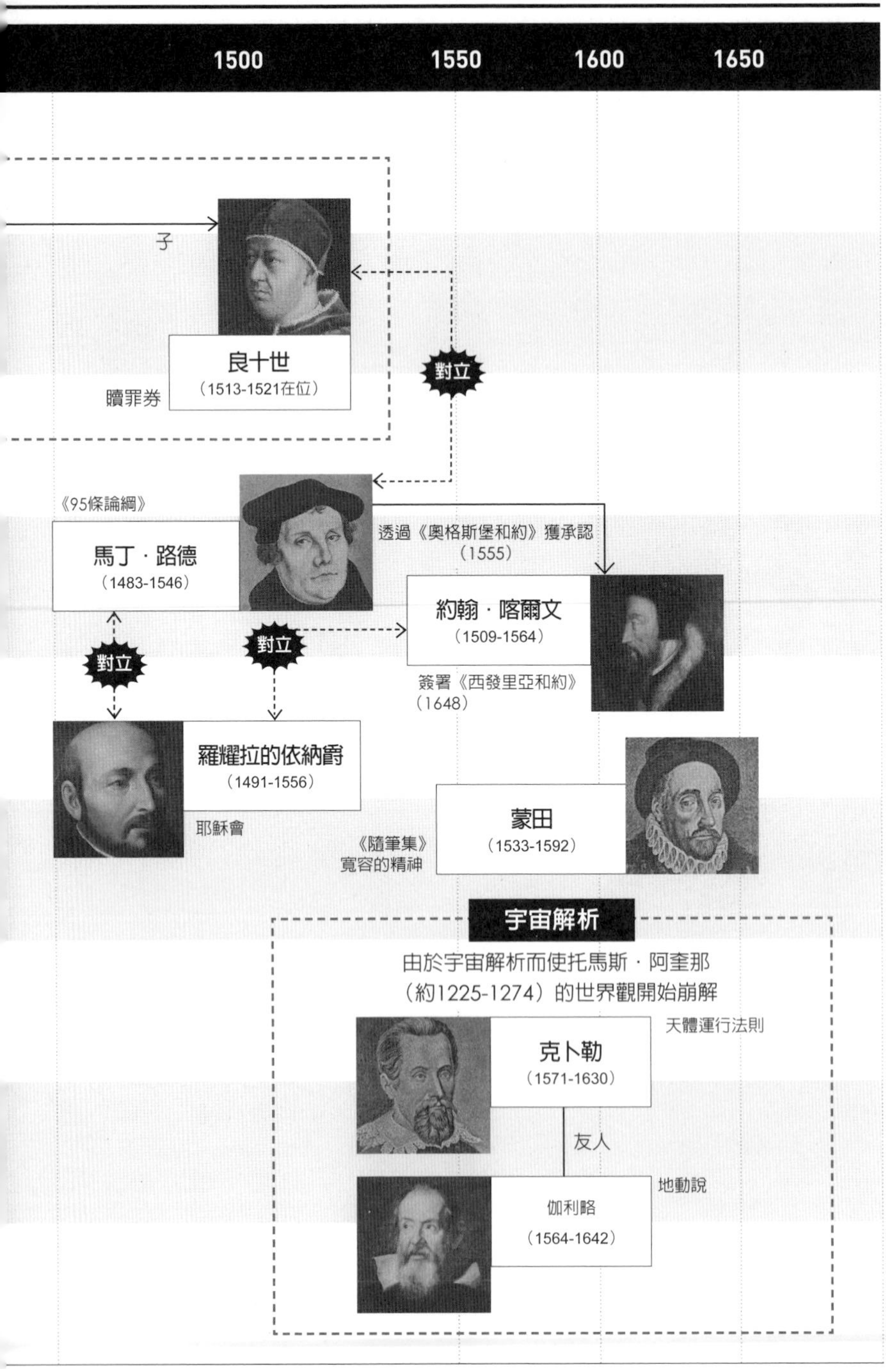
1500
1550
1600
1650
子
良十世
（1513-1521在位）
贖罪券
對立
《95條論綱》
馬丁・路德
（1483-1546）
透過《奧格斯堡和約》獲承認
（1555）
約翰・喀爾文
（1509-1564）
簽署《西發里亞和約》
（1648）
對立
對立
羅耀拉的依納爵
（1491-1556）
耶穌會
蒙田
（1533-1592）
《隨筆集》
寬容的精神
宇宙解析
由於宇宙解析而使托馬斯・阿奎那
（約1225-1274）的世界觀開始崩解
克卜勒
（1571-1630）
天體運行法則
友人
伽利略
（1564-1642）
地動說

文藝復興與宗教改革

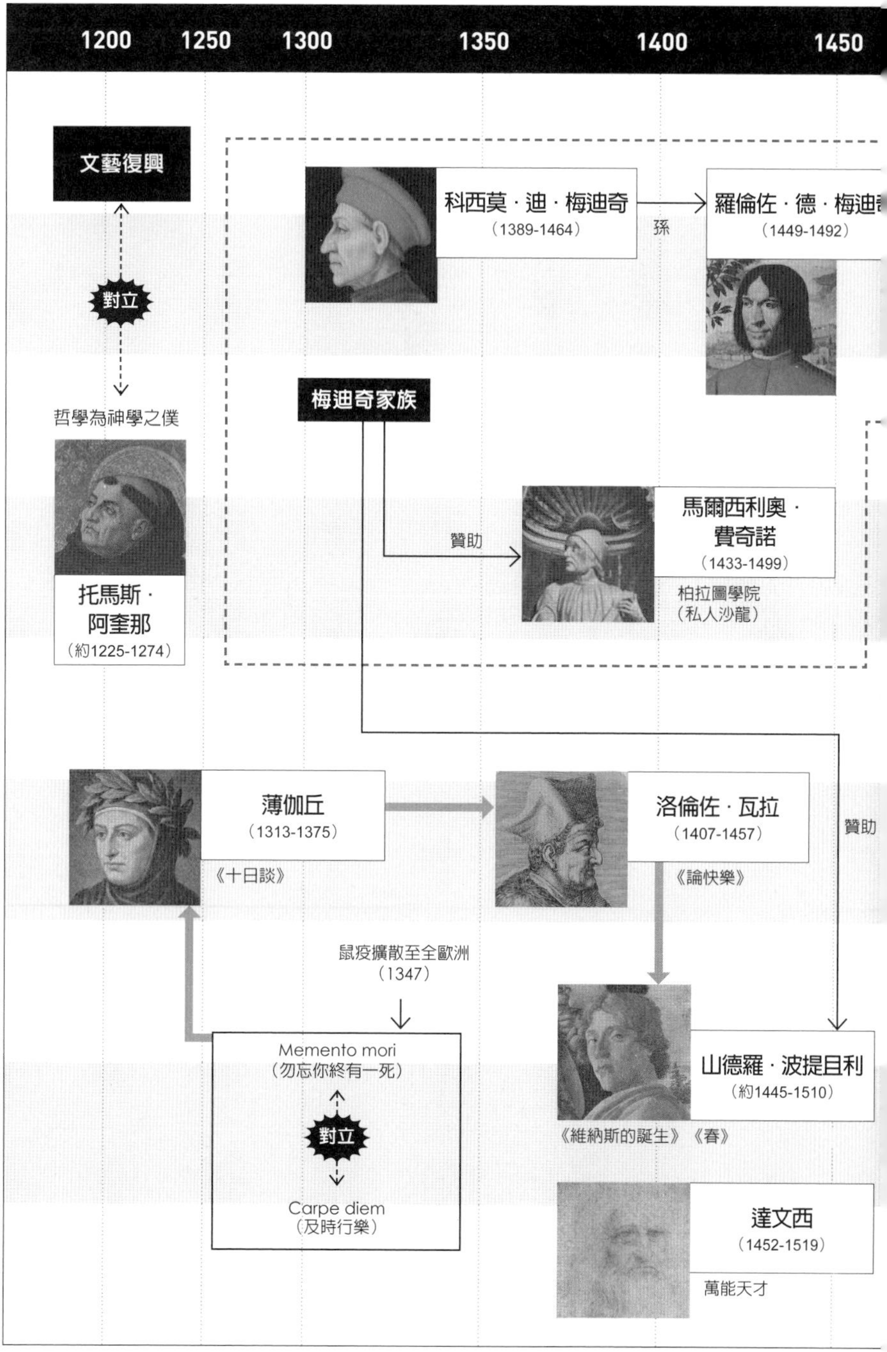
1200
1250
1300
1350
1400
1450
文藝復興
對立
哲學為神學之僕
托馬斯・阿奎那
（約1225-1274）
科西莫・迪・梅迪奇
（1389-1464）
孫
羅倫佐・德・梅迪奇
（1449-1492）
梅迪奇家族
贊助
馬爾西利奧・費奇諾
（1433-1499）
柏拉圖學院
（私人沙龍）
薄伽丘
（1313-1375）
《十日談》
洛倫佐・瓦拉
（1407-1457）
《論快樂》
贊助
鼠疫擴散至全歐洲
（1347）
Memento mori
（勿忘你終有一死）
對立
Carpe diem
（及時行樂）
山德羅・波提且利
（約1445-1510）
《維納斯的誕生》《春》
達文西
（1452-1519）
萬能天才

士林哲學興盛之時，位於巴黎西南方、沙特大教堂（沙特主教座堂）附屬學校的教師伯納德曾留下這樣一句話（原文是拉丁文）：

「Standing on the shoulders of giants.」

意思是說，人類因為站在巨人的肩膀上，所以能看到遠方的東西。換言之，我們的存在雖然非常渺小，但由於有前人偉大的學問與功績為基礎，人們才能繼續添加高度、留下更多成果。

在這一章裡，我們將會看到文藝復興與其後宗教改革的過程，並依據哲學和宗教留下的成果，探索近代追求合理性的萌芽。

1 文藝復興的哲學收穫

在法文中，「文藝復興」（Renaissance）的意思是「再生」。

如果問「是什麼引發文藝復興」，最主要的原因，其實就是前一章所說、自伊斯蘭世界大量進入歐洲的希臘羅馬經典。

說得更極端一點，當時在歐洲，可稱為「書籍」的，只有《聖經》和基督教相關著作。而此時，除了希臘羅馬的哲學、文學，還有稱為「自由學藝（博雅教育）」的文法學、邏輯學、修辭學、數學、幾何學、天文、音樂……等書籍陸續傳入歐洲。

西元一三四七年時，自南義大利開始擴散的鼠疫，也是引發文藝復興的重要動力之一。別稱「黑死病」的這種疾病在短短數年間，就擴大至北歐及東歐，幾乎奪走全歐洲三分之一人口的性命。

這些爲鼠疫所震撼的人們，抱持著什麼樣的生死觀呢？

一**個是以「Memento mori」（勿忘你終有一死）這句話爲代表的思考方式**：人生如此轉瞬即逝，有如幻夢一場，更應虔誠度日才是。也可以說是仰賴上帝的生存之道。

相反的，另一種思考也出現了。抱著這種想法的人們認爲，由於自己不知何時會成爲鼠疫的犧牲者，而且一旦感染鼠疫，就連上帝也救不了你，不如好好享受人生；也就是讓自己的人生從上帝手中獲得解放。

「Carpe diem」（及時行樂）這句話也遍傳社會各角落。從這個角度出發所寫成的作品之一，就是短篇小說集《十日談》；作者是但丁的知己、出身義大利的薄伽丘（西元一三一三～一三七五年）。在這本書中，幾乎沒有任何畏懼或敬愛上帝的描寫。

要仰賴上帝而活，還是乾脆遠離天主？鼠疫這種可怕疾病的流行，以及希臘羅馬經典的復活，都讓人類有機會重新思考神與人之間的關係，進一步成爲文藝復興潮流的導火線。

文藝復興的中心是十五世紀的義大利。在藝術史

薄伽丘
（1313-1375）

上，這個時期的義大利被稱爲「Quattrocento」（注：義大利文「四〇〇」或「一四〇〇」之意，在藝術上指稱整個十五世紀義大利的文化藝術活動，涵蓋了中世紀晚期（尤其是哥德式風格）和文藝復興早期的藝術風格），是以繪畫藝術爲中心，百花齊放的重要時代。

那麼，在哲學領域又如何呢？

很遺憾的，這個時期並沒有什麼偉大的哲學家提出能流傳至今的學說。

萬能天才達文西（西元一四五二～一五一九年）觀察自然的能力十分卓越，也是位哲學家；但與其說他著重思考，一般大多認爲他是位觀察者與創造者，是一位藝術家。

如果一定要舉出較接近哲學家的人，那麼應該是洛倫佐・瓦拉（西元一四〇七～一四五七年）和馬爾西利奧・費奇諾（西元一四三三～一四九九年）。另外，還有寫下《君王論》的馬基維利（西元一四六九～一五二七年）也是一位值得注意的思想家。

馬爾西利奧・費奇諾（1433-1499）

洛倫佐・瓦拉（1407-1457）

達文西（1452-1519）

馬基維利原是共和主義者，但由於以法國爲首的許多國家，不斷插手干涉義大利這片小國林立的土地，爲了突破現況、開創政治新局，他於是提倡君主政治。至於如此提倡的背景，則是因爲有切薩雷．波吉亞公爵（西元一四七五～一五〇七年）這位理想君主（或說「看起來很理想」），而他也是李奧納多．達文西所侍奉的貴族。

洛倫佐．瓦拉產生的影響

洛倫佐．瓦拉是羅馬天主教神職人員，他的兩項功績分別對宗教界與藝術界產生極大的影響，但未必能說是哲學性的成果。

其中之一是他以各種證據證明，教會一直以來非常重視的文件〈君士坦丁獻土〉絕對是僞造的。

西元三三〇年，當時的羅馬皇帝君士坦丁一世將帝國首都自羅馬遷移到拜占庭（後來的君士坦丁堡）。遷都時，君士坦丁一世寫給羅馬教宗、承諾要將羅馬一帶的土地送給教宗，這份讓渡信件就是〈君士坦丁獻土〉。內容是「我身爲羅馬皇帝，要遷都到東方的拜占庭。西方就全權委託給羅馬教宗了，請自由支配。」也就是說，羅馬皇帝將西方世界的統治權轉讓給羅馬教宗。

馬基維利
（1469-1527）

切薩雷．波吉亞
（1475-1507）

後來，羅馬教宗從法蘭克王國加洛林王朝第一任國王丕平三世（矮子丕平）手中收下轉讓的領土（西元七五六年），那是位於義大利中部、一片非常廣闊的領地。至於丕平的兒子查理曼，後來也即位爲羅馬皇帝（西元八〇〇年）。

羅馬教會擁有自己的領土，因此認定東方君士坦丁堡的羅馬皇帝任務已經結束，並爲新的羅馬皇帝加冕。會有這種很明確無視東方羅馬帝國的行動，正是因爲把這份〈君士坦丁獻土〉視爲金科玉律。

請各位回想一下前面提過的君士坦丁一世。他在「三位一體說」產生紛爭之時，舉行了大公會議，並認可這項論點；但他自己在臨死前又接受了亞流派的洗禮。這樣的人是否眞的如此敬重遠離首都的羅馬教宗，我認爲並沒有史實可以證明。首先，無法證明當時是否有如此具備權威的羅馬教宗；再者，對於〈君士坦丁獻土〉的眞僞，其實從以前就有許多人感到懷疑，但又無法提出證據。

到了十五世紀，洛倫佐．瓦拉判斷這份文件是僞造的，所用的方法其實非常簡單，也確實是學術上的做法。他採用文獻學的論證方式，非常仔細地分析了文件上的用字遣詞，結果發現，許多詞彙與行文方式都不是君士坦丁時代所用的，而是羅馬教宗在接受丕平贈予領土時的八世

君士坦丁一世
（324-337 在位）

紀語言及文法。由此可知，這時候已經有非常合理、近代化的學問出現。

《論快樂》與《維納斯的誕生》

洛倫佐．瓦拉有一部名爲《論快樂》的著作。在這本書中，他大方地以邏輯主張，關於愛，除了精神上的純粹之愛，性愛也是非常美好的，同時主張人類的身體是美麗的東西。

在他寫下《論快樂》約五十年後，山德羅．波提且利（約西元一四四五～一五一〇年）畫出了名作《維納斯的誕生》和《春》。正因爲有大方稱讚女性裸體之美的思想，才能創作出那樣華麗又充滿生命感的名作。也許我們可以說，洛倫佐．瓦拉就是把人類從神的手中搶回來，並給予我們美好理論做爲武裝的哲學家。

費奇諾與柏拉圖學院

義大利中部城市佛羅倫斯是文藝復興重鎮之一，而實際上掌握市政的，其實是當時最大的金融業者梅迪奇家。梅迪奇家的科西莫．德．梅迪奇（西元一三八九～一四六四年）當家時，他看出馬爾西利奧．費奇諾（西元一四三三～一四九九年）這位年輕學者的才能，於是撥給他一間別墅，讓他在那裡將柏拉圖全集譯爲拉丁文。

之後，這間別墅便成爲學者及藝術家聚會所在。到了科西莫的孫子羅倫佐．德．梅迪奇（西元一四四九～一四九二年）掌理家族時，這些聚會發展得更加興盛，不知何時由誰提起的，後來人們便稱呼這裡爲「柏拉圖學院」。

當然，這個稱呼是仿照柏拉圖設立的學院而來，梅迪奇家也沒有打算眞正設立一所大學，這只是費奇諾的個人沙龍，和柏拉圖的學院或亞里斯多德的呂刻昂學園相比，並不具組織性，只是個喝酒聊天的地方罷了。但另一方面，這個「柏拉圖學院」也很像當時知識分子與藝術家聚集的廣場，因此成爲文藝復興的動力泉源之一。

另外，「academy」（學院）這個字之所以能在現代獲得廣泛使用，同樣是以費奇諾的柏拉圖學院爲契機。從哲學家的觀點來看，或許很難評論他的成就（雖然一般認爲他是新柏拉圖主義的繼承者，但他對魔術與神祕學也有涉獵）；但就結果來說，考量到以他爲中心成立的柏拉圖學院對文藝復興產生的影響之大，提到文藝復興時期的時候，還是會將他名列當代知識分子之一。

科西莫・德・梅迪奇
（1389-1464）

馬爾西利奧・費奇諾
（1433-1499）

羅倫佐・德・梅迪奇
（1449-1492）

提倡「寬容精神」的蒙田

以年代來看，被稱爲「道德家」（moralists）的蒙田（西元一五三三～一五九二年），比費奇諾（西元一四三三～一四九九年）晚了一百年左右才出生在法國。他的思想與文藝復興的人性解放有密切的關係。

先說明一下，所謂的「道德家」是指十七世紀大量出現在法國的散文家們，他們耗費大量工夫觀察人類、將與人生相關的省察撰寫爲散文或箴言，以告誡他人。最具代表性的道德家是帕斯卡（西元一六二三～一六六二年），他在著作《沉思錄》中留下了「人類是會思考的蘆葦」這句名言。而蒙田可說是道德家的先驅者。

在蒙田出生約四十年前，哥倫布（約一四五一～一五〇六年）在西元一四九二年登陸西印度群島。之後幾乎占領整座新大陸的西班牙，又在西元一五四四年時於安地斯山脈發現了海拔四一〇〇公尺的波托西銀礦。西班牙政府大量動員當地的原住民，爲了開採銀礦而苛待他們，數百萬原住民就這樣在強制勞動下犧牲性命。這座銀礦一

蒙田
（1533-1592）

帕斯卡
（1623-1662）

哥倫布
（1451-1506）

直開採到十七世紀後半。

幾乎在同一時間，法國發生了胡格諾戰爭（法國宗教戰爭，西元一五六二～一五九八年），是天主教與被稱爲「胡格諾派」的喀爾文教派信徒間發生的宗教內亂。關於喀爾文教派，後面會再說明，只是這場長達三十餘年、造成大量死傷的胡格諾戰爭，正好與蒙田人生的後半部重疊。

西班牙雖然高舉傳教的大旗，卻在南美洲做出苛待當地人之事；只不過是批評天主教，法國那些信奉天主教的貴族就把胡格諾派教徒給殺了。蒙田對於這些人的行爲深深感到疑問，同時，他也以自身的經驗和自希臘羅馬古籍中學到的道理爲中心，不斷告訴人們應抱持寬容的精神。《隨筆集》是他直到死前仍持續撰寫的作品，至今在全世界各地也都還有許多讀者，包括我個人在內。最大的特徵是引用《聖經》處的頻率並不亞於其他希臘羅馬古籍。

相對於神的正義，蒙田提倡的是原諒他人的重要。他之所以抱著這種寬容精神，我認爲與文藝復興帶來人性解放有密切關係。

2 改革者，以及抵抗改革者

宗教改革的背景，是由於天主教會在文藝復興時期持續世俗化，除了高階神職人員墮落，基層神職人員也毫無教養，使得批判聲浪日漸升高。具體來說，以路德和喀爾文的登場爲引爆點。

引發宗教改革的具體事件，是教宗良十世於西元一五一五年在德國開始販售「贖罪券」（正式名稱爲「大赦證明書」）。

所謂「贖罪券」，就是只要擁有它，就代表自己所犯下的罪惡已獲得赦免，是一種萬能的赦免證——背後其實有複雜的神學思想，但打個比方，就像神社裡的神籤都只有「大吉」，而且只要用一枚百圓硬幣就能抽到。「贖罪」其實是從十字軍開始就有的傳統，但爲什麼良十世（西元一五一三～一五二一年在位）要在這時候做這件事呢？

教宗良十世
（1513-1521 在位）

這是由於羅馬天主教會的象徵——聖伯多祿大殿（聖彼得大教堂）的改建資金不足，工程一直沒有進展。

至於爲何會在德國發售？這是因爲在當時的歐洲大國當中，德國國王（哈布斯堡王朝）的權力最低落，因此某種程度上來說，教宗在那裡是非常自由的。另外，也是爲了獲得當時金融資本最雄厚的福格家族協助；當然，德國諸侯也各有所圖。

不過，既然要爲聖伯多祿大殿籌募改建費用，怎麼不好好向教徒募捐，而是採用販售贖罪券這種方式呢？

良十世之所以沒透過募捐，正是由於他身爲代表文藝復興精神的貴族。在他心裡，與美和藝術相依的文化，遠比宗教來得優先。事實上，教宗良十世是梅迪奇家族（那個在佛羅倫斯讓文藝復興得以開花結果的家族）的人——羅倫佐．德．梅迪奇的次子。身爲當時佛羅倫斯共和國的實際統治者，羅倫佐曾擅自挪用國家稅收以復興文化事業，因此良十世可能也覺得，如果只要發售贖罪券，就能輕鬆獲得聖伯多祿大殿的工程費用，感覺起來似乎挺合理的。

這裡稍微回顧一下義大利文藝復興全盛時期的天主教教宗，其中有三位非常特別。

第一位是出身西班牙名門波吉亞家，擁有眾多情人的歷山六世（西元一四九二～一五〇三年在位），後世稱他爲「維納斯」（愛與美的女神）。

第二位因身爲拉斐爾與米開朗基羅的贊助者而聞名，並爲了讓教宗在其領地的統治權能與一般世俗領主相同，因此一直在打仗的猶利二世（西元一五〇三～一五一三年在位），被稱爲「馬爾斯」（戰神）。

第三位是有「密涅瓦」（智慧之神）之稱的良十世（西元一五一三～一五二一年在位）。

這三位教宗都是個性相當鮮明、能力傑出之人。但就身爲一名神職人員來說，他們是否適合擔任推廣基督教義、引導他人的領導者，就很難說了。

教宗歷山六世
（1492-1503 在位）

教宗猶利二世
（1503-1513 在位）

馬丁・路德將《聖經》譯為德文

贖罪劵發售兩年後，也就是西元一五一七年，維滕貝格大學的神學教授馬丁・路德將《關於贖罪劵的意義與效果的見解》（簡稱《九十五條論綱》）貼在教會的牆上。

他在這份公開文件當中斷言，只有神能饒恕人類，教會是辦不到的。

「能代替人類贖罪並獲得原諒的，只有神。」

他提出這份論綱，是希望與教會內部眾人討論，而非對廣大社會提出這個問題，因爲論綱是以拉丁文書寫的，一般庶民無法讀懂。但是在口耳相傳之下，路德所提出的這些問題，也成爲那些原先就懷疑神職人員奢侈和墮落的人強烈批判教會的契機。

信仰十分虔誠的神聖羅馬皇帝——哈布斯堡王朝的查理五世（西元一五一九～一五五六年在位）非常重視當前的狀況。西元一五二一年，他在萊茵河中流的都市沃木斯召集德國諸侯，同時也把路德召來此地。查理五世逼迫路德不可繼續批評教會，但路德拒絕了，查理五世因此下達《沃木斯敕令》，宣布放逐路德，並且不再受法律保

馬丁・路德
（1483-1546）

查理五世
（1519-1556 在位）

護；這意思是說，不論誰殺了他，都不會被問罪。

幸好，在德國勢力龐大的薩克森選帝侯，拯救了陷於水深火熱的路德。薩克森選帝侯除了認爲路德的話頗有道理，同時也不希望查理五世的勢力繼續擴大，因此將路德藏匿在自己的居所瓦爾特堡。

有了安全的藏身之處，路德開始將《聖經》從拉丁文翻譯成德文，而且只花了十個月就完成（西元一五二二年）。有了路德的譯本，大多數德國人就有辦法讀懂《聖經》。如此一來，大家便發現，《聖經》上從未提過贖罪券這種東西，也沒有說一定要聽教會的命令，還寫著耶穌與使徒都過著非常簡樸的生活。

因此，這時除了批判教會，也出現了「應回歸《聖經》指導」的聲音，並逐漸擴散在社會上。幫忙推波助瀾的，正是將活版印刷技術發展到具實用性的阿爾丁印刷廠（Aldine Press），在此之後，也開始出現具煽動性的文宣，宣揚路德的理念。

凱撒的歸凱撒，上帝的歸上帝

贊成路德進行宗教改革的聲浪日漸高漲。

但就像開始擺動的鐘擺有時會過度搖晃，宗教改革運動也開始往原始共產主義的方向傾斜，其中心人物是多馬·閔采爾（西元一四八九～一五二五年）。他受到路德的影響，成爲宗教改革者，但後來超過了路德「《聖經》中心主義」的範圍，提出應該廢除過重的賦稅和農奴的負擔，甚至進一步否定領主的存在，而決心與農民共同起義。德國農民戰爭就這樣從德國中部一路往南擴散（西元一五二四～一五二五年）。

但路德強烈反對德國農民戰爭，還呼籲德國諸侯應予以鎮壓。

要是教會做了什麼《聖經》上沒寫的事，路德就會非常嚴厲地批判，但他並沒有否認領主的存在，這是由於耶穌曾說過：「凱撒的歸凱撒，上帝的歸上帝。」當然《聖經》上並沒有寫著肯定領主之類的話語，但路德原本就不是思想偏激的人，而是與社會常識同步、性格保守的人。

另外，路德也認可神職人員娶妻生子。即使到了今天，被稱為「新教」的各教派神職人員仍可以娶妻、擁有家庭；路德自己也有妻子兒女，而且《聖經》中確實並未禁止神職人員建立家庭。德國農民戰爭雖然遭到徹底鎮壓，但由於這場戰爭，路德的訴求反而藉此擴散到全德國。

多馬・閔采爾
（1489-1525）

3 為什麼新教徒要寫成「抗議者」？

相對於被稱為「舊教」的羅馬天主教，路德教派與後面會再談到的喀爾文教派等派別，則被稱爲「新教」，但爲什麼這些新教徒的英文卻寫成「protestant」（抗議者）？

這樣的稱呼是有特殊理由的。

一五二一年時，神聖羅馬帝國皇帝查理五世在沃木斯剝奪了路德的公民權，並禁止信仰路德教派。另一方面，鄂圖曼帝國在西元一四五三年攻下君士坦丁堡、滅了東羅馬帝國，持續往西方擴張勢力版圖，甚至將軍隊推進至哈布斯堡王朝根據地——奧地利的維也納。

此時，法國國王法蘭索瓦一世（查理五世的宿敵）與鄂圖曼帝國的蘇萊曼一世，聯手攻打神聖羅馬帝國。查理五世爲了保住維也納，想集結德國諸侯的力量，於是西元一五二六年時，在萊茵河中游的施派爾召開帝國會議，暫時中止對信仰路德教派的禁令討論，使得德國國內的路德教派再度活躍起來。另一方面，維也納則在鄂圖曼帝國的猛烈砲火攻擊下幾乎失守，幸好冬季嚴寒的氣候，讓鄂圖曼帝國軍隊不得不撤退，維也納才撿回一命（西元一五二九年）。沒想到維也納一安全，查理五世翻臉比翻書還快，立刻又在施派爾召開帝國會議，決心禁止信仰路德教派。

「有完沒完啊。」

支持路德派的五位諸侯與十四座城市，忍不住向查理五世遞出抗議狀。由於有此抗議（protest），因此後來便以「protestant」來稱呼新教徒。

4 喀爾文的激進言論

約翰．喀爾文（西元一五〇九～一五六四年）出身法國，父親是法學家。他十四歲就進入巴黎大學就讀，學習法律與神學。年近三十時，接觸到路德的《九十五條論綱》並深感共鳴。當時，巴黎支持路德主張的人越來越多，法國政府也開始出手鎮壓，支持者們因此開始逃離巴黎，喀爾文自己也在西元一五三四年時逃到了瑞士的巴塞爾。

西元一五三六年，喀爾文在巴塞爾出版了《基督教要義》。身為神學家的他，同時也是公認的優秀辯論者，這部作品就是以邏輯為武器所寫的，還為了強化論述多次修訂、增補和改版。在這樣的過程中，他的中心思想「預選說」也逐漸成形。

喀爾文認為，信仰的根本是《聖經》，並否定天主教教宗。在這方面，他和路德的意見是相同的。但他認為，無論是神職人員、領主，還是一般市民，所有人在《聖經》和法律面前都是平等的，並進一步主張**「預選說」**。

「早在一開始，上帝就決定好誰的靈魂能獲得救贖。」

天主教會是這樣說的：死後會去天國或地獄，將在

約翰．喀爾文
（1509-1564）

最後審判時決定。因此在世時必須多多行善，好讓自己能通過最後審判。

但人們該怎麼做才算是行善，又要由誰來判斷呢？當然就是由天主教會的最高權威——教宗來決定。如此一來，將土地獻給教會、大量捐獻就變成最容易理解的善行。教徒們對此深信不疑，除了按時上教堂做彌撒，也聽從神職人員的指示。

但如果死後的命運早在出生前就已決定的話，那麼不論上教堂祈禱或奉獻金錢，都是沒有用的。聽到這種論點，天主教會的領導階層當然認為喀爾文的「預選說」是要來拆臺的。

多年前第一次聽說喀爾文的「預選說」時，我心想：如果出生時就已決定死後會前往天國或地獄，那麼就算隨興生活，也完全不必在意，不是嗎？但相信喀爾文說法的人卻不這麼認為。

他們認為，由於自己是獲選要前往天國的人，所以才應該要克制欲望、執行自己的天職（也就是職業），以顯示自己的確配得上這份榮耀。另外，喀爾文同時也教導大家，在對於「自己是天選之人」有所自覺的情況下拚命工作，所累積的金錢也將是上帝的財富。

這種論點讓喀爾文的「預選說」受到工商界歡迎，信徒也越來越多。另外，也有越來越多仔細研讀《聖經》、勤學不倦的知識分子改信喀爾文教派。社會學家馬克斯·韋伯在《新教倫理與資本主義精神》中認為，資本主義的原型，正是從喀爾文教派人士的生活方式和所獲得的成果中衍生出來，並日漸成熟的。

法國的「胡格諾派」和英國的「清教徒」（Puritan）都是喀爾文教派的分支。一六二〇年搭乘五月花號前往北美洲的一〇二位首批朝聖者（Pilgrim Fathers）就是清教徒。

喀爾文出逃到瑞士後，受到日內瓦市民的高度支持，因此自一五四一年起，喀爾文就以日內瓦為舞臺，花費二十年以上的時間領導宗教改革、推廣神權政治。他敦促市民必須有神選之人的自覺，應當清廉正直地生活，勤勉工作。

若要比較路德與喀爾文的宗教改革，在天主教全盛時期主張「回歸《聖經》」的路德，的確是非常偉大的領袖；喀爾文培養出得以支撐資本主義的新興階級思想，功績也與路德不相上下。但另一方面，這兩人竟然接連出現在世界上，更讓人感受到歷史的不可思議。

5 天主教會的反擊

西元一五三四年，英格蘭國王亨利八世（西元一五〇九～一五四七年在位）發布了《至尊法案》，宣布英王是英格蘭教會的最高權威，而非教宗。會制定這項法案，是由於教宗不許亨利八世離婚再娶。但這只是表面上的理由，眞正的原因是教會累積了大量的財富，而且不用繳稅。亨利八世想把將這大批財產收歸國有，因此將英格蘭教會置於自己的管轄之下。

至於讓亨利八世頒布《至尊法案》的最後一根稻草，則是路德的宗教改革動搖了天主教在歐洲大陸的權威，甚至連喀爾文這樣的人都出現了；批判天主教的聲浪也已跨越海峽，來到英國。亨利八世研判，局勢已成熟到可以採取行動。

當時，德國和北歐幾乎都是路德教派的天下，就連原本天主教勢力固若金湯的法國，也被胡格諾教派信徒拿下近一半的江山；至於英格蘭，則已轉爲英國國教派（聖公會），從前支配歐洲全境的天主教勢力驟減。

亨利八世
（1509-1547 在位）

宗教改革的導火線雖然是贖罪券，但最主要的原因還是神職人員的怠惰和墮落，以及對這些行爲的嚴厲批判。有鑑於此，天主教會內部出現了許多深刻反省的呼聲。另一方面，信徒減少也會對教會的經濟產生極大影響，因爲基本上，天主教會的神職人員是不進行生產工作的，包括教宗在內的各級主教和神父都是。一旦教徒的奉獻驟減，他們的生活也會變得貧困。

在維持信仰和教會組織這兩項需求下，天主教會也開始起身抵抗宗教改革。一馬當先的是在巴黎大學（神學最高學府）求學的年輕人們。他們爲了改革教會，於是聚集在一起，創立耶穌會。西班牙文的「耶穌會」（Compañía de Jesús）有「耶穌的軍隊」之意（注：這反映了創立者依納爵的軍人背景）。要成爲耶穌會士，必須發三個誓願：守貞、清貧、服從教宗的命令。西元一五四〇年，在教宗保祿三世的認可下，耶穌會正式成立。這是個不惜與批判教會者正面衝突（包括武力）的堅強團體，而耶穌會士也都擁有相當高度的邏輯思考力與宗教熱情。耶穌會的創立者中，最有名的是羅耀拉的依納爵（西元一四九四～一五五六年）和方濟・沙勿略（西元一五

○六～一五五二年）等人。

同時，教宗也爲了平息爭論、修補教內的裂痕，召開特利騰大公會議。從西元一五四五年到一五六三年，會議斷斷續續地舉行。會議的結果，天主教會一方面強化對新教的抵抗策略，另一方面也決定必須嚴格取締神職人員的腐敗和墮落。至於那些容易招致教徒誤解的華美服裝或教堂內部的裝飾品，也一概請大家多多自制。

另外，爲了增加天主教徒，會中評估應擴大新的宗教勢力範圍——也就是傳教至新大陸及亞洲，也因此，方濟．沙勿略才會在西元一五四九年時登陸日本的鹿兒島。

歷經宗教改革後的歐洲，羅馬天主教的勢力雖然減弱了，卻反而成爲他們向新世界擴張的契機，也使天主教一舉成爲世界性宗教。

羅耀拉的依納爵
（1494-1556）

方濟．沙勿略
（1506-1552）

《奧格斯堡和約》對路德教派的認可

雖然左右搖擺不定，但非常致力於壓制路德教派的神聖羅馬帝國皇帝查理五世，後來在西元一五五五年時於奧格斯堡召開了帝國會議，議題就是如何處置路德教派。

沒想到，被召來的德國諸侯及直接聽令於皇帝的各大城市代表，決議在自己的領地內認可信仰路德教派的自由。這下子，查理五世不得不低頭，因為支持宗教改革的民眾數量，早已有了驚人的成長。

原先他並不認可自己領地內的宗教自由。但由於會議中提出了「教隨國立」的原則，也就是皇帝無法干涉諸侯及市長的信仰自由，因此信仰路德教派的人，只要住在那些認可新教的領國或都市就行了。

神聖羅馬帝國皇帝的地位，有點像日本德川幕府的將軍，但他對帝國內各諸侯的控制權沒有將軍那麼強。各領地的政治組織及信仰，原本就是由領主自己決定的，如果支持和信仰路德教派的諸侯及城市增加，那麼皇帝就不得不放棄己見。

這場帝國會議最後簽署了《奧格斯堡和約》，但查理五世對這份和約非常失望，第二年就退位，兩年後便辭世。另一方面，比路德教派更激進的喀爾文新教徒，並未在奧格斯堡會議中獲得認可，要等到三十年戰爭（西元一六一八～一六四八年）結束、簽訂《西發里亞和約》，喀爾文教派才正式獲得與路德教派相同的待遇。

6 哲學開始走向近代理性世界

前面提過，在托馬斯．阿奎那（約西元一二二五～一二七四年）的時代，士林哲學透過柏拉圖和亞里斯多德的哲學思想，精密建構出以信仰至上的世界觀。他雖然成功地架構出以神爲頂點的世界秩序，卻又在文藝復興與宗教改革的浪潮下遭到破壞。這是因爲人類已經了解到，以理智思考事物、不將上帝視爲絕對的重要性。路德及喀爾文所提出的問題，也是因爲有這種理性思考，才有可能成立。

另外，時代也走出信仰至上的氛圍，邁向理性與自然科學的世界，而這也是「近代」的開端。站在前鋒的思想家，就是英國的培根（西元一五六一～一六二六年），他與伽利略（西元一五六四～一六四二年）及克卜勒（西元一五七一～一六三〇年）是同一個時代的人。

伽利略和克卜勒就是爲「地動說」提出證據的科學家。「地球會動」這件事情從根本動搖了托馬斯．阿奎那的世界觀，讓人類從以神爲主的世界秩序中獲得自由，引發歐洲在哲學和自然科學方面的理性思潮，並開花結果，這或許也可說是「地球動起來」的時代。

托馬斯．阿奎那
（約 1225-1274）

知識就是力量

培根，他是爲歸納法建構出系統的人。

「歸納」的原文是「induction」，原先是「誘導」的意思。換言之，**所謂的「歸納法」，就是大量收集針對某事象的觀察與實驗結果，並從共通事實引導出一般性原理與法則**。舉例來說，調查使用兩隻腳走路（共通事實）的動物後，發現只有人類和部分的猴子；由此可知，人類與猴子是相似的生物（一般性原理與法則），這就是歸納法。

也許大家會覺得：「不會吧？就這樣而已？」但歸納法的重點在於「不容許神的介入」。不使用神學或現有邏輯來判斷事物，只從現實世界中的各項事實來驗證，並獲得結論。而這也是近代科學方法論的起點。

培根認爲自然是有限的，因此只要能累積數不清的實地觀察和實驗，應該就能觸碰到自然的核心。這類以培根的歸納法爲始的英國哲學思潮，被稱爲「經驗主義」。用比較極端的話來說，即爲「知識就是力量」；這裡的

培根
（1561-1626）

伽利略
（1564-1642）

克卜勒
（1571-1630）

「力量」不是上帝的，而是人類的。

人類的四種偶像

培根雖然提出觀察與實驗的重要性，不過他也理解，我們常以誤解、成見或偏見來解讀實驗和觀察的結果。

培根警告世人，人類容易受到某些性質影響，而被偏見或成見所囚。這裡的「性質」在拉丁文中稱爲「idola」，一般譯爲「偶像」或「幻影」，和我們現在所說「偶像明星」的「idol」是同一個詞源。對粉絲來說，偶像明星就是他們心中理想型態的具現化；而培根所提到的「偶像」，有部分的確和偶像明星相同，這是由於人們並沒有正確地觀看事物，才會將他們偶像化。

培根在《新工具》一書中提出警告，人類有四種偶像。不管累積了多少嚴密的觀察和實驗，若疏忽了這四種偶像的存在，就很容易遺漏世界的眞實。

一、**種族偶像**：人類原本就有自然上的偏見，也就是依自己偏好去思考對方的事。討厭的事情就給予過低的評價，喜歡的東西則給予過高的評價，只看自己想看的東西。以我來說，也常會有這種感覺，不過現代科學卻認爲，這是大腦所擁有的一種特質。

二、**洞窟偶像**：簡單來說，就是受個人經驗左右，導致看待事物的方式有所扭曲；也就是彷彿從狹窄的洞窟向外窺看世界，無法看清楚事物。比方說，由於童年的悲慘體驗，任何事都悲觀以待；或是由於社會經驗較少，只能以自我為中心來判斷價值的「井底之蛙」都屬於這一類。

三、**市場偶像**：也可說是由傳聞建構成的偶像。簡單來說，就是在人潮中聽見耳語傳聞，因此誤判事實，還以為自己已經理解。被八卦報導耍得團團轉也屬於這類情形。

四、劇場偶像：又稱為「權威偶像」。這意思是說，若說話者是舞臺上有名的演藝人員，或宏偉寺廟中頗具權威的宗教家，人們往往會毫無疑問地相信。這也是經常發生的偏見。

為了避免大家以自己的方式去解釋自然現象和實驗結果，或是粗略地以現有的概念去分析，培根點出這四種偶像的存在。時至今日，這四種偶像對現代人來說仍是很實際的警告，令人想不到這是四百年前的話語。另外，培根的《學術的進展》也是部名著。

莎士比亞是培根的筆名？

培根是非常優秀的哲學家，也是位國會議員，還寫過《新亞特蘭提斯》這樣描寫烏托邦的幻想小說，可說非常多才多藝，也是很有話題的一號人物。甚至有人認為，威廉．莎士比亞（西元一五六四～一六一六年）很可能就是培根的筆名；畢竟這位有名劇作家的謎團實在太多。

培根和莎士比亞都是伊莉莎白一世（西元一五五八～一六〇三年在位）時代的人。

伊莉莎白女王不只擁有才智兼備的參謀和部下，她本人也是非常開明且優秀的政治家。她不但不迫害清教徒，還將工商業交給他們掌管，甚至打敗當時被稱為「歐洲最強」的西班牙無敵艦隊，開啓了英國的海上霸主時代。也因此，她在位的時代被稱爲「英格蘭的文藝復興」，充滿自由開放的氛圍。

莎士比亞的作品總給人一種不受現有宗教觀和社會常識的限制、赤裸裸表現出人類喜怒哀樂的感覺。我想這應該就是理性思考已經開始在社會大眾之間扎根的證據。

另外，培根《新工具》是拉丁文書名「Novum Organum」的直譯，這個書名所對應的，正是亞里斯多德的邏輯學著作《工具論》（*Organon*）。或許培根認爲，歸納法是用來解析眞理的新工具，因此才下了「Novum Organum」這樣的標題吧。

讓英國經驗主義得以發展的洛克

相對於身處同時代的培根與伽利略，洛克（西元一六三二年～一七〇四年）則和牛頓（西元一六四二～一七二七年）是同時代的人。

自培根的時代起，這一百年來自然科學的不斷進步，可用牛頓做爲代表人物。另一方面，洛克既是一位哲學家，同時也是政治思想家。他以邏輯擁護光榮革命一事可說非常有名。

洛克讓經驗主義更加進化。他認爲**剛出生的人類是「白紙一張」**（tabula rasa）。這個詞的原意是指沒有書

伊莉莎白一世
（1558-1603 在位）

寫任何東西的板子。嬰兒的心靈因爲尚未接收任何外界的印象，就像一張白紙，所以沒有任何既定觀念。洛克認爲，人類在接受教育、累積經驗後，才會變得聰明。這種說法確實就是經驗主義，且這種「人類出生時是張白紙，藉由經驗與學習才變聰明」的思考方式，剛好與另一種思考方式對立，也就是「人類原先就擁有善心，而能將這種性質提煉出來的，便是教育」。這種思考方式以法國的盧梭（西元一七一二～一七七八年）爲代表人物。

洛克用「白紙一張」所代表的經驗主義，透過著作《人類理解論》完整其體系。此外，身爲政治思想家的他還發表了《政府論》，以「人類打從出生起，便是自由平等的（自然法）」爲前提，展開他的「社會契約論」。社會契約論的主旨在於，國王和政府能行使權力，乃是因爲有市民的信託（trust）；政府或國王若無視市民的意志、剝奪其自由或財產（所有權），甚至是生命的話，市民就可以抵抗並更換政府（抵抗權）。

這項論點是用來主張光榮革命（西元一六八八～一六八九年）合理性的，因爲信奉君權神授說的詹姆斯二

盧梭
（1712-1778）

牛頓
（1642-1727）

洛克
（1632-1704）

世（西元一六八五〜一六八八年在位）在光榮革命後遭到流放。直至今日，洛克仍被奉為「自由主義與民主主義之父」。

除了發展培根的經驗主義，洛克也在以牛頓為代表的自然科學領域中學到了不少。

雖然據說牛頓是「自然神論」者（注：自然神論認為，上帝雖然創造了宇宙和它存在的規則，但在那之後，上帝就不再干涉這個世界的發展），但他認為，完美上帝所創造的世界，必然擁有完美的規律，因此才會發現萬有引力法則。換句話說，能發現萬有引力法則，不過是證明完美的神確實存在罷了。

另外，洛克的《論寬容》，正是闡述政教應嚴格分離的作品；至於諾齊克的《無政府、國家與烏托邦》則以現代風格，將洛克的所有權論重新融會貫通後，推演出自由主義的思想。

自我只是一束知覺

關於確立英國經驗主義的幾位哲學家，先是培根，培根死後則有洛克，而洛克死後，休謨出生了。這幾個人幾乎是無縫接軌。

休謨（西元一七一一〜一七七六年）是經驗主義集大成之人，直到今天仍享有非常高的評價。

人類有眼、耳、鼻等感官可用來分辨、感受外界事物，並加以學習。這項行為稱為知覺（perception）。休謨認為，知覺可分為兩種，分別是印象（impression）與觀念（idea）。一開始只有印象，比方說「那個人好漂亮」「這個非常有趣」之類的。這類印象不斷重疊後，就會產生觀念；不過印象雖然能產生觀念，觀念卻無法產生印象，這兩者的關係是不可逆的。換言之，休謨所謂的「觀念」，具體來說是由人類感知到的印象而生，並非獨立存在的東西。

休謨也對因果關係（因果性）抱持疑問。

人類非常容易認爲「有因必有果」，就像「因爲那傢伙很壞，所以才會變成那樣，他罪有應得」之類的推論。但仔細想想，輕易就將原因與結果連結在一起，不過是人類根據經驗推測未來的心理習慣罷了。因此休謨提出疑問：因果關係是否眞的存在？在獲得A印象後，又得到了B印象，人類便擅自認爲兩者之間必然存在某種關係，但那不過是唯有在自己心中才能成立的聯想必然性。休謨也認爲，那是只有本人才相信的虛僞觀念。

因果關係是否眞的存在，又或者並不存在？目前尚未出現能爲此疑問提出結論的理論。

休謨又說，自我只是「一束知覺」。

原爲一張白紙的人類，逐漸從外部接收大量的印象，並因此產生許多觀念；印象逐漸增加，新的觀念也會跟著增加。這樣一來，當下這個瞬間的自我，與明天又產生了新觀念的自我，會是同一個自我嗎？又或是另一個自我？

人類經常從外界接收各種不同的印象，像是「足球很有趣」「肚子會餓」「休謨好難懂」「我喜歡那個人」

休謨
（1711-1776）

等，並形成新的觀念，接著逐漸成爲「一束知覺」。但知覺裡的東西時時刻刻都在變化。若人類眞的只是一束知覺的話，那麼相同的自我是否存在？如果在每個瞬間切開這束知覺，那個切口會是自我嗎？

休謨除了集經驗主義之大成外，也提出了「自我只是一束知覺」這個非常根本的問題。而且這個「一束知覺」和現代生物學研究其實擁有共通的問題意識。

日本生物學家福岡伸一曾提出「動態平衡」的概念。簡單來說，就是現在的生物學已經知道人類的細胞會不斷變化。過了一星期或一個月後，老舊的細胞就會全部都被替換掉，但「自我」這個存在依然在此。換言之，人類的細胞無時無刻不在變化，「一束知覺」的內容也會跟著變化，雖然這些都會變動，但自我這個生命體仍然是相同的。福岡博士稱此爲「動態平衡」。

事實上，過去就有「忒修斯之船」或「赫拉克利特之河」的命題，不過休謨所提出「如果一束知覺不斷變化，那麼做爲本體的自我是否存在」的問題，與「動態平衡」更息息相關。順道一提，「忒修斯之船」是指忒修斯有艘從克里特島回到雅典的船，由於船上的木材腐朽，因此一一換成新的木材，等到幾乎所有零件都換成新的東西後，這艘船還是原先的那艘嗎？同樣的，赫拉克利特也曾提出，人不能踏進同一條河流兩次，因爲其中流動的水早就不同了。

休謨是亞當．斯密（西元一七二三～一七九〇年）的朋友。

亞當．斯密是《國富論》的作者，也是第一位將經濟學體系化的重要學者。他認爲「分工」

與「交換」乃是文明的基礎，而財富的泉源就在於勞動。他批評受到政府保護和管制的重商主義，認為以人類利己之心為基本主軸（自由放任）的市場，才是自由主義經濟的根本。但他同時也寫了《道德情感論》，指出同理心的重要性。亞當・斯密是個懂得如何獲取平衡的人，絕非單純只注重市場萬能主義（私益＝公益）。

休謨不受既有觀念束縛，藉由思考人類的存在，集經驗主義的哲學理論之大成，與確立市場經濟的亞當・斯密，同樣是為世界打開近代化大門的重要人物。就培根、洛克和休謨這三人來說，洛克似乎是最有名的，但休謨的哲學體系卻是最龐大的。若想多了解休謨的思想，建議各位閱讀他的《人性論》和《倫理、政治、文學論文集》。

亞當・斯密
（1723-1790）

7 英國經驗主義與歐洲理性主義

英國經驗主義自培根、洛克、休謨一路發展而來；而幾乎在同一時期，歐洲大陸上則有笛卡兒（西元一五九六～一六五〇年）、斯賓諾莎（西元一六三二～一六七七年），以及萊布尼茲（西元一六四六～一七一六年）等人，發展出後來被稱為「歐洲理性主義」的哲學潮流。

英國經驗主義將「歸納法」做爲探究眞理最重要的方法，從個別事例導引出一般法則。相對於此，歐洲理性主義則將重心放在「演繹法」（deduction），也就是先列出一個命題爲前提，不依靠經驗而直接推展邏輯，並且藉此獲得一定結論。

歐洲理性主義哲學的先驅，也是最重要的代表人物——笛卡兒，將前提的命題訂爲「天生觀念」（innate idea，並非依賴經驗，而是人類一出生就有的觀念）。他認爲，人類呱呱落地時並非一張白紙，而是帶著某些與生俱來的概念出生的。事先假設有此天生概念，對笛卡兒的哲學發展有很大的幫助。後面會再說明歐洲理性主義，這裡就請大家先記得「天生概念」這個詞彙。

或許大家也發現了，洛克所提出「白紙一張」的思考方式是與「天生概念」相反的想法（意指人類具備的是「後天概念」〔acquired idea〕）。

萊布尼茲
（1646-1716）

斯賓諾莎
（1632-1677）

笛卡兒
（1596-1650）

「我思故我在」的內涵

不依靠任何事物、懷疑一切、保留所有判斷不加斷定的哲學立場，稱爲「懷疑主義」。懷疑主義早在西元前四到三世紀時就已出現（當時稱爲「皮浪主義」，來自於跟著亞歷山大大帝東征的不可知論哲學家皮浪），而柏拉圖的學院裡也有人繼承這樣的思想。

這樣的懷疑主義也在人性獲得解放的文藝復興時期捲土重來。洛倫佐・瓦拉的《論快樂》和蒙田的《隨筆集》裡都繼承了同樣的精神。另外，如前面提過的，休謨就是站在懷疑主義的立場，對因果關係提出疑問。

笛卡兒的哲學也不能說與懷疑主義毫無關係。

笛卡兒出生於布列塔尼，父親是布列塔尼議員。笛卡兒十歲時進入耶穌會學校就讀，在校表現非常優秀，據說他經常在一般認爲調和了信仰與理性的士林哲學中，加入數學方法以進行討論。十八歲畢業後，至法國中部的普瓦捷大學研讀法律和醫學，並和許多當時在自然科學界做爲先鋒的優秀數學家十分親近，也因此培養出有如幾何學般具備邏輯與理性的認知精神。

西元一六一六年，笛卡兒二十歲時自大學畢業，而就在前一年，教廷頒布禁止地動說的敕令。時代已開始轉動。

據說笛卡兒大學畢業時，曾說過這樣的話：

「大學的書我已念完，不再需要了。接下來我要到世界各地旅行，從『世界』這本大書裡學習。」

之後他便以荷蘭爲起點，先是在德國參加三十年戰爭，接下來又去了威尼斯、羅馬、巴黎，再回到荷蘭，在那裡以法文寫下《談談方法》並發行出版。那是西元一六三七年的事。

就是在這本書中，出現了非常有名的一句話：「我思故我在。」順帶一提，這句話的拉丁文「Cogito, ergo sum」其實是後來由別人所譯的。

在遊歷諸國超過二十年的漫長旅程中，笛卡兒所思考的，就是打造出能取代托馬斯·阿奎那所建構以神爲中心的世界——一個由全新眞理支配的世界。

爲了達成此宏願，其中一件該做的事，就是脫離懷疑主義。儘管對神的存在與否採取保留態度並沒有錯，但這樣是絕不可能有所進展的。因此，笛卡兒構思一種不以懷疑爲目的，而是把它當成手段的方法，稱爲「方法懷疑論」。這種推論方式是徹底懷疑所有事物，如果最後留下了什麼無法懷疑的東西，那可能就是不動如山的標準。

因此，他將自己的懷疑之網灑向所有事物，包括人類的感覺和知性的存在；當然，神也包含在內。就這樣不斷懷疑、懷疑、再懷疑後，發現世界上沒有任何確實的存在，唯有懷疑一切的自己，的確存在此處，因此「我思故我在」。笛卡兒斷定，只有這件事情是眞實無疑的，所以將此做爲自己哲學的第一原理。

他斷言「自我的存在是絕對的眞理」，而這項眞理對人類來說，比世界上其他眞理更優先，就像過去神的存在那樣。

自文藝復興時期開始的人性解放潮流，在歷經宗教改革造成的荒廢後，由於「我思故我在」

的出現，終於得以在理論上趨近完成。人類已從神的手上脫離、獲得自由，笛卡兒也才因此被稱為「近代哲學之父」。

就算「我思故我在」，神還是在

雖然曾斬釘截鐵地說，人類是脫離上帝掌握的自由存在，但笛卡兒卻重新證明了神的存在。

笛卡兒首先提出了這樣的疑問：「不管再怎麼對世上的各種事象提出疑問，人類仍是一無所知的不完美存在。既然如此，為什麼還會追求完美的事物呢？」身為不完美的存在，為什麼人類不斷想追求完美？就像正三角形或正圓形等幾何學知識，人類就是想了解更好、更美的事物，到底為什麼？

笛卡兒因此認為神的確存在。笛卡兒論證上帝存在的過程非常複雜，簡單來說，大概是這樣的：他認為，人類明明不完美，卻追求完美的事物，是因為有「明白何謂完美」的神這樣告訴我們。創造人類之時，誠實的神戰勝了惡神，並告訴人類什麼是「誠實且正確（＝完美）」的事物，做為我們與生俱來的概念。因此，打從人類一出生，就會努力追求完美。這就是笛卡兒證明神存在的方法。

換句話說，人類只要好好遵循這種觀念，努力學習，就能讓神打造的世界與自己所思考的主觀世界一致；也就是客觀與主觀達成一致。但畢竟人類並不完美，要是不好好學習、主觀思考也總是隨心所欲的話，世界就會在不完美的情況下結束。

笛卡兒的論點讓他自己獨立於「相信神存在」的信仰之外，並以自己所建構的哲學理論證明神存在。

托馬斯·阿奎那表示，哲學只適用於人類與自然的世界，無法應用在死後和宇宙。憑著天主的恩寵所打造出來的這個世界，除了透過信仰去相信，沒有其他方法能求得眞理。但笛卡兒卻認爲，這和信仰毫無關係。他將眞理定位於「我思故我在」，建構出獨特的哲學體系後，再證明神的存在。我認爲，這件事代表人類不允許以神之名束縛自我，並藉此確立純粹的自我世界。

《談談方法》是商務人士的教科書？

有種名爲「機械論」的哲學思考，認爲自然界各式各樣的運作其實並沒有特別目的，只是一連串動作的連鎖，就和機械一樣。

近代的機械論也是從笛卡兒開始的。他認爲在這個世界裡，只有人類具備精神。但仔細看看人類的身體，就會發現和其他動物或植物沒什麼兩樣。因此，在原理上，動植物也好，人體也好，和機械都是一樣的。也就是說，笛卡兒認爲宇宙和人體都受同樣的法則所支配。這種論點除了繼承古代的原子論，應該也與現代的宇宙及人類誕生理論有共通之處。

笛卡兒表示，人類的精神、意識，與做爲物體存在的肉體是不同的東西。精神與意識可以憑藉神所給予、與生俱來的觀念，透過努力學習來提高完美程度，但肉體卻不會改變。這種認爲「人類精神與肉體是分開的」想法，就是「心物二元論」。

他將有關人類如何提高自我意識的方法寫在《談談方法》一書中。這種認知方法非常易懂，應該也能運用在現代生活裡。培根曾提出四種偶像，爲我們的思考敲響警鐘，但我想笛卡兒的說法或許更清楚：

・**證明**：首先，找到毫無疑問且明確的證據以證明「這是眞理」。
・**分析**：仔細分析收集來的證據，務必連細節都一一驗證。
・**統整**：一一統整所有細節，從整體進行綜合驗證。
・**檢查**：最後檢查是否有所遺漏或錯誤之處。

這幾個證明、分析、統整、檢查的步驟，對現代的商務人士，尤其是管理者的教育來說，應該也十分有效。

笛卡兒為何命喪瑞典？

瑞典的帝國時期，也就是克莉絲汀娜女王（西元一六三二～一六五四年在位）的時代，十分致力於振興學問及文化。女王好幾次親筆修書給笛卡兒，希望學習他的學問。因此笛卡兒搭上了遠赴巴黎迎接他的瑞典軍艦，前往斯德哥爾摩。那是西元一六四九年十月的事情，當時斯德哥爾摩正要進入嚴寒冬季。

克莉絲汀娜是非常喜歡早起的女王，但笛卡兒並不是多健壯的人。或許是一大早上課對身體造成負擔，笛卡兒不幸得了感冒併發肺炎，在西元一六五〇年二月過世。

有人這樣開玩笑：被稱爲「近代哲學之父」、讓人類的思想從神的世界中完全獨立，並以那份思想的力量證明神存在的笛卡兒，該不會也難擋北歐那位魅力十足的女王吧？

克莉絲汀娜女王
（1632-1654 在位）

質疑笛卡兒心物二元論的斯賓諾莎

一般來說，歐洲理性主義認爲，眞正知識的泉源（也就是眞理的泉源）建立在人類的理性之上；笛卡兒則認爲，這項理性即人類天生具備的觀念，並建立了心物二元論。斯賓諾莎（西元一六三二～一六七七年）雖然繼承了笛卡兒的歐洲理性主義，卻也對心物二元論提出質疑。

斯賓諾莎認爲自然是完美的。和諧的季節與氣候變化所造就的美麗自然，正是完美之物，因此他認爲「自然」就是神，並以「神即自然」（**Deus sive natura**）來表現這種思考方式。傳統的宗教觀裡有所謂的「泛神論」，也就是「萬物皆有神」的論點，印度《奧義書》哲學、佛教，以及古希臘的思想都扎根於此。乍看之下，斯賓諾莎的「神即自然」的確讓人覺得是泛神思想。不過我認爲，這也可以說是新柏拉圖主義的一元論。

他的「神即自然」把人類也當成自然的一部分，並認爲完美的精神與不完美的身體並非不同的東西；畢竟身體死了的話，精神也會死去，因此笛卡兒提出的心物二元論是不成立的。

斯賓諾莎
（1632-1677）

但斯賓諾莎的思考卻讓大部分的人覺得：與其說他是泛神論，不如說更接近唯物論。唯物論相信物質才是眞正的存在。另一方面，泛神論則認爲包含宇宙在內，世上萬物都有神。斯賓諾莎雖然提倡「神即自然」，但身爲自然一部分的人類就像草木會枯萎一樣，身體和心靈將一同死去，因此否定了永遠不滅的存在，也等於否定了自然中有神的存在。

另外，「人類是自然的一部分」意即也是神的一部分，但如此一來，人類就會失去自由思考的獨立性，這是因爲只有神的意志方能存在。換言之，這項理論會走向徹底否定人類自由意志的決定論。

斯賓諾莎雖然對於笛卡兒的心物二元論提出質疑，但由於後來飽受批評，還被認爲是無神論者，在懷才不遇的情況下，年僅四十四歲便因肺結核過世。斯賓諾莎雖然出身阿姆斯特丹的富裕猶太從商家族，但據說他後來爲了生計，甚至做起了打磨鏡片的工作。代表作爲《依幾何次序所證倫理學》（簡稱《倫理學》），是他嘗試徹底演繹理論的作品。

接著是萊布尼茲的多元論

萊布尼茲（西元一六四六～一七一六年）出生於德國，比斯賓諾莎小十四歲。笛卡兒以心物二元論建構出歐洲理性主義，斯賓諾莎則以「神即自然」的泛神一元論加以反駁，但萊布尼茲又提出了另一個新的理論。

笛卡兒提出的認知方法，是經過證明、分析、統整、檢查等四個階段。若採用這種方法，萊布尼茲確實能證明斯賓諾莎的「神即自然」，也就是針對自然進行分析、統整、檢查。所謂的「自然」，就是存在於世界上的萬物。比方說，花有花朵、葉片、莖；花朵又有花瓣、雄蕊、雌蕊等等。就這樣不斷進行分解、極小化之後，希臘哲學的觀點認為將抵達「原子」的層級，但萊布尼茲卻有獨特的思考方式：他主張，花瓣與雄蕊是不一樣的存在，因此就算分解了，應該也不會變成相同的原子。

所以他將這個最小單位稱為「單子」（monad）。單子和原子不同，並不是像原子那樣「大家都一樣」的極小單位——不管是哪個單子，都與其他單子不同。因此萊布尼茲的「單子論」屬於多元論。他的思考方式和斯賓諾莎所謂「自然即神」的一元論完全不一樣。對萊布尼茲來說，自然就是擁有數量無限且多采多姿的單子集合體。

萊布尼茲
（1646-1716）

那麼，爲何世界是美麗且和諧的呢？萊布尼茲認爲，所有單子的內在都有各自的知覺力和欲求，不會和其他單子一起行動。但神會將單子的知覺力與欲求互相搭配，將它們的行動設計成能完美調和的狀態。就像小河能淙淙流動，也是由於神如此規畫設計，世界也才能如此美麗。

大家或許覺得「這未免太樂觀了吧」，在十七至十八世紀，似乎也有許多人都抱著這樣的疑問。因爲如果這種說法能成立的話，那麼世界應該絲毫不受人類的自由意志左右，而能逕自往好的方向發展。

斯賓諾莎和萊布尼茲都受到笛卡兒影響，並以歐洲理性主義爲基礎，推導出各自的思想，他們的哲學也都留下了重要的成果。若要了解萊布尼茲的哲學理論，我認爲他的《單子論》是最適合的作品。

8 從分析古代人類社會開始

接下來介紹的是與培根、笛卡兒幾乎同時代的英國哲學家霍布斯（西元一五八八～一六七九年），以及與休謨幾乎同齡的法國哲學家盧梭（西元一七一二～一七七八年）。

這兩位哲學家爲後世留下了方向稍稍不同於經驗主義或理性主義的重要成果：他們考察了上古時代（耶穌誕生前）的人類是如何生存的。

智人大約出現在二十萬年前，地點是東非大裂谷。但在霍布斯和盧梭的時代，尚未建立這樣的認知。

萬人對萬人的戰爭

霍布斯認爲，**人類生活在自然狀態下的時候，總是處在爭奪狀態**——可能是爭奪獵物，也有可能是爭奪美好的伴侶，**並以「萬人對萬人的戰爭」來表現這種狀態**。換句話說，他認爲自然狀態中的自然法則是不完美的。

就個體而言，人類彼此之間的能力並沒有太大的差異，這使得爭奪沒完沒了，永遠無法結束。爲了能讓人類和平且融洽地生活，霍布斯構思出這樣的社會結構：

人類應當將自己與生俱來的自然權利讓渡給「common wealth」。很明顯的，這是「社會契約論」的想法。「common wealth」有「聯邦」或「國家」的意思。霍布斯認爲，若沒有更高的權力能凌駕於人類之上、盡可能壓制所有人的個人主張，就不可能有和平的一天。

後來他寫了一本名叫《利維坦》的書，並用這個名

霍布斯
（1588-1679）

盧梭
（1712-1778）

字來指稱「common wealth」。利維坦是曾出現在《聖經》裡的海怪。霍布斯不提出神，而將命題設定在能否建立社會秩序。

就結果來論，他的思考達到爲「君權神授說」背書的效用。

所謂的「君權神授說」，指的是君王的支配權由神賦予，具有絕對性，因此不容許任何人反抗。開啟英格蘭與蘇格蘭共主邦聯（注：指兩個或兩個以上獨立國家共同擁戴一位國家元首）的斯圖亞特王朝詹姆士一世（西元一六〇三～一六二五年在位）就是這套理論的信奉者。繼承他的查理一世（西元一六二五～一六四九年在位）則由於施行暴政，引發清教徒革命，導致英格蘭陷入內戰。結果查理一世遭處死，當時的國會議員克倫威爾則順勢建立了英吉利共和國（西元一六四九年）。後來王政復辟，由查理一世之子查理二世（西元一六六〇～一六八五年在位）登基。

霍布斯的《利維坦》就是在如此紛亂的時代裡出版

查理二世
（1660-1685 在位）

查理一世
（1625-1649 在位）

詹姆士一世
（1603-1625 在位）

的（西元一六五一年），因此飽受批評，認爲給了「君權神授說」理論根據。事實上，在清教徒戰爭開始前，霍布斯就被認爲是絕對王政的支持者而流亡至法國；另外也有紀錄顯示，他在逃亡的過程中，也擔任（同樣逃亡中的）查理二世的家教。

盧梭的「回歸自然」與「公共意志」

盧梭認爲，當人類生活在自然狀態下的時候，雖然非常珍惜自己，卻沒有排除他人的想法。因此，人類在大自然裡並不會互相爭奪獵物，也不會爲了伴侶大打出手。也就是說，在自然狀態裡，自然法則是完美的。關於這點，洛克與盧梭的想法是一致的。

無欲求且沒有爭奪概念的善良人類發展出自身智能後，打造出物質文明，並出現了貧富差距。此時，人類爲了守護自己的資產，開始互相爭奪、彼此競爭。盧梭在《論人類不平等的起源與基礎》一書中主張，人類是因爲這個緣故，才會大打出手、演變成霍布斯所說的爭奪狀態。

「回歸自然」（retour à la nature）可用來表現盧梭的根本思想，也就是必須恢復善良、自由、幸福這種根源性的純粹。但嚴格說來，這句話並沒有確切的出處，也未見於盧梭本人的著作中。

話又說回來了，究竟要打造怎樣的國家，人類才能和平共存呢？

盧梭提出的概念是「公共意志」（公意），**可說是將自然人與生俱來對自己與他人的愛擴大而成的概念**。指的是社會結構中的每位成員都捨棄利己之心、冀求公共正義的意志，也可說是一種互助的精神。

舉例來說，一座都市不該讓市民以個人的利己之心（私意）來經營，而要結合公共意志與市長等都市經營者（主權者），打造出理想的政治體制。盧梭也認爲，（市民的）直接民主制可以是統治的型態之一。

比較霍布斯、洛克和盧梭的社會契約論，我們可以發現以下的差異：

霍布斯和洛克提出的社會契約論，是基於對「議會政治」這種體制有充分認知而建立的理論；相對的，盧梭的思想是法國絕對王政下的產物。在盧梭「公共意志」的理論中，主權者與市民的平等是必要條件，而這般思想也與人民主權論產生連結。這也是他的社會契約論爲何能對法國大革命的思想產生極大影響。

所謂的「回歸自然」並不僅限於回歸到原始狀態，也包含了取回人類原本就具備的主權。霍布斯、洛克、盧梭等人所提出的社會契約論政治原理，後來則由寫下《正義論》的約翰·羅爾斯（西元一九二一～二〇〇二年）等人繼承。

盧梭除了是位作曲家，也有許多著作，包括《社會契約論》、談論教育的《愛彌兒》、自傳《懺悔錄》等。

此外，比盧梭稍年長的法國貴族孟德斯鳩（西元一六八九～一七五五年）由於受到英國政治思想的影響，而對法國的絕對王政提出批判，並倡議三權分立，深深影響了美國獨立和法國大革命。孟德斯鳩最主要的著作，是耗費二十餘年光陰所寫、於西元一七四八年出版的《論法的精神》，兩年後便有了英文譯本，也讓三權分立的觀念立刻傳遍全世界。

多佛海峽兩岸的人與思想

試著驗證霍布斯與盧梭的哲學，會發現霍布斯在觀念上有非常強烈的「利維坦」思想，較接近歐洲理性主義的笛卡兒體系。

相反的，盧梭的社會契約論則有洛克思想的影子，並進一步發展出他自己的理論。當時英國與歐洲哲學家的交流往來十分頻繁，而在英國經驗主義與歐洲理性主義的交流中加入關於政治哲學的論爭，最終發展出近代理性主義。

原先由士林哲學描繪出的整合性世界秩序雖被破壞殆盡，但當時在多佛海峽西北邊，有著與歐洲大陸不同的議會制君主國家存在（英國），我認爲是具有深遠意義的。

除了經濟，英國與相隔一座多佛海峽的歐洲大陸在思想上也一直有深層的交流。從這樣的歷史脈絡來思考，我認爲英國脫歐其實是很不可思議的決定，說不定將來某一天會再回到歐盟呢。

孟德斯鳩（1689-1755）

哲學下午茶2

一元二元多元論

關於**「一元論」**（monism），詞典中的解釋是：一、僅試著以一項原理來說明一切的思考方式。二、使用物質、精神或兩者皆非的第三種實體，以統整性方法來說明世界的哲學立場。這樣就很容易理解了，像是柏拉圖的「理型論」或基督教的「三位一體說」都屬於這種類型；分析宇宙成形的「大霹靂理論」也是這一類。

「二元論」（dualism），則是：針對某對象的考察，使用兩種根本性原理或某兩種要素來說明的思考方式。一、認為宇宙構成的要素為精神與物質兩種實體，以笛卡兒的心物二元論為代表。二、將世界視為善惡兩種原理（神）爭鬥的宗教，如瑣羅亞斯德教和摩尼教等。

「多元論」（pluralism）是：一、認為世界是由相互獨立的大量根本性原理或要素所構成的世界觀。二、廣義上來說，是針對某個對象或領域，認為其中有相互獨立之大量根本性原理或要素共存的思考方式。「陰陽五行說」和亞里斯多德的「四性說」應該就屬於這一類。

直到現在，當我不明白某個詞語的意思時，都會先翻查詞典，幾乎所有不解之處都會變得非常清晰。我也推薦各位，在什麼都要上網查之前，先找到一本好的詞典，隨時放在自己身邊。

哲學下午茶 3

從歌劇變成兒歌

盧梭於西元一七一二年出生於瑞士的日內瓦，父親是一位富有的鐘錶工匠，但母親卻在生下他幾天後就過世。

盧梭的樣貌與母親相似，少年時期便長得十分俊美，或許是為了向父親看齊，一直非常熱衷於學習。但盧梭的父親卻在他十歲時，因為與當地貴族發生爭執、捲入訴訟，後來逃離了日內瓦，盧梭與哥哥也因此頓失依靠。

盧梭的哥哥靠著親戚幫忙，在附近的工匠家工作，沒想到後來哥哥也逃走，不知去向。住在日內瓦郊外的牧師收留了盧梭，並把他送到各處工作。雖然一直遇到嚴厲使喚、欺凌他的慣老闆，他仍透過孜孜不倦的學習以忍受這一切。在經歷連書本都會被丟棄的悲慘日子後，盧梭成為一位為了自保和守護內心而學會說謊或犯下一些小惡的少年。十五歲的時候，某件小事成為壓垮他的稻草，於是逃離工作的地方。

盧梭離開日內瓦後，向南前往義大利的杜林，但並沒有特別的打算。在當地流浪的他，後來被當地的神父暫時收養。神父為了讓盧梭有個安穩的落腳處，將他介紹給美麗的貴婦瓦倫斯。這件事後來成為盧梭人生的重要轉捩點。

當時十五歲的盧梭不曾接觸過母愛，內心也因不公平的對待變得扭曲，但瓦倫斯夫人的美貌與溫柔笑容，讓他既像是見到母親般安心，也覺得像情人般心動。他非常迷戀瓦倫斯夫人（據說她當時二十九歲），而夫人最初雖是以母親的態度接受盧梭的強烈愛慕，但後來也回應了他的愛情。當時盧梭約二十歲左右，瓦倫斯夫人則約為三十五歲。兩人的戀人生活大約持續了五年左右。

這是盧梭第一次了解何謂母愛，也是第一次品嘗與戀人生活的喜悅，讓他如沐春風，沉醉在這般生活中。在這段儘管短暫，卻十分不可思議的時光裡，盧梭在夫人的引導下貪婪地閱讀、勤勉向學。不但讀完了洛克與笛卡兒等人的著作，也開始學習夫人非常喜愛的音樂。

和瓦倫斯夫人分開、獨自生活後，盧梭創作了許多曲子，其中一部作品是單幕歌劇《鄉村占卜師》，還曾在巴黎皇宮劇院上演。其中有一首歌曲後來改頭換面，成為大家耳熟能詳的兒歌《銅鈴響叮叮》流傳下來。

盧梭
（1712-1778）

第10章
由近代走向現代

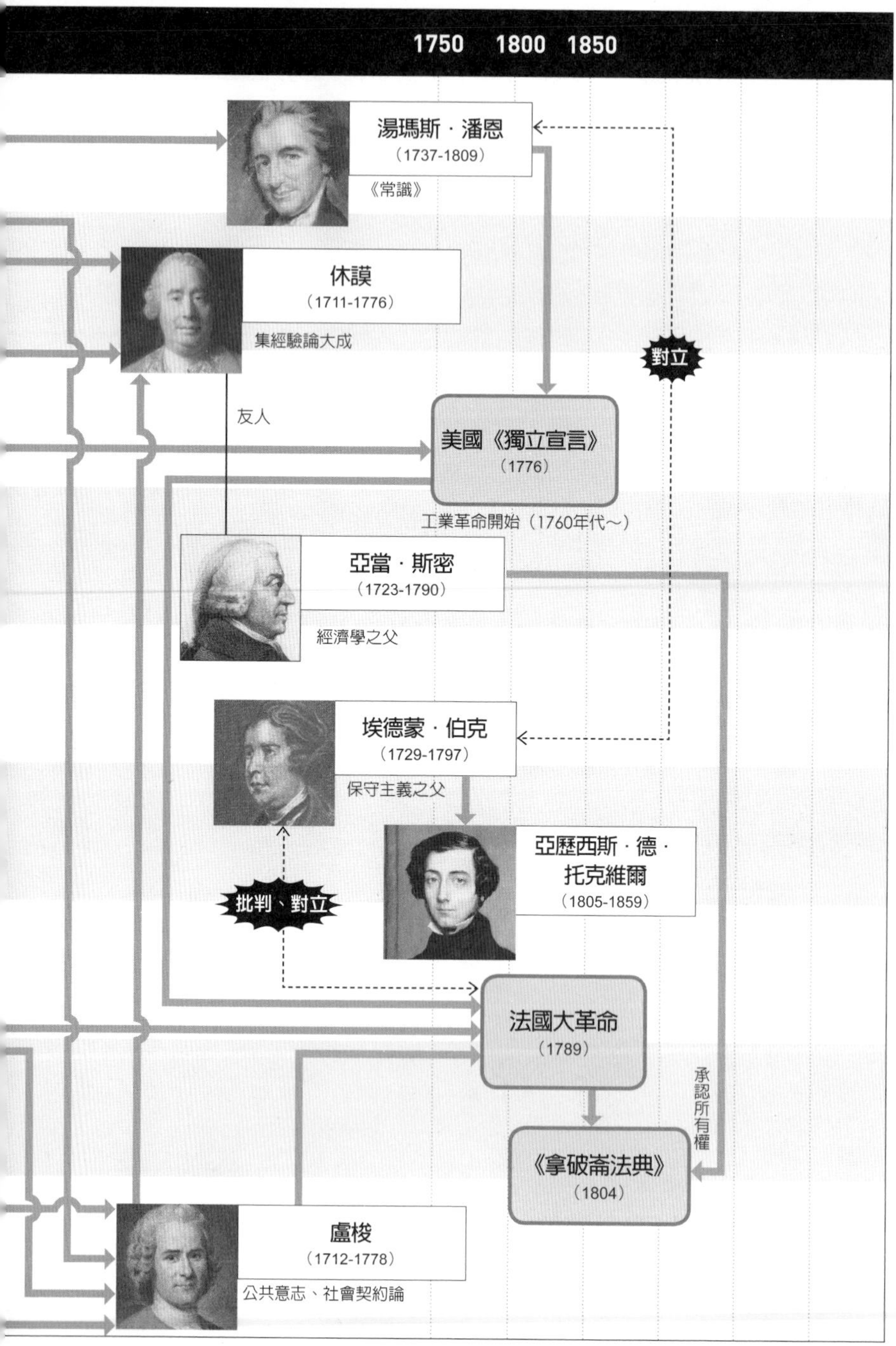
1750
1800
1850
湯瑪斯．潘恩
（1737-1809）
《常識》
休謨
（1711-1776）
集經驗論大成
對立
友人
美國《獨立宣言》
（1776）
工業革命開始（1760年代～）
亞當．斯密
（1723-1790）
經濟學之父
埃德蒙．伯克
（1729-1797）
保守主義之父
亞歷西斯．德．托克維爾
（1805-1859）
批判、對立
法國大革命
（1789）
承認所有權
《拿破崙法典》
（1804）
盧梭
（1712-1778）
公共意志、社會契約論

英國經驗主義與歐洲理性主義

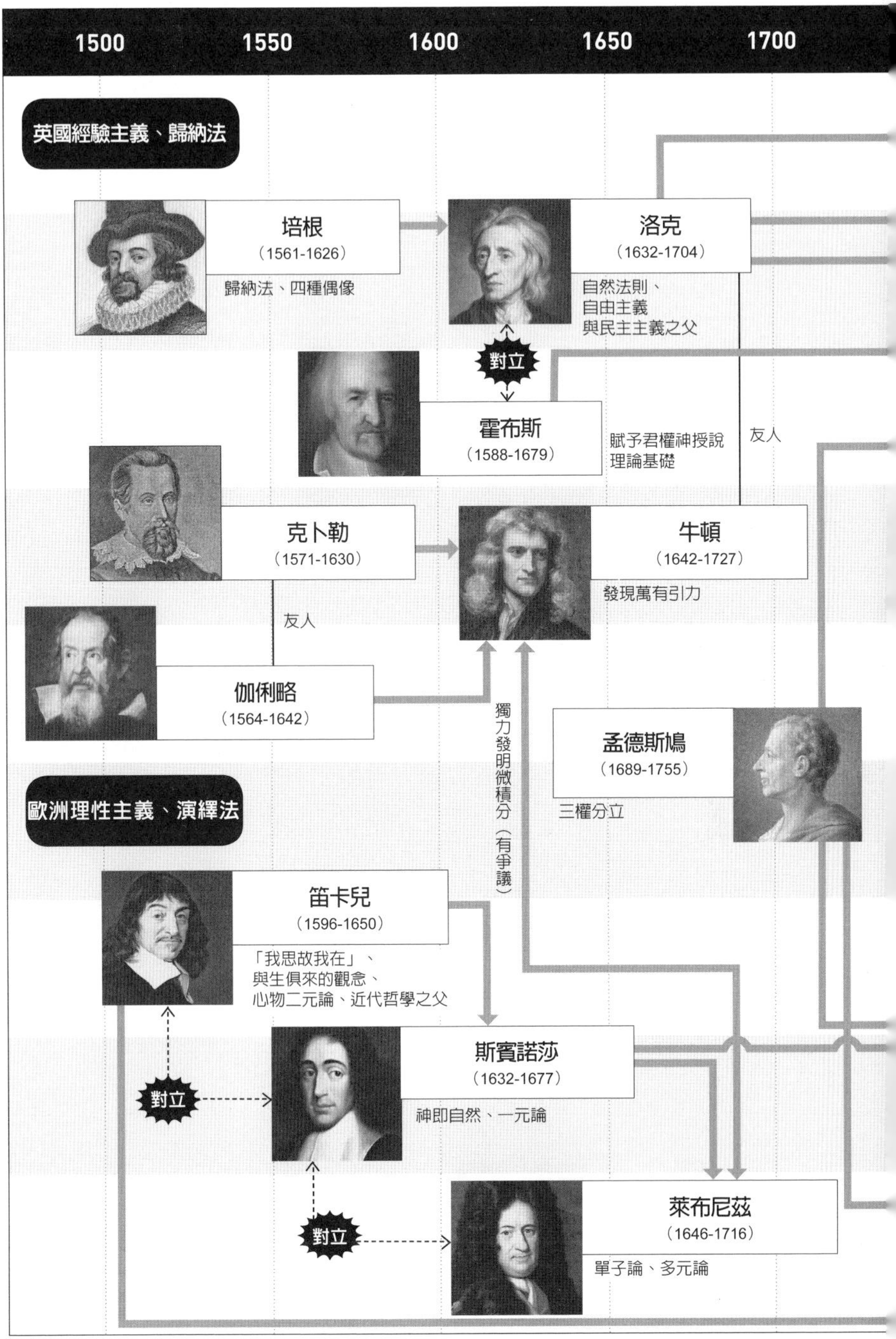
1500
1550
1600
1650
1700
英國經驗主義、歸納法
培根
（1561-1626）
歸納法、四種偶像
洛克
（1632-1704）
自然法則、
自由主義
與民主主義之父
對立
霍布斯
（1588-1679）
賦予君權神授說
理論基礎
友人
克卜勒
（1571-1630）
牛頓
（1642-1727）
發現萬有引力
友人
伽俐略
（1564-1642）
獨力發明微積分（有爭議）
孟德斯鳩
（1689-1755）
三權分立
歐洲理性主義、演繹法
笛卡兒
（1596-1650）
「我思故我在」、
與生俱來的觀念、
心物二元論、近代哲學之父
對立
斯賓諾莎
（1632-1677）
神即自然、一元論
對立
萊布尼茲
（1646-1716）
單子論、多元論

全世界第一個人工國家誕生

文藝復興與宗教改革結束了中世紀，美國獨立（西元一七七六年）後，又有法國大革命（西元一七八九年）、《拿破崙法典》制訂（西元一八〇四年），接著是眞正開啓民族國家時代序幕的一八四八年革命（人民之春、民族之春）。在這一章裡，將爲各位介紹出現在這個變化多端時代中的思想家與哲學家。一開始，先由兩位思想家帶大家入門。

美國獨立與法國大革命對後來的世界產生極大影響，其最大的特徵在於建立「人工國家」。在此之前的國家或社會都是在掌權者不斷更替的情況下，自然而然形成的。以英國爲例，之前也有不同的民族自歐洲或北方前來，但是自法國的諾曼第公爵征服英格蘭（諾曼第征服）後，就一直維持君權統治的國家樣貌。

就像這樣，儘管歷史上的國家大多是由不同的人聚集起來、自然形成的，但美國卻是個人工國家。包括英國在內、來自全世界的人們，讓美國獨立爲一個全新的國家。因此說得極端一點，最初的「美國人」是沒有歷史，也沒有傳統的，其身分認同的根據就是《憲法》。這就是洛克與盧梭的「社會契約論」所描述、誕生在世界上的第一個社會契約國家。

遭到美國現任川普總統解雇的司法長官，在被川普詢問「你會發誓對我忠誠吧？」時，回答：「我誓言效忠的對象是美國《憲法》。」這個小故事非常經典地展現出《憲法》對美國人而言是怎樣的存在。在這個人工國家誕生之際所發生的獨立戰爭，以拉法葉侯爵（Marquis de La Fayette）爲首的許多法國貴族與知識分子組織了義勇軍來到美國，並將美國獨立的「自由、平等、博愛」精神帶回了法國，點燃法國大革命的導火線。

歐洲最強國家——法國，在革命開始時，釋放了超乎人們想像的能量。那股能量後來由名為拿破崙的軍人繼承，在征服整個歐洲的過程中，像散播病毒般將「自由、平等、博愛」的精神遍灑整個歐洲大陸，其影響力之大，難以估算。

另外，拿破崙還打造了《拿破崙法典》，是一部民法典，也是第一次有法律正式承認所有權；也就是說，他打造出一部資本主義的法律根據。西元一八一五年，拿破崙被流放到聖赫勒拿；接著，對維也納體系（注：十九世紀初，拿破崙帝國崩潰後，英、法、俄、奧、普〔普魯士〕等戰勝國藉由維也納會議，在歐洲大陸建立的權力平衡體系。並成為日後國際聯盟和聯合國的範本）的反彈也告一段落後，西元一八四八年，歐洲迎來了革命之年。法國在這一年的二月革命裡流放了國王，成為共和國。這是第二個人工國家。

工業革命與做為「想像共同體」的民族國家是人類史上的兩大創新，終結了西歐的霸權時代。關於民族國家和「想像的共同體」，建議大家閱讀美國學者班納迪克·安德森解析民族國家構造的《想像的共同體》，這是一部傳世名作。

自法國大革命（西元一七八九～一七九九年）到一八四八年革命、大約六十年左右的時間裡，人工國家的誕生與自由、平等、博愛這樣的革命精神，也傳播到拉丁美洲與世界各地。從這個面向來看，這個時代可說是人類史上非常獨特的一段時期。更別說在稍早在十八世紀中葉所發生的工業革命，讓歐洲各主要國家獲得轉型為民族國家的能量，與持續經營國家的經濟能力。

在這樣的時代潮流當中，出現了兩位值得大家牢記在心的思想家。

湯瑪斯．潘恩與《常識》的影響

西元一七七四年，出身英國的湯瑪斯．潘恩（西元一七三七～一八〇九年）移居至美國。當時美國的獨立運動已進展到與母國英國以武力相向，離獨立戰爭只有一步之遙。湯瑪斯．潘恩是一位作家，也是啓蒙思想家，很眞切地看著高喊「無（議會）代表，不納稅」、努力對抗英國的人們奮力生存的樣子。後來潘恩寫下了以《常識》爲名的小論文，並以政治宣傳手冊的形式發表。那是西元一七七六年一月的事。

在這份著作中，他提出以下的論述：

英國的君主政治不過是正當化諾曼第征服後君王霸權的產物，是個對君權有利的架構，卻非美國人的常識。由於人類生而平等，因此美國對於正當化自己的主張非常有自信——從英國獨立出來，才是美國人的常識。

《常識》有個副標題，是「美洲的居住者」。這本小冊子對說服大家發動獨立戰爭發揮了非常大的影響。出版僅三個月，銷售就突破十二萬本。《常識》給了美國人勇氣，讓他們對自己的主張更有自信。一七七六年七月，

湯瑪斯．潘恩
（1737-1809）

殖民地人民活用了《常識》中的論點，發表《獨立宣言》、進入戰爭階段。

美國贏了獨立戰爭，法國也受到鼓舞而發生大革命。法國大革命在攻占巴士底監獄這顆火種點燃後，引發熊熊大火，並發表《人權和公民權宣言》，也就是所謂的《人權宣言》，正式走向下一步（西元一七八九年）。在這份《人權宣言》裡，也蘊含了《常識》一書的基本精神。後來，法國大革命越來越失控，國王路易十六也在斷頭臺上遭處刑。此時，有位冷眼看待法國大革命的英國人，他是埃德蒙．伯克（一七二九～一七九七年）。

埃德蒙．伯克與《法國大革命之省思》的影響

愛爾蘭裔的英國國會議員埃德蒙．伯克不但是位政治家，也是位政治思想家，後來還被稱爲「保守主義之父」，非常嚴厲地批判法國大革命。

他的觀點大致上是這樣的：

雖然國家領導人努力地建立並經營國家，但是給予王公貴族絕對特權這件事並不正確；話雖如此，也不能這麼簡單就破壞他們花費幾百年光陰建立起來的東西。市民應該適當地控制領導者，比方說，透過議會政治來慢慢改變，就是個非常聰明的方法。

比起人類的頭腦，他更想相信經驗與習慣。畢竟人

埃德蒙．伯克（1729-1797）

類的理性並非那樣賢明全能，卻喊著「自由、平等、博愛」等口號，如此一來，會發生什麼事呢？人類絕不可輕易相信那些沒有經驗背書的事，不能採取像法國大革命那樣激烈的改革手段，慢慢讓社會變好才是最佳方案。

伯克以上述主張爲中心，撰寫並發行了《法國大革命之省思》。據說這是第一次在著作中使用「保守主義」這個詞語，這本書後來也被稱爲「保守主義聖經」。湯瑪斯・潘恩在讀了這本書之後大爲光火，馬上提筆撰寫《人權論》做爲對伯克的反駁（西元一七九一年）。

到這裡，大家所熟知的「保守—革新」這兩種互相對立的意識形態終於出現。但革新也好，保守也好，潘恩與伯克的主張絕不僅限於政治思想，同時也具備哲學命題的部分。說得更極端一些，就是美國人、法國人與英國人「相信什麼」這種近似宗教的性質。

另外，一般都把法國政治家亞歷西斯・德・托克維爾（西元一八〇五～一八五九年）視爲伯克的後繼者，而托克維爾的《民主在美國》也被認爲是理解美國這個人工國家必讀的一本著作。

順帶一提，「左翼／右翼」說法是來自法國大革命時期的國民議會，當時發言激進的人都聚集在議會的左邊，態度較爲穩健的人則坐在右邊，才有這樣的說法。

亞歷西斯・德・托克維爾（1805-1859）

湯瑪斯・潘恩、亞當・斯密和拿破崙

前面介紹過，亞當・斯密（西元一七二三～一七九〇年）是集英國經驗主義之大成者——休謨的朋友，不過以年代來看，他其實是與湯瑪斯・潘恩同時代的人。

湯瑪斯・潘恩與約翰・洛克一樣，主張人類的平等及自由，也建構了民族國家的基礎理論，在政治上賦予美國獨立的正當性。至於亞當・斯密，他主張自由放任主義，認為即使政府不去管理經濟活動，只要讓各人自由發展，市場上自然會有「看不見的手」來達成公眾利益，而他也將這些看法寫在西元一七七六年出版的《國富論》中。

換言之，亞當・斯密將個人自由（私人利益）與社會秩序（公眾利益）的調和化為理論，但他的意思絕非弱肉強食。早在西元一七五九年，他就發表了《道德情操論》一書，並在書中表示，形成社會秩序最重要的情感，就是同理心；具體來說，就是重視他人的情感與行為的適切性。

由此可知，他所要求的倫理概念，其實是「最好在不造成他人困擾」的範圍內進行交易，而這就是自由放任的前提。只能說，這實在是非常英國式的「常識」。

在這種市場經濟思考逐漸定型的時代裡，湯瑪斯・潘恩發表了《常識》，美國就此獨立，法國也發生大革命。接下來，拿破崙登場，制定了《拿破崙法典》（西元

亞當・斯密
（1723-1790）

一八〇四年），認可亞當．斯密理論中的「所有權」概念，並否定過往的君主政權，打著「自由、平等、博愛」的旗幟，將法國統整為一個民族國家，與整個歐洲作戰。當然，拿破崙實際上想發展的，是屬於他個人的獨裁國家，但我認為，湯瑪斯．潘恩與亞當．斯密所思考的事，仍是由拿破崙凝聚了法國大革命的能量，並加以整合與實現，打開邁向近代的大門。

拿破崙
（1804-1814 在位）

1 整合經驗主義與理性主義的康德

回顧中世紀以後歐洲的哲學流變，我們可以說，斷言「哲學為神學之僕」、將神國的地位置入現世之上的托馬斯．阿奎那，他的理論君臨了整個中世紀哲學。但這些理論也因為文藝復興而大為動搖，紛紜眾說同時出現。笛卡兒在此時登場，表示「我思故我在」，確立了「自我存在與神毫無關係」的論點，也因此被稱為「近代哲學之父」。

斯賓諾莎與萊布尼茲進一步推演笛卡兒學說，讓笛卡兒的哲學逐漸演變為歐洲理性主義這股巨大思潮。

另一方面，英國則有培根、洛克、休謨幾位巨星登場，建立了英國經驗主義。至於此時的德國，有一位名叫康德（西元一七二四～一八〇四年）的哲學家。

康德和休謨及盧梭是同時代的人，也是繼承斯賓諾莎與萊布尼茲之歐洲理性主義血脈之人，但他表示自己其實是受到休謨與盧梭的概念啓發（他說是休謨讓他從「教條的噩夢」中醒來），並努力建構出具獨特性的哲學思想。一言以蔽之，正是他嘗試整合歐洲理性主義與英國經驗主義。

回顧哲學發展的歷史，只要一門學說逐漸開枝散葉，就一定會有人打算整合。因爲當各式各樣的人們說著五花八門的事情時，大家就會非常混亂，想問：「簡單來說，到底是怎麼一回事呢？」如此一來，自然會有統整學說的人出現。不論是托馬斯．阿奎那或笛卡兒，都是這樣的人。

那麼，康德如何統整經驗主義和理性主義呢？

將「感性」與「悟性」結合為「認知」

英國經驗主義認爲，人類出生時就像一張白紙，若能在他人教導下學習，就會越來越有智慧。康德也同意這個說法，但同時也提出一個疑問。

讓幾名完全不知道「獅子」是什麼的幼兒，在完全

康德
（1724-1804）

不同的城市動物園裡觀看獅子。但他們看到其他小動物和獅子的反應卻完全不同，這是爲什麼呢？沒看過獅子的幼兒，爲什麼會展現出與一般人相同的反應？康德提出的就是類似這樣的問題。

康德認爲，**人類認識外界的方法有兩種：感性與悟性（知性）**。

感性是受到外界刺激而產生反應，因此感受獲得某種印象的認知能力，直接把它當成「感覺」應該是沒有問題的，也就是「sensibility」；而悟性指的是與感性共同進行認知的能力。這種認知與感性不同，會伴隨著理性與判斷力，也就是「understanding」（理解力）。幼兒對於獅子所表現出的反應，就是悟性導致的結果。

康德認爲，人類便是透過感性與悟性的結合來認識世界。儘管人類如同經驗主義所說、出生時就像一張白紙，但又和動物不同，出生時也同時具備「悟性」這項能力。這種悟性與笛卡兒「與生俱來的概念」非常相似，卻又有些不同。

康德認爲人類是「先天」（a priori）的，也就是在理解空間與時間這方面是早於經驗的。畢竟人類一開始就生活在空間與時間當中，理解這些也是理所當然的。另外，所謂的「先天」，意思是不依靠「後天經驗」（a posteriori）、與生俱來的。

雖然所有事物都存在於時間與空間，但眼睛所見的事物可以透過「感性」來經驗，而這些眼睛所見的多樣化事物稱爲「感官資料」；比如插在桌上花瓶裡的玫瑰，從上方或側面觀看的樣貌是不一樣的。過了一段時間後，花瓣也許會凋謝，但人類知道那是「同一朵花」。康德認爲，這項認知並非單從任何一項感官資料（從上方看、從側面看，或是一天後再看）就能獲得的訊息，而是來自於「悟性」，並提出「範疇」（category）的概念：悟性以範疇（先天的理性）爲載體，才能將經驗轉化爲知識，並列出四大類共十二個範疇。

簡單來說，就是理解事物「因爲……所以……」的認知方法。像是早上過後，接著就是中午、下午，接著是晚上（而不是上午過後就到晚上）。康德認爲，悟性是人類先天具備的能力。

人類認知事物的行爲，是感性與悟性共同運作的結果。有了感性，再加上悟性構成的範疇，人類才得以認知事物。康德認爲這是一種雙重結構。

看到花，所以知道那叫花？或者先知道什麼是花，所以認得出來？

舉例來說，你看著插在瓶裡的紅玫瑰，花瓶就放在桌上這個空間。你根據因果定律明白：植物會從嫩芽成長茁壯，然後會結出花苞、之後開花，最後會凋謝。

人類看見的顏色是以三原色爲基本。假設有一隻蜜蜂也看著那朵玫瑰，但蜜蜂看見的並不是三原色，因此蜜蜂眼中的玫瑰，應該與人類看到的完全不同吧，說不定連顏色也不一樣。

當然康德並不具備這樣的知識，但他卻提出這樣的疑問：

人類不過是透過個人的感性和悟性去認識眼前的對象罷了。只是眞的有辦法保證，人類確實看著對象眞正的樣貌嗎？

因此他認爲，人類並非看著事物「本身」，而是以「認知範疇」來掌握現象。**人類永遠無法掌握世界上的「存在」本身，因此我們眼中所見並非眞正的對象（object），而是以認知範疇掌握的現象**（phenomenon）。換言之，康德建立了「對象」不同於「現象」的二元論。

這的確是一種劃時代的想法。因爲這項理論告訴我們，人類永遠無法明白世上事物的眞實樣貌，人類所認知的不過是該對象表現出來的現象罷了。

在此之前的認識論都認爲，人類所認知的是對象本身，並把它當成眞實的存在。但康德卻斷言，我們所認知的只是現象，不可能見到事物眞實的姿態。關於這個論點，他在自己的著作《純粹理性批判》中稱爲「哥白尼式翻轉」。波蘭天文學家哥白尼在西元一五四三年於著作《天體運行論》中提倡「地動說」，並因此爲天文學帶來極大變革。康德便用了這個典故來表示自己的理論所帶來的改革。

順帶一提，康德所提出的這種思考方式，與現代對大腦的研究成果是相同的，甚至可說是完全正確。目前科學上已知，進入眼中的各種資訊，會在腦中轉換爲電子訊號，並因此認知「這是朵紅花」之類的事。至於前面所說的「範疇」，指的其實就是大腦組織。儘管康德並不了解大腦的結構，卻可說已預見了未來。

在此之前的哲學，多半把重心放在「存在論」（本體論），也就是了解世上各種事物究竟是什麼樣的存在，並沒有對認知背後的實際樣貌產生任何疑問。

但假設我們永遠無法眞正認識到存在的「眞實樣貌」，就應該將論點拉回「認知」本身，從「認知隨對象不同」轉換爲「對象由認知決定」，我想這的確是一種「哥白尼式翻轉」。

自然有自然法則，人類則有道德準則

康德在著作《純粹理性批判》中，首先提出了「二律背反」（Antinomy）的問題：如果宇宙真有個起始點，就無法解開宇宙發生前的問題；如果沒有，就無法說明現在時間完結後的事。只要像這樣試圖以理性來解決形上問題，就會陷入二律背反。因此康德提出，形上問題不應以理性來處理，而是要透過信仰（理性的極限）。

另外，「純粹理性」指的是認知能力，但「批判」指的並不是對純粹理性提出批評。德文的「Kritik」（批判）有「區別、識別」的意義，因此對康德而言，「批判」是要藉著對認知的論述，讓大家更進一步地思考此事，並不是為了批評認知論，才使用這個書名。

康德撰寫《純粹理性批判》時，將感性與悟性放進認知事物的架構中。不管要思考什麼事情，若沒有設置某個無條件的前提，就無法繼續討論下去。在他思考關於認知的問題時，並不是以英國經驗主義「白紙一張」的方式，也不是笛卡兒「與生俱來的觀念」，而是用認知架構為前提。

康德還寫了一本名為《實踐理性批判》的書，在這本書中，則是以「先天」做為自然法則。所謂的自然法則，就是像地球繞著太陽轉這種無可動搖的規則。

康德認為，既然自然界有自然法則，那麼就算人類世界有類似的規則，也沒有什麼好奇怪的。因此，他將「先天」這個概念放在人類法則中，並命名為「道德準則」。

舉例來說，幫助遇到困難的人，就像地球會旋轉一樣理所當然，不需要多加任何說明；或者我們也可以說，就像是蘋果因萬有引力往下掉一樣。就算覺得「這樣太奇怪了」，但要是被反問「那你怎麼論證人類世界沒有道德法則？」的話，又會是個難以解決的問題。這種情況下，先說出「自然界有自然法則，所以人類也有道德準則」的人就贏了，也就是一種舉證責任轉移（由於背負舉證責任的一方在判決上較不利，因此透過轉移舉證責任，好贏得勝訴）。

藉由範疇來認知事物是大腦的工作，是純粹理性要負責的事。相較於此，道德準則與人的行爲（也就是實踐）相關，因此康德命名爲「實踐理性」。

純粹理性是藉由範疇來執行認知工作；實踐理性則是遵從道德準則讓人類轉向實行。

康德的「目的王國」

純粹理性中，有以感性和悟性建構而成的認知，高度的認知會賦予悟性極大的理解力。相較於此，康德認爲實踐理性中，人類對自己的實行力有著獨特的「格準」。

「格準」的英文和德文都是「maxim」，意義也相同，指的都是「行動原則」。

康德用這個詞彙表示人類在行動上擁有個人主觀性的規則。簡單來說，我想把它視爲「信念」應該是沒有問題的。

人類對自己的生存之道有著各種不同的信念，好比「討厭虛張聲勢的傢伙」「不可以欺負弱者」等，這就是所謂的「格準」。康德認爲，這些格準在不斷學習後，就會與道德準則一致。再說得仔細一些，就是前面提過的「自然界有自然法則，人類世界有道德準則」。人類只要透過學習提升自身能力，就能逐漸看見自然法則的眞實面，自己所具備的格準也會更有深度、更接近道德準則。

舉例來說，過去人們相信天動說，但這其實是錯的，後來也知道「地動說才是正確的」。就像這樣，人類從日新月異的知識中學到更多東西，不管是自然、人類的生存方式，或關於神的事。換言之，人類會對自身的道德準則進行更深一層的思想探究，像是權力、人權、心理學等。只要徹底明白道德準則，就能到達康德所謂「自律」的境界。

康德將所謂的「自律」定義爲「人類的實踐理性不受外在權威或欲望左右，並依自己的格準行動」；說得再極端一點，就是獲得自由。康德認爲，人類一旦能達到「自律」的境界，其格準（信念）就會與道德準則合而爲一，而自律的人類就稱爲「人格」。康德認爲，自律的人格聚集在一起，便能打造出理想社會，並稱這種社會爲「目的王國」，也就是實踐理性終極的樣貌，是人類的正確認知與言行舉止。這就是康德的結論。

世界上有「地動說」這樣的自然法則，這是英國經驗主義的立場；同樣的，人類世界也理所當然應該有道德法則，這是歐洲理性主義的立場，也就是觀念論。即使是不同的人類，也會有相似的格準，但處在未學習階段的人類格準，就像天動說那樣，實際上並不正確。另一方面，只要不斷學習，人類就能好好思考，也就能理解地動說。等到具備能理解地動說這項眞理的程度，便能了解個人信念的理想存在方式，讓格準與道德法則一致。最後，轉化爲「自律人格」的衆人，就能打造出「目的王國」這個理想社會。

由於以上的理論，一般認爲康德統整了英國經驗主義和歐洲理性主義——當然也有人提出反對意見。

不過，「自律的人格聚集在一起，便能打造出理想社會」這種思考模式，直到今天仍會以另一種方式被提及，也就是如果人人都能有所自覺，提升身爲社會人士的教養，就能形成更好的市民社會。從這個意義上來說，「目的王國」的理論其實具有非常完善的邏輯。

一直待在哲學裡的康德

在現今的波蘭與立陶宛之間、面向波羅的海的地方，有一塊小小的俄羅斯聯邦海外領地，那裡有座名爲「柯尼斯堡」的古都（現在的加里寧格勒），康德就出生在這裡。那裡原先是普魯士王國的首都，彼時的國王則是腓特烈二世（西元一七四〇～一七八六年在位）。

康德從未離開柯尼斯堡，成長於斯，學習於斯。他受到笛卡兒與萊布尼茲的影響，走上哲學之道，後來又由於休謨及盧梭的影響而打破「獨斷論」（注：康德認爲，凡是不知道認識能力的限制和性質，便妄下肯定結論的，就是獨斷論），成爲柯尼斯堡大學的哲學教授。

腓特烈二世
（1740-1786 在位）

康德與近代哲學流變

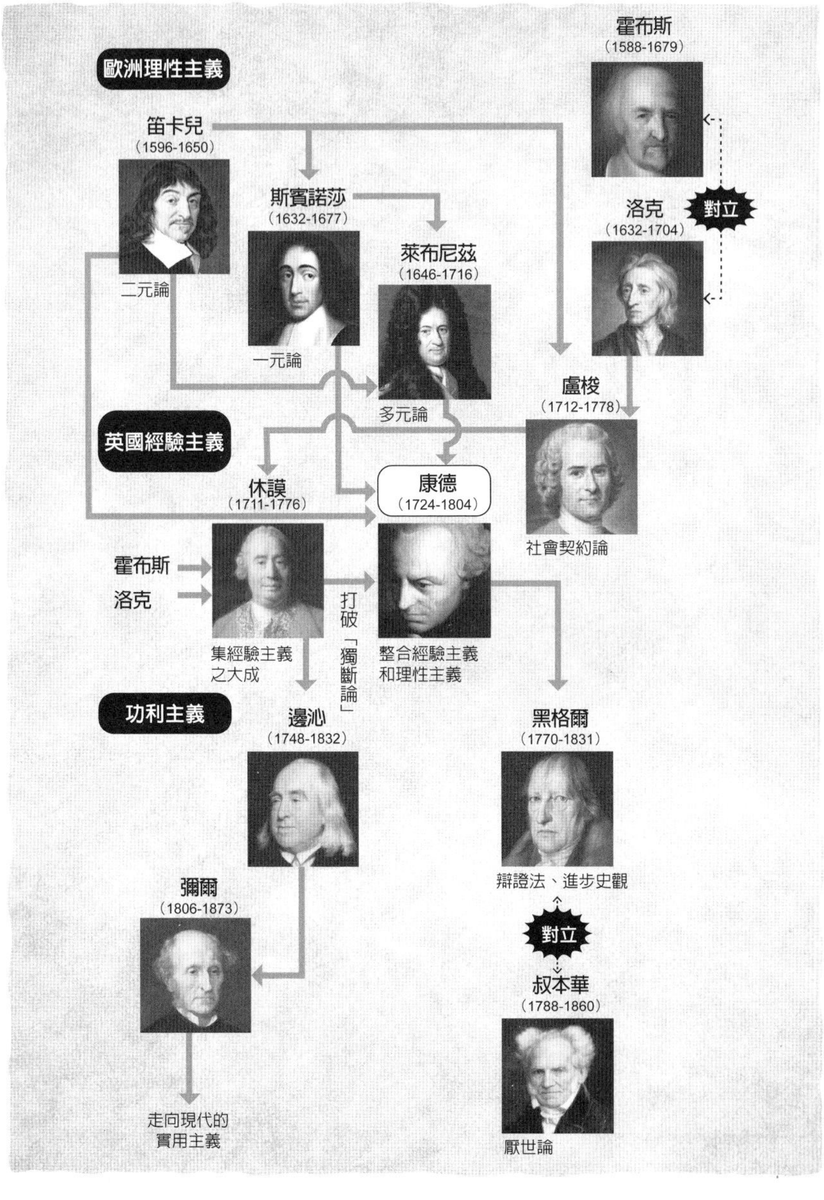

歐洲理性主義
笛卡兒
（1596-1650）
二元論
斯賓諾莎
（1632-1677）
一元論
萊布尼茲
（1646-1716）
多元論
霍布斯
（1588-1679）
對立
洛克
（1632-1704）
盧梭
（1712-1778）
社會契約論
英國經驗主義
休謨
（1711-1776）
康德
（1724-1804）
霍布斯
洛克
集經驗主義
之大成
打破「獨斷論」
整合經驗主義
和理性主義
功利主義
邊沁
（1748-1832）
黑格爾
（1770-1831）
辯證法、進步史觀
對立
叔本華
（1788-1860）
厭世論
彌爾
（1806-1873）
走向現代的
實用主義

據說他的一天是這樣的：早上起床、研究哲學、去大學教書、下午回家、在一定的時間走完全一樣的路線散步，之後吃晚餐，過著非常有規律的生活。有個小故事是這樣的：據說在他的散步路線上有戶人家，房子裡掛的鐘還沒他經過門前的時間來得準時，讓那家人感到非常驚訝。

這位循規蹈矩的哲學家，為了整合笛卡兒之後的歐洲理性主義和英國經驗主義，夜以繼日地鑽研學問，或許正因如此，沒有時間談情說愛的他就這樣單身終老。他個人給予非常高評價的牛頓同樣也終生未婚，看來學問之道有著我等俗人無法窺見的魅力。

要理解康德的哲學非常困難，但《純粹理性批判》應該算是較容易閱讀的。另外還有《實踐理性批判》《論永久和平》等書也很推薦。

2 黑格爾的辯證法

康德出生後約半世紀，黑格爾（西元一七七〇～一八三一年）出生於普魯士的斯圖加特。

提到黑格爾，就會想到「辯證法」，但這個哲學名詞早在古希臘時期就已經出現。當時的涵義是這樣的：

對某個人的主張提出問題的同時，持續對答，好讓對方發現自己主張裡的錯誤，並逐漸將對方導向正確解答，稱為辯證法或問答法。也就是前面提過、蘇格拉底的問答法。

相對於此，黑格爾之後的辯證法基本理論是這樣的：所有有限、非永恆不變的存在，內部皆有不相容的矛盾。此矛盾由一個論點（thesis，正）與反論點（antithesis，反）構成。矛盾不會靜止不動，而是產生對立；論點與反論點綜合後，則會成為下一個新階段的存在。這個新的存在被稱為「合」（synthesis），而此新階段同樣內含新的論點與反論點。

黑格爾
（1770-1831）

黑格爾的辯證法中，將達到新階段稱為「揚棄」（aufheben），有「不再存在、取消與升上更高層級」的意思。並不是單純地被丟棄，而是在它本身中發展出新狀態，最後導向更高的層次，成為更高級的統一體。

所有存在都包含論點（正）與反論點（反），兩者持續對立及運動後，會到達「合」，然後再揚棄。這個循環會永遠持續下去，存在本身也會繼續自我發展。黑格爾的辯證法大概是這樣的架構。

舉個例子，請大家一起試著思考這樣的畫面：

針對某個問題，A和B分別持不同意見，在一樓的辦公室討論，但怎麼爭論都沒有結果，因此兩人走上二樓繼續討論。兩人好不容易能互相理解了，但此時又出現了新的C問題，於是兩個人又繼續爭論、走上了三樓。C問題也解決了，但又出現了難度更高的問題D。於是兩人走上四樓……

黑格爾的辯證法非常動態且有趣，但也有人提出批判，無法理解為何正論和反論有辦法融合在一起，並在揚棄後又往上一層。但我認為，當討論的層次有所改變時，對立的情況也理所當然會發生變化。

總之，雖然在理論上仍有曖昧之處，但黑格爾的辯證法有項「事物會有所進步」的前提，這種「明天會比今天更好」的理論，和人類單純的想望十分契合。

黑格爾使用這種辯證法建構出許多很精采的理論。以下會盡量以較平易近人的方式，來描繪這些理論的輪廓。

獲得「絕對精神」後，人類便能得到自由

黑格爾認為，人類的精神活動同樣不斷經歷著正、反、合的揚棄，有如爬上螺旋階梯般持續進步，最後就會抵達精神的最高層級，也就是獲得「絕對精神」。

黑格爾認為的**絕對精神是什麼**？

那就是康德所思考「現象（主觀）與對象（客觀）一致」的情況，也就是精神的最高層級。康德認為，人類的認知永遠無法及於對象的真實，只會停留在現象；但黑格爾認為，人類可以利用辯證法來獲取絕對精神，使現象與對象一致，如此一來，就有辦法明白對象（真實）了。

據說黑格爾這種思考方式，也和當時非常流行的「成長小說」有著相同的思路——年輕人描寫自我成長歷程的小說，以歌德的《威廉．麥斯特的學習年代》為代表。

黑格爾最大膽之處，就是從「絕對精神」的角度來思考歷史。

他認為歷史也有正、反、合的流動，且人類可以在上升至絕對精神的過程中獲得自由。古代社會是王公貴族與奴隸的時代，因此不存在人類的自由。接著進入封建社會，奴隸有了農奴的身分，生活雖然變得好一些，但仍然沒有自由。進入君權統治的時代後，例如英國就出現了議會政治、形成中產階級並實現自由化，只是力量還很微弱。不過農奴總是比奴隸來得好，若能在君權政治下成為中產階級就更好。之後法國還發生大革命，實現了共和體制，人民變得更自由。

黑格爾認為，這就是人類得到絕對精神、獲得自由的過程，也就是歷史。除了對外界事物的認知，人類的歷史也能透過正、反、合的辯證法，往絕對精神更進一步，最終到達自由。這是直線式的進步史觀，認為由於技術會不斷累積，因此必定會進步；人類每天的辛勞，也一定會讓日子變得更方便。

但目前的腦科學家認為，人類的腦部自從一萬多年前馴化之後，就未曾再演化。若真是如此，那麼歷史真的會進步嗎？但畢竟歷史是不斷累積的，如果能好好學習教訓的話，重蹈覆轍的機率應該會降低才是。

辯證法與道德和法律的結合

黑格爾後來將他的辯證法與道德和法律相結合。

我們可以說，道德是個人內心的行動原理（principle），沒人看得見。而為了社會的和平，其組成分子會暗中規範自己的行動和思想。

相對於道德，法律是明文化的產物，且所有人都能看見。但那並不是為了補強人類的內在，而是用來懲罰不遵守的人。黑格爾認為，將道德與法律搭配在一起，便打造出了「人倫」。所謂的人倫，是指人類應該實踐的眞義，是正確的秩序關係。在黑格爾的哲學用語中，認為這是經過客觀化的理性意志，因為使用法律來懲罰不遵守道德的人，犯罪確實就會減少。道德為正、法律為反，而正反合的結果，就是揚棄後產生人倫。這是非常完美的辯證法論證。

但我認為，管理內心的道德與規範外在行為的法律，要合而為一還是很困難；儘管可以使用辯證法讓它在理論上辦到。

另外，根據黑格爾的辯證法，若將家族（愛的世界）與公民社會（權利的世界）結合在一起，就能融合成一個理想國家——具體上來說就是普魯士王國。

黑格爾認為，法國在大革命之後建立了公民社會，然而儘管公民獲得了權力，卻只能形成充滿血腥且對立尖銳的社會。相對於此，普魯士有著能確立傳統價值的家族愛，因此在建立公民社會後，也能同時擁有家族愛與公民社會的權利，成為理想國家。

黑格爾的理論在普魯士人眼中想必非常有魅力。但那說到底，也不過只是以他的辯證法打造出的假設，不論要證明或提出反駁都非常困難。

黑格爾爲何把「普魯士是一個理想國家」當成結論呢？我想這要從他確立自己的哲學思想開始說起。

黑格爾的哲學與祖國普魯士

在黑格爾逐漸將自己的哲學發展完備的時代，世界正受到法國大革命和拿破崙（西元一八○四～一八一四年在位）的浪潮翻攪；至於當時的普魯士，也正在摸索自己國家的定位。西元一七八九年，法國發生大革命時，黑格爾已經十九歲，並在父親建議下進入圖賓根大學學習神學。

黑格爾雖然支持法國大革命，但自從路易十六遭到處刑、法國在羅伯斯比（Maximilien de Robespierre）的掌權下實行恐怖政治（雅各賓專政）後，他就轉爲批判立場：他支持公民的自由，卻否定共和政治。

西元一八○四年，法國成爲拿破崙的帝國，歐洲主要國家幾次集結成聯盟，好對抗法國。西元一八○六年十月，拿破崙在準備攻擊柏林的路上占領了耶拿。黑格

拿破崙
（1804-1814 在位）

爾當時正好是耶拿大學的講師，也就有機會目睹騎在馬上、正要前往柏林的拿破崙。據說當時黑格爾的感想是：

「世界精神在馬上安穩地步出了耶拿城。」

黑格爾把拿破崙形容爲「世界精神」，由此可知他贊同拿破崙的想法和行動。在砍了國王的頭、樹立共和政權的當下，黑格爾便開始對法國大革命持懷疑態度；但是當拿破崙打著「自由、平等、博愛」的大旗，以《拿破崙法典》明文記載公民的權利時，說不定黑格爾已在腦中將拿破崙登基爲帝的樣貌，與自己的理想重疊在一起。

西元一八〇七年，普魯士敗給拿破崙。除了國土少掉一大半，還必須負擔高額賠償金，普魯士眼看就在崩毀邊緣。多虧有施泰因男爵等優秀的政治家拚命打造出近代化政策，才終於將國家從危機中救回。在這段普魯士受難期之後，柏林大學第一任校長約翰・戈特利布・費希特（西元一七六二～一八一四年）所寫的〈告德意志同胞書〉講稿，帶給了普魯士人勇氣；而他也是將納粹思想帶進普魯士的推手之一。

順帶一提，從康德之後到費希特及黑格爾的這些思想，一般在哲學史上稱爲「德國理性主義」；而黑格爾最敬愛的哲學家，正是費希特。

費希特是發展並繼承康德思想最具代表性的德國哲學家之一，黑格爾的辯證法也有部分繼承自費希特。繼費希特之後，黑格爾後來同樣成爲柏林大學的教授，而

約翰・戈特利布・費希特（1762-1814）

且似乎非常受學生歡迎。

黑格爾以大學教授的身分度過大半輩子。他對大學、學生、祖國充滿濃烈的愛，也將這份愛與對哲學的熱情熔鑄爲一爐。或許大家也可以試著從這個角度來看待黑格爾。

康德的「目的王國」與黑格爾的普魯士王國

康德在西元一七九五年出版了《論永久和平》。那是法國大革命六年後，也就是康德七十一歲時的事。

他在這本書中提到「目的王國」。前面已經說明過何謂「目的王國」，也就是由獲得自由、自律並理解道德法則的衆人共同建立的理想社會。他更進一步構想出「世界公民法權」（Cosmopolitan Right）和自由國家組成聯盟。康德在《論永久和平》一書中所思考的事情，即是日後組成國際聯盟與聯合國的理論骨架。

那麼，黑格爾心中的理想國家，又是什麼樣子呢？

他斷言，那將是兩種組織透過辯證法揚棄後所產生的結合：一個是充滿愛，但與權利關係絲毫無涉、名爲「家族」的地域團體；另一個是雖有權力關係，但人際關係上並沒有愛，也說不上融洽的公民社會。

這個理想國家就是普魯士。

我想，從理論上來看，其實沒有必要斬釘截鐵到這個地步，但他之所以認爲理想國家就是普魯士，或許是因爲他想在邏輯上否定那個成功將國王斬首的法國公民社會吧。

更進一步地說，黑格爾其實無條件地信仰著普魯士，還非常敬愛普魯士的霍亨索倫王朝。黑格爾以柏林大學校長的身分過完此生，而指定他當校長的，正是當時的普魯士國王、出身霍亨索倫家族的腓特烈・威廉三世（西元一七九七～一八四〇年在位）——一位很難說是開明的君主，反倒是一位支持維也納體系和保守君權政治的國王。

腓特烈・威廉三世
（1797-1840 在位）

密涅瓦的貓頭鷹振翅於黃昏

密涅瓦是羅馬神話裡主司智慧與工藝的女神（也就是希臘神話裡的雅典娜），據說她的貓頭鷹是智慧的象徵。

這句如同啞謎的「密涅瓦的貓頭鷹，要等到黃昏來時才起飛」，出現在黑格爾的著作《法哲學原理》序文中，其論點大致如下：

就像貓頭鷹要等到黃昏後才會開始活動，身爲智慧化身的牠，在發生某起事件或歷史進入混沌的黑暗時，便會爲了告訴人類眞相而起飛。

這句話就是這個意思；但裡頭所寫的「黃昏」究竟是指什麼呢？

有些人認爲，這應該是在說法國大革命所造成的歐洲混亂時期。換言之，黑格爾暗示著「對宛如黃昏般混沌不明的歐洲來說，我的辯證法就如同密涅瓦的貓頭鷹。」

我認爲黑格爾非常拚命地想說明在法國大革命前後各種變革發生的理由，並從這裡推導至歷史的進步史觀：當對立的彼此邁向合一、進入嶄新時代的時候，就算有些小磨擦，仍能捨小異而求大同，並藉此導至正確的方向。黑格爾的概念，我想就像在黃昏時振翅的貓頭鷹，在那個混亂的時代中指引一條明路。

俾斯麥的思想是否受黑格爾影響？

俾斯麥（西元一八一五～一八九八年）是普魯士著名的宰相，也是活躍於政壇、催生德意志帝國的人。

他曾在演說中表示，偉大的普魯士是由鐵與血構成的，也因此被稱爲「鐵血宰相」。當時的普魯士有著豐富的煤礦礦藏與繁榮的鋼鐵產業，但是與英法兩國相比，仍算是非常落後的國家。因此俾斯麥把目標放在促進產業發展和富國強兵。想要達成這個目標，最大的力量會是什麼？自然就是普魯士的男性勞動力，也就是那些挖掘煤

俾斯麥
（1815-1898）

炭、煉鋼冶鐵的人們，而且那都是非常辛苦的工作。

即使是普魯士珍貴的男性勞動力，一旦老了，腰挺不直、連步行都有困難、無法繼續勞動後，自然會被炒魷魚。俾斯麥當然也明白這個道理，但他卻在那個沒人在乎勞動權利的時代，成為全世界第一個實施社會保險制度的人，以保障那些無法勞動者的生活。這是非常劃時代的政策。俾斯麥是位非常徹底的現實主義者，也非常愛國，因此目前普遍認為，他認真思考普魯士勞動力再生產的相關問題後，得到了「社會保險」這個結論。

我認為，俾斯麥應該學過普魯士代表性哲學家黑格爾的學說，也就是「結合了家族（愛的世界）與公民社會（權利的世界）所融合成的理想國家——普魯士」。

若說家族與公民社會揚棄後的結果是普魯士，那麼放著那些曾為國家付出勞動力的高齡者不管，就是國家怠慢他們了。假設俾斯麥以黑格爾的國家觀念為理論基礎、並抱著這種想法設計出社會保險制度的話，那就很容易理解了。被稱為「社會保險之父」的俾斯麥，背後或許有著黑格爾的影子。

一般認為，黑格爾是以批判方式繼承了康德的思想，但只要粗略地檢驗一下黑格爾的學說，就會發現與康德其實相去甚遠，也是位難以論斷的哲學家。

若想更深入了解黑格爾的理論，我推薦《精神現象學》《歷史哲學》《法哲學講義》等書。

黑格爾與近代哲學流變

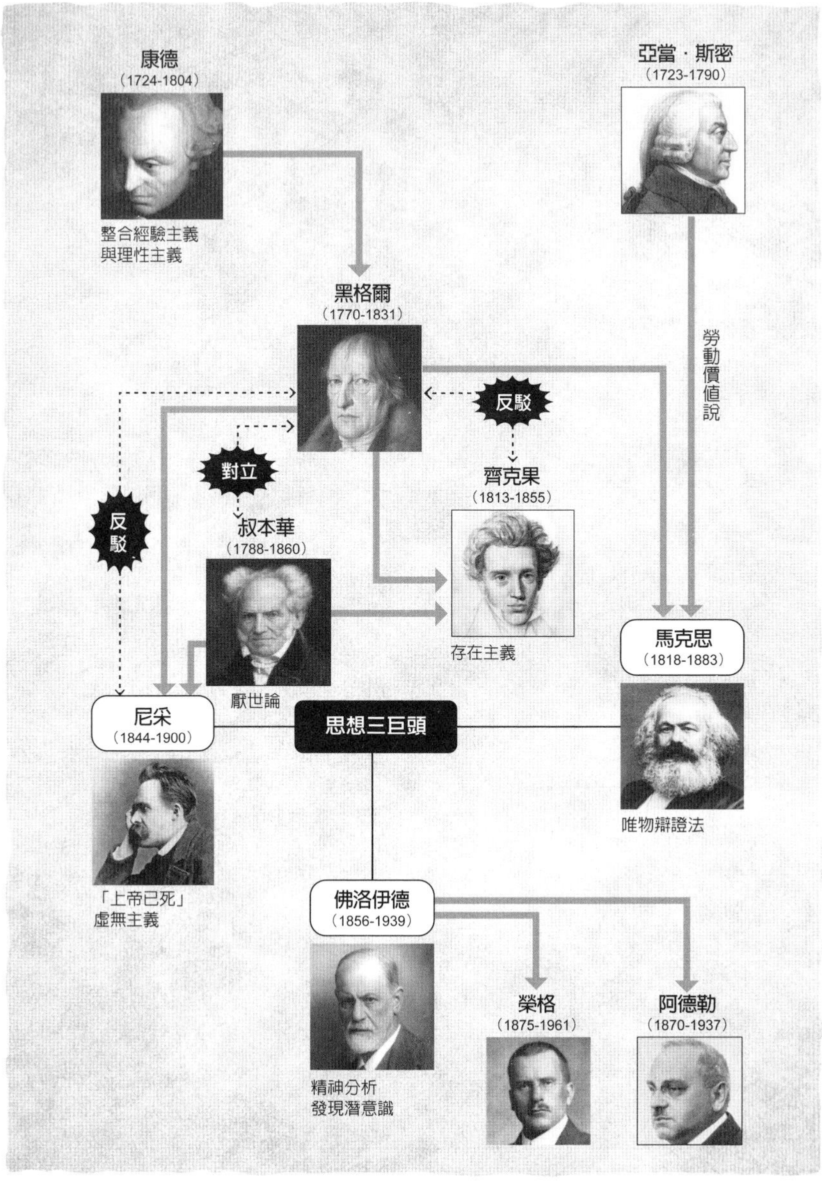
康德
(1724-1804)
整合經驗主義
與理性主義
亞當·斯密
(1723-1790)
勞動價值說
黑格爾
(1770-1831)
反駁
對立
齊克果
(1813-1855)
反駁
叔本華
(1788-1860)
存在主義
馬克思
(1818-1883)
厭世論
尼采
(1844-1900)
思想三巨頭
唯物辯證法
「上帝已死」
虛無主義
佛洛伊德
(1856-1939)
精神分析
發現潛意識
榮格
(1875-1961)
阿德勒
(1870-1937)

3 往池子裡丟石子的哲學家們

托馬斯·阿奎那、笛卡兒、康德或黑格爾等哲學家，他們會以整合性的方式來思考世上的一切。在衆說紛紜、世道紊亂的時候，他們爲了統整全世界，建構出宏大的體系。相對於此，有些人雖然沒像前輩那樣，以邏輯構築宏偉的哲學體系，卻思考出能戳破體系最脆弱處的尖銳理論，或專注於被龐大體系遺漏的事物。

約在法國大革命這段時期，有幾位特別的哲學家，朝著體系化的哲學之池丟了幾顆小石子。最具代表性的，就是邊沁和叔本華。

最大多數的最大幸福

當康德待在寧靜的柯尼斯堡，連約會也不去、拚命思考如何整合理性主義與經驗主義時，被稱爲「神童」的邊沁（西元一七四八～一八三二年）出生在英格蘭。

他將洛克和休謨一路傳承下來的英國經驗主義想得更簡單、合理。他認爲，以經驗主義總括來說，人生可以分成「快樂的事」和「痛苦的事」兩大類：

邊沁
（1748-1832）

「人類生活有快樂與痛苦。加強快樂的行爲稱爲『善』；加強痛苦的行爲稱爲『惡』。」

邊沁還計算「快樂值」。比方說約會，這項行爲的快樂值夠高嗎？是否具備持續性？是否經常覺得快樂？確實覺得快樂嗎？將這些項目一一列出，評斷快樂的程度，綜合分數最高的，就是最大多數人的最大快樂。這是他非常有名的命題。

「快樂的綜合分數」是一個集團或社會的綜合分數。請想想邊沁身處的時代，並以約會的快樂程度爲測量範例，試著假設一位國王與三位大臣的快樂度。由於國王獨占了財富與權力，使得女性很可能都會順著國王的心意。這樣一來，國王的綜合快樂分數雖然有一百分，但三位大臣都是零分，所以合計只有一百分。但是在法國大革命或英國光榮革命後，四位公民（原來的國王與大臣）各自的快樂綜合分數即使只有三十分，加總起來還是有一二〇分。

發生革命，導致國王的腦袋被砍；或是像光榮革命那樣，王室某些權力遭到限制，這會使得國王的快樂度消失，公民的快樂度則會增加。這樣思考就會發現，邊沁的「最大多數人的最大幸福」就是出現於光榮革命和法國大革命等社會制度改革期的論點。

邊沁主張以「最大多數人的最大幸福」爲目標，並做爲政策設計的根本理念。他所持的立場被稱爲「功利主義」（utilitarianism），這個字在英文裡也有實質利益的意思。

與其當隻滿足的豬，不如當個不滿足的蘇格拉底

這是很久以前的事情了。西元一九六四年，東京大學的畢業典禮上，據說校長在致詞中說了一句話，在媒體報導後變得非常有名。

「與其當隻滿足的豬，不如當個不滿足的蘇格拉底。」

時任校長的大河內一男先生從英國哲學家彌爾（西元一八〇六～一八七三年）的著作《效益主義》中引用了這句話：**「做個懷抱不滿的人，比當隻滿足的豬好；身為懷抱不滿的蘇格拉底，也比滿足的愚者來得好。」**（不過後來查證，校長並沒有把講稿上的這一段念出來，所以實際上並沒有說給大家聽。）

如果要問這句話到底是什麼意思，指的就是邊沁所思考的「快樂」，不該只用量的觀點來看，還必須同時考慮品質的差異。換言之，這句話是在闡述高品質快樂的重要性。

彌爾的父親與邊沁是摯友，因此彌爾很小就受過邊沁的教導。彌爾雖然支持邊沁的「功利主義」，不過他認為，重要的不只是項目的多寡和持續時間，也必須重視擁有「像個人該有」的快樂。因此他主張，要增加的不是快樂的「量」，而是這些應該都要能轉換「有品質」的愉悅，也就是可依自己的意志思考、發言的自由——這讓人想到伊比鳩魯的享樂主義。這種思考方式，應該也是在光

彌爾
（1806-1873）

榮革命和法國大革命後，公民意識逐漸抬頭的社會所需要的思想。

彌爾的著作除了《效益主義》，還有《自由論》《我的知識之路：約翰・彌爾自傳》等書，都非常著名。順帶一提，繼承了邊沁與彌爾思想的，是二十世紀時以「更好」的生存之道為目標的實用主義。

叔本華的厭世論是針對黑格爾的強烈反命題

人類的歷史是「正、反、合、揚棄」的一次次升級。先是從奴隸社會走向農奴制，接著是君權政治與共和，歷史可說是人類獲得自由的過程，不斷往前、再往前進。這就是黑格爾的進步史觀。但從某些方面來看，這樣的論點的確過於樂觀。

相對於黑格爾，有一位比他年輕十八歲、並從正面批判這種史觀的哲學家，那就是叔本華（西元一七八八～一八六〇年）。

叔本華反駁，認為儘管黑格爾說獲得絕對精神、得到自由的過程就是歷史，但歷史真的那麼順利地持續進步嗎？五賢帝在位的時期，羅馬帝國的確一直維持在絕佳狀態；然而正當大家覺得接下來會更好的時候，蠻族就入侵帝國，使國家陷入危機。

歷史並不像黑格爾所想的那樣，能靠著絕對精神邁向進步；真正推動歷史的，其實是人類盲目的生存意志。人類畢竟是動物，必須為了留下後代而活。**叔本華斷言，推動歷史的，不過是生存競爭。**

這種「人類（對生存）的盲目意志，是歷史推手」的思考，現在仍廣受支持；達爾文的演化論（天擇說）也是秉持著同樣的思考基礎。同時，叔本華還表示：

「沒有人在追求『絕對精神』這種東西，所以歷史總是充滿紛爭。這個世界上並不是只有快樂……」

他的思想有些偏向厭世主義。若是問起「那麼該如何是好」，叔本華建議大家「請逃進藝術的世界」，因為美好的藝術能拯救人類的心靈。但那是逃避主義。叔本華或許也覺得，若光是這樣，那麼自己的哲學思想多少有些不完美，於是又加上了一些理論；而這種思考也給人一種向康德致敬「道德法則」的感覺：

叔本華
（1788-1860）

「人類具有能同理他人的意志與智慧，所以能互相分享悲傷與痛苦。也正因如此，才能活下去。」

另外，叔本華也對佛教展現出高度興趣，並對佛教和印度思想都有深入研究。在佛教思想中，只要悟道，就能脫離輪迴之苦，就能獲救。

「歷史向前推進時，物質文明或許會稍微跟著進步，但人類所做的事情，卻總是互相殘殺。黑格爾啊，我實在無法認為你所主張的歷史，就是獲得絕對精神、得到自由的過程。」如此思考的叔本華，很容易就被當成厭世主義的代表。但我認為，他的本質，其實是針對黑格爾辯證法的進步史觀所做出的反命題，而他的思想也影響了後世許多哲學者與藝術家。

如果想更進一步了解叔本華的哲學，我推薦《叔本華的幸福論》《人生智慧箴言》等書。

1788
叔本華
1860

1806
彌爾
1873

1712 發明紐科門蒸汽機，工業革命開始

1733 約翰·凱發明織布機用的飛梭

1764 哈格里夫斯發明珍妮紡紗機
1765 殖民地美洲反對印花稅法
1769 瓦特發明新型蒸汽機、
阿克萊特發明水力紡紗機
1776 美國發表《獨立宣言》
1779 克朗普頓發明走錠精紡機

1789 法國大革命

1793 路易十六被推上斷頭臺

1804 拿破崙登基為皇帝，編輯《拿破崙法典》
1806 拿破崙進入柏林
1812 拿破崙遠征俄羅斯失敗
1814 拿破崙戰敗、歐洲開始反對維也納體系、
王政復辟

1830 法國七月革命

1848 1848歐洲革命（人民之春）、
維也納體系瓦解、民族國家確立

1871 德意志帝國成立、
俾斯麥戰略成功

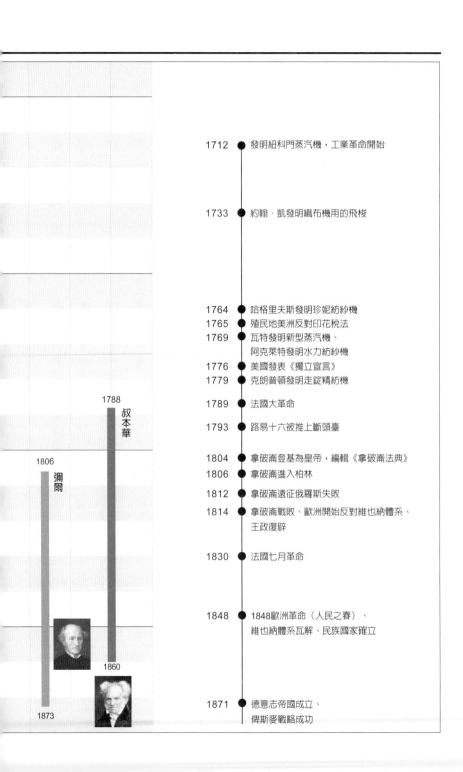

18世紀之後的歐洲動向與哲學家們

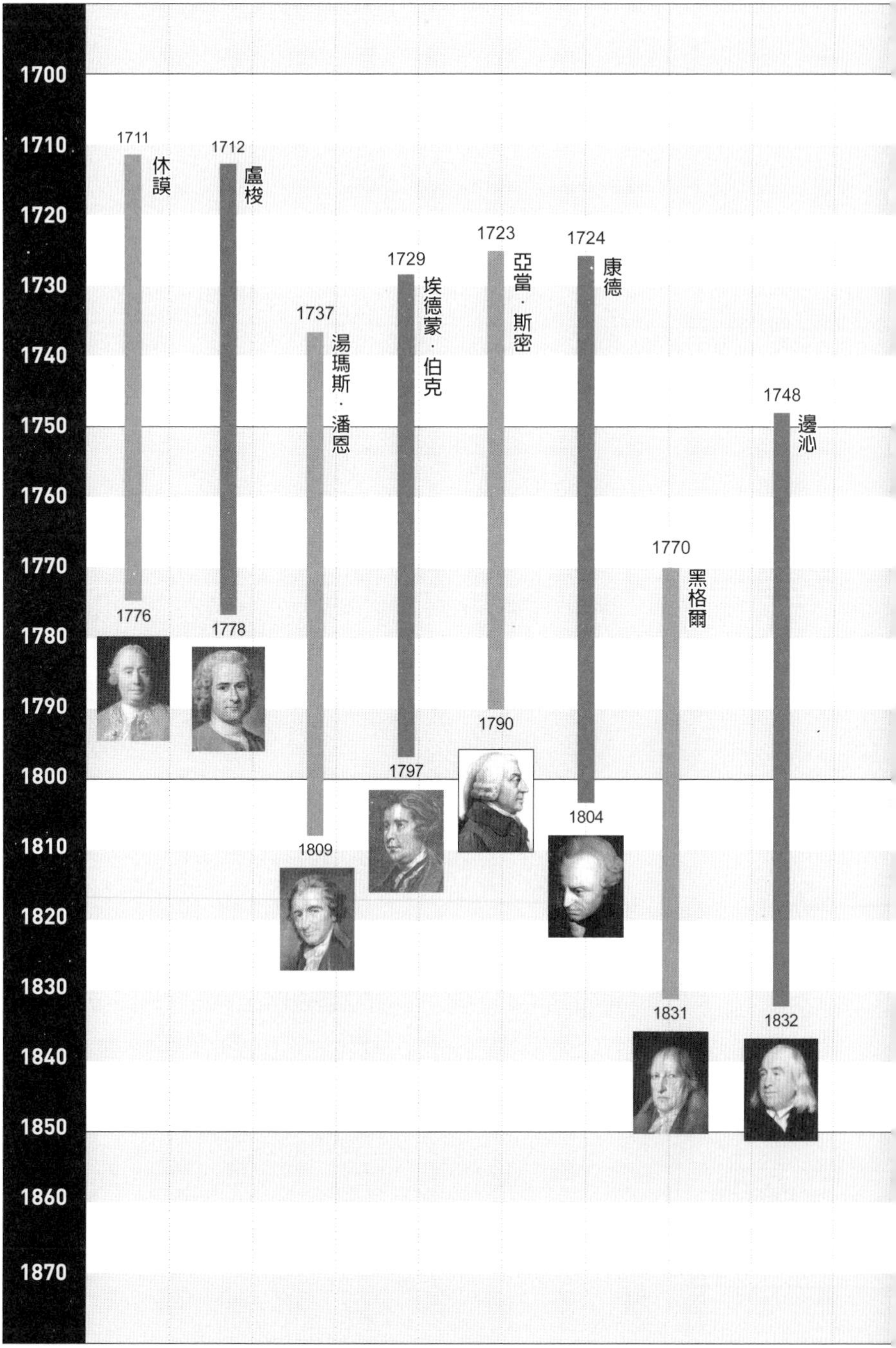

哲學下午茶4

究竟誰更幸福？

西元一八三一年，黑格爾以柏林大學校長的身分過世。依照他的遺言，眾人將他葬在他敬愛的費希特旁邊。在那之後大約三十年，叔本華孤身一人，在法蘭克福悄悄走完一生。

西元一七八八年，叔本華出生於普魯士的但澤自由市，也就是現在波蘭的格但斯克。一開始他先進入哥廷根大學攻讀醫學（西元一八〇九年），但後來對哲學產生興趣，甚至轉學至柏林大學哲學系上費希特的課。後來在西元一八一九年發表了《做為意志與表象的世界》，受到哲學界矚目，並在隔年成為柏林大學哲學系講師。

如同前面所說的，叔本華認為「人類的本質在於意志，世界則是表象」。意志指的是「起因於動物生存本能、對生存的盲目意志」，並主張「人類的歷史是由這種盲目意志所推動的」。這種理論與黑格爾辯證式的理性主義（歷史是人類獲得絕對精神後，得到自由的演進過程）完全相反。

說得更極端一點，黑格爾的史觀非常樂觀；叔本華則已超越悲觀，更接近厭世主義。

但非常諷刺的是，叔本華成為柏林大學哲學系講師的時候，哲學系的教授正是黑格爾。其雄辯又熱情的教學風格讓學生為之瘋狂。黑格爾之所以受到歡迎，有部分是因為他獨創的辯證式理性主義，但多半是受到他對（敗在拿破崙手下，必須重新振作的）普魯士王國的熱烈祖國之愛感染。

叔本華第一次上課那天，教室裡的學生寥寥可數，但他完全不認輸，振振有詞地開始批判黑格爾的哲學、陳述自己的理論。不過學生沒有什麼反應，他的課也沒有特別引發討論。結果他在不久後便辭去教職，單純以一介哲學家的身分終其一生。

但叔本華的思想卻在死後持續影響許多人。最具代表性的包括尼采、維根斯坦、愛因斯坦和佛洛伊德等人。另一方面，黑格爾哲學雖然曾風靡一時，但是在現代，多半是受到批評的那一方。

有時我不免思考：身為「思考者」的這兩位哲學家，究竟誰比較幸福呢？

黑格爾
（1770-1831）

叔本華
（1788-1860）

第11章

十九世紀的哲學新潮流

康德受到笛卡兒與休謨的啓發，黑格爾則受到康德的啓發。哲學家們在自己眼前建造起一座座大山，後繼者們則拚命想跨越它。黑格爾透過辯證法建構出宏偉的學問體系，影響當時的普魯士，甚至是整個歐洲。十九世紀哲學家的目標，便是在於如何超越黑格爾。

另一方面，一八四八年革命發生後，法國再次恢復共和，奧地利與普魯士的君權政治則遭遇非常大的打擊。

一八四八年革命後來成就了法國七月革命，民族國家終於完成。民族國家的力量變強，公民社會也隨之成長。另一方面，工業革命讓機械工業一時之間蓬勃發展，同時也由於對鋼鐵和煤炭的需求激增，那些不人道的過長工時、惡劣的勞動條件、不健康的職場等勞動問題也逐漸浮上檯面。

另外，在宗教世界裡，才獨立不久的義大利王國開始進兵羅馬，企圖統一整個義大利半島，並在西元一八七〇年時占領羅馬，併吞了教宗國（教宗統治的世俗領地）。當時的教宗碧岳九世（西元一八四六～一八七八年在位）在這段期間發表了《謬誤提要》（*Syllabus*），責備所有近代思想與文明，認定這些都是謬誤，並退至梵蒂岡城堡內，自稱「梵蒂岡之囚」，斷絕與外界的連絡，也不再離開梵蒂岡城。自此，羅馬天主教會的權力與權威日漸衰弱。

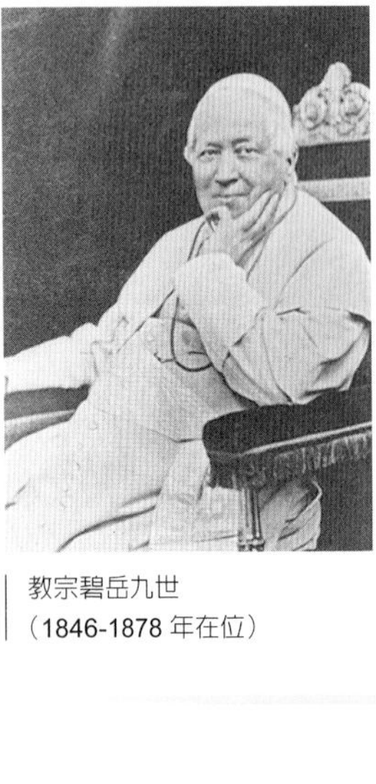

教宗碧岳九世
（1846-1878 年在位）

從這裡可以看到，當時的歐洲正處於史無前例的進步與改革期，而本章最主要的課題，就是介紹挑戰「黑格爾」這座哲學高山的主要幾位哲學家及其學說。

1 齊克果與存在主義

面對黑格爾這座哲學高山，齊克果（西元一八一三～一八五五年）、馬克思（西元一八一八～一八八三年）和尼采（西元一八四四～一九〇〇年）這三位哲學家爲了跨越它，建構出各自的思想。假設有位存在感非常強烈的父親，不論孩子們是否想變得跟父親一樣，建立自己的人生觀時，仍會受父親的影響。這三位哲學家的情況就像這樣，簡直就是從黑格爾哲學中誕生的三兄弟。

另一方面，比這三人稍晚出生的佛洛伊德（西元一八五六～一九三九年），則與馬克思和尼采在二十世紀後半被稱爲（新的）「思想三巨頭」。

齊克果是丹麥人。若要討論他與黑格爾的不同之

齊克果
（1813-1855）

馬克思
（1818-1883）

處，從以下這種方式來思考應該比較容易。

前一章曾提到，黑格爾年輕時曾在耶拿鎮上看見拿破崙的馬上英姿，並留下了「世界精神在馬上安穩地步出了耶拿城」的話。

他所說的「世界精神」與後來提出的「絕對精神」幾乎同義。黑格爾認爲，世界會因爲辯證法持續進步，原動力正是讓世界進化的「絕對精神」，也認爲拿破崙就是體現這種概念的存在。

黑格爾在耶拿城見到拿破崙的當下，正遭到法國士兵追趕，抱著稿紙四處竄逃，說不定當時城中還到處起火呢。即使如此，當黑格爾看見拿破崙時，仍然感動不已，不但大大稱讚他，並視爲「世界精神」的象徵。看見正在開創新世界的拿破崙，黑格爾或許認爲自己所任職的耶拿城就算發生悲劇，也是無可奈何的。

拿破崙爲了實踐「世界精神」，會不惜讓軍馬踏平開在路邊的小花；畢竟和宏偉大業相比，這不過是小事一樁，是無可奈何的。黑格爾的想法正是如此，可說是一種「整體論」的概念。

但齊克果的思考卻完全相反，他認爲，那路邊的小花就是自己。

黑格爾表示，世界能透過絕對精神獲得進步；齊克果卻主張，自己就是那個世界的例外者，是單獨的個人。黑格爾認爲，世界上的所有事物，都是經過正反合相互作用後，以螺旋式往更高層進化；但齊克果卻非常沉痛地批判黑格爾所提出的「進步」，說得更極端一點，這百分之百是

尼采
（1844-1900）

思考遊戲，只是一種概念上的產物。

齊克果表示，**就算像黑格爾那樣，所有事物都能客觀地理清頭緒，對於經常產生變化的「我自己」依舊毫無幫助，一點意義也沒有，「我」永遠是孤單的。**後來他寫下了《非此即彼》這本書，認爲人類應該追求個人的「主觀眞理」活下去，也認爲最優先事項並非整體性的進步。齊克果強調的是「主體性」的「存在」，因此後人稱他的思想爲「存在主義」。

《致死之病》提出的「存在三層次」

齊克果主張，要追求對「自我」而言的眞理，才能打造出自我。簡單來說，就是只要活著，就應該自由選擇喜歡的事，並予以實踐。

齊克果首先思考的是「審美（感性）」，比如美麗的情人、好吃的食物、令人感動的藝術，日復一日追求這些東西而活著。但要是早中晚三餐都吃魚子醬，遲早會膩，因此「審美」這種存在層次是無法持久的。

第二種層次是保障主體存在的生存方式「倫理（理性）」。簡單來說，就是生活中處處考慮別人、重視他人的生活方式，但是這種充實感與僞善其實只有一線之隔，說不定別人還會說「這不過是自我滿足罷了」。而且不論做什麼都顧慮別人，也不一定能讓自己有活著的感覺。

這麼說的話，人類若眞的想感受存在，莫非只能依靠神？這也就是「宗教」。人類一度否定「神」這個盲目的信仰對象，卻再度相信有超越人類理性的神，重新投身於神的懷抱。齊克果提出的結論就是，唯有「宗教性」，才能讓人重獲「凡事皆有可能」的希望。

從存在主義的立場反駁黑格爾提倡的普遍性真理時，其中一種方法就是像齊克果這樣，透過與神之間的關係（也就是相信神）做為自己的定位。另外還有一種方法，就是不認同神，認為「我就是我」，這也就是稍後會敘述的尼采所採取的立場。

此外，《致死之病》的主題圍繞著「絕望」展開，由「致死之病是絕望」和「絕望是罪」兩大部分構成，是齊克果晚期思想的巔峰之作，非常值得一讀。

2 把「絕對精神」換成「生產力」的馬克思

馬克思（西元一八一八～一八八三年）出生於德國，比齊克果年輕五歲左右，父親是一位改信新教的猶太律師。與感受到黑格爾「壓迫」的齊克果不同，馬克思有冷靜對待黑格爾思想的餘裕，因此以修正黑格爾哲學為發展方向，開創自己的學說。

黑格爾認為，社會將為了實現絕對精神而持續進化。馬克思強烈支持「社會進化」的想法，但他無法理解「絕對精神」這個概念。當然，把「絕對精神」當成一個普通名詞的話，的確可以說明黑格爾的思想，但具體來說，究竟什麼東西能成為進步的原動力？馬克思認為這非常重要。

他同時表示，爲了讓世界進步，其動力不能是「絕對精神」這種抽象的概念，應該是物質。

那麼，究竟是指什麼？

馬克思所說的「物質」，就是指能創造社會經濟結構的「生產力」。他認爲，社會的構造是這樣的：**做爲社會基礎（下層結構）的經濟結構上，有著由政治、法制、意識形態等組成的「上層結構」；上層結構則是由下層結構所規範，兩者密不可分、緊緊結合**。因此，用來打造經濟結構的生產力，將會形成上層結構的意識；如果生產力有所變化，那麼各關係也會產生變化，而這就是推動歷史的原動力。

馬克思認爲，推動歷史的並非「絕對精神」那種概念，而是具體的「生產力」。唯物史觀就此誕生。

最初是強勢者將弱勢者當成奴隸，並嚴苛驅使的奴隸制社會，是個只有主人與奴隸的單純社會。接下來轉移到封建社會，是個有君王、有地方領主，還有農奴和奴隸的社會。後來的工業革命使社會規模擴大、人口增加，生產力自然也急速上升，社會便從封建制度進化到資本主義。至於再接下來，歷史應該走向社會主義和共產主義。馬克思的思想建立了如此的唯物史觀。

馬克思
（1818-1883）

資本主義異化了勞動

馬克思和俾斯麥是同一個時期的人。當馬克思在倫敦進行寫作活動時，英國的工業革命已經發生了超過一個世紀。

俾斯麥認爲，如果放著那些在礦坑或煉鋼廠等嚴苛勞動環境中工作的公民不管，就無法再次利用這些建構出普魯士光明未來的勞動力，因此制定了各種社會保險法規；換句話說，俾斯麥是站在國家的立場，擔憂勞動者的狀況，而思考出社會保險制度。

另一方面，身處工業革命浪潮下的倫敦，馬克思認爲在資本主義社會中，資產階級獨占了生產手段。所謂的「生產手段」，指的是「生產過程中，需要使用的資源或條件」，具體來說包括：土地、森林、水域、礦藏、原料等「勞動對象」，和生產用具、生產用建築、交通、通訊方式等「勞動資料」。

獨占了生產手段的資產階級，不斷思考該如何提高勞動的「剩餘價值」——簡單來說，就是投入的成本與產生的利益之間的差距。馬克思認爲，剩餘價值是透過土地、資本與勞動產生的。最終極的價值就是勞動。這是亞當・斯密提出的「勞動價值理論」，並由馬克思繼承與發展。確實，因爲有人類的勞動，才能產生剩餘價值；不過在現代，頭腦的勞動比肉體更能接連創造出新的剩餘價值；只要看看ＧＡＦＡ（指Google、蘋果、臉書和亞馬遜四家企業的首字縮寫）或那些被視爲「下一個ＧＡＦＡ」的獨角獸企業（注：指成立不到十年，但估計市值已超過十億美金，且股票仍未上市的公司）就知道了。

資產階級獨占了土地與資本等生產手段，也爲了提升剩餘價值，打算提高勞動價值——具體來說就是增加勞動量。因此，資本家會盡可能讓勞動者長時間工作，並以較低的薪資雇用。換言之，就是當慣老闆、榨取員工的勞力。

勞動本該具備創造性，也應該是非常愉快的行爲，但由於勞動者缺乏生產手段，因此只能受到嚴苛對待，導致勞動者與資產階級的差距越來越大。爲了阻止「勞動異化」（注：「異化」〔alienation〕的原意是「分離」，意指人類與其本質的分離。簡單來說，「勞動異化」指的是原本用來發揮心智創造力的勞動，後來反而變成讓人心靈空虛、精神麻木的工作過程），馬克思認爲，生產手段應該公有化。

但就算勞動者這麼希望好了，獨占這些手段的資產階級不可能默不作聲，因此馬克思認爲，這種情況將導致階級鬥爭。只要勞動者能在鬥爭中獲得勝利，生產手段就能公有化，國家就會轉向社會主義；而社會主義國家將獲得勝利，繼續朝下一個階段前進，最後到達終點「共產主義」，這也就是世界的進步。馬克思將黑格爾的辯證法轉換爲唯物辯證法，並與盟友恩格斯共同撰寫《共產黨宣言》；時間就在一八四八年革命的前一年。

這裡就是羅德島。你跳吧！

儘管馬克思逝世至今已近一四〇年，但直到現在，每當媒體報導黑心企業或惡劣勞動條件等問題時，仍時常提到「（勞動）異化」一詞；另一方面，許多國家也都有共產黨這個政黨。

馬克思是一位哲學家，以個人的世界觀為基礎，建構出獨特的政治思想。他的唯物史觀就像法國大革命的「自由、平等、博愛」，擴散到全世界，並為經濟學、社會學和政治學帶來深刻影響。就現實性和影響力來看，馬克思可說是史上少見的哲學家。

「哲學家所做的，不過是對世界提出各式各樣的解釋罷了。但重要的是改變世界。」

這是馬克思的盟友恩格斯在《費爾巴哈和德國古典哲學的終結》一書中所提到的。如同王守仁批評朱熹「知先行後」，高聲吶喊「『知行合一』才是最重要的」，這句話也有相似的涵義。但馬克思與恩格斯更進一步以簡明易懂的方式，說明勞動為何產生異化的原因，才使他們的思想能超越時代、廣為人知。

「Hic Rhodus, hic salta!」是句拉丁文，意思是：「這裡就是羅德島。你跳吧！」這句話出自《伊索寓言》的一則故事：有個男人到羅德島參加當地舉辦的田徑比賽，回到故鄉後便不斷向大家炫耀：「我在羅德島跳得可遠了。你們去打聽一下就知道，我在那邊可是個名人喔。」大家一開始默默地聽著他吹噓，後來便有個男人開口：「不用找證人。你就當這裡是羅德島，跳給我們看吧。」

後來黑格爾在《法哲學原理》中引用了這句話，馬克思也曾在《資本論》中引用同一句話。「不行動就沒有意義」「要在當下所在之處實踐」，馬克思將「這裡就是羅德島。你跳吧！」當成煽動力極強的口號來使用，並賦予了這兩層內涵。這句話在十九世紀的歐洲，就像野火燎原般快速擴散，並進一步催生了蘇維埃聯邦。另一方面，有很長一段時間，他的《資本論》都是革命運動的聖經。馬克思留下許多著作，包括《雇傭勞動與資本》《德意志意識型態》《一八四四年哲學和經濟學手稿》《路易．波拿巴的霧月十八日》《哲學的貧困》等書。

演化論與天擇說的衝擊

和馬克思同時代、其學說也如唯物主義般對世界產生重大影響的學者，正是傑出的地質學家達爾文（西元一八〇九～一八八二年）。他在著作《物種起源》中提到了「演化論」和「天擇說」，可說是從根本顛覆了神的存在。達爾文的貢獻在於讓世人知道「偶然」的重要性，而決定論（世上一切事物和現象，一開始就被某個特定原因決定好了）也因此變得越來越站不住腳。

二〇〇二年，英國廣播公司播放了一個節目，由觀眾投票決定「一百位最偉大的英國人」，達爾文獲得第四名，僅次於邱吉爾、鐵路工程師布魯內爾和黛安娜王妃；當然，他是所有科學家中排名最高的，第五名是莎士比亞、第六名是牛頓、第七名則是伊莉莎白女王（一世）。

順帶一提，演化論最早是由與泰利斯同時代的阿那克西曼德（約西元前六一〇～五四六年）所提出，是一種非常古老的論點。另外，西元九世紀時，巴斯拉（位於現

達爾文
（1809-1882）

今伊拉克）的伊斯蘭學者賈希茲（Al-Jahiz，約西元七七六年～八六八／八六九年）也在他的著作《動物之書》中也提出了與天擇非常接近的想法。

3 尼采直言「上帝已死」

尼采（西元一八四四～一九〇〇年）同樣出生於德國，約比齊克果小三十歲左右。

他就像家中那個最叛逆的么兒，對黑格爾的哲學採取嚴厲批判的立場。

他和齊克果一樣，都否定黑格爾的絕對精神；至於與齊克果之間的差別，則在對神的見解。

相較於黑格爾「人會朝著絕對精神不斷進步」的論調，齊克果認爲「抱歉，我可不是這樣。比起那種東西，我更想要自己的和平」，而最終能拯救自己的，就是宗教。但尼采除了否定象徵絕對精神的「絕對眞理」，也否定了神的存在。

賈希茲
（約 776-868/869）

尼采
（1844-1900）

「上帝已死」，世界上已經沒有任何絕對的存在。對抱著這種想法的人來說，不論是帶來束縛或可依靠的事物全都消失了。這樣一來，人就必須面對空虛，並因此落入虛無主義——一般來說，大家應該會這麼認爲，但尼采卻表示不只如此。只要接受「上帝已死」這項事實，就算世上一切皆爲空虛，還是有人會向前邁進、以積極的態度接受虛無。因此，尼采認爲，即使是虛無主義，也分爲被動與積極兩種。

就算沒有絕對的存在，即使上帝已死，還是有能積極接受虛無主義、努力活下去的強悍人類。尼采會這樣認爲，其實是某種思想所導致的；這也與他思考歷史的方式有深切的關係。

歷史的「永劫回歸」

尼采與黑格爾、馬克思等人最大的不同，在於掌握時間的方式。黑格爾和馬克思都認爲，歷史會朝著理想的方向前進；但尼采卻認爲歷史是「永劫回歸」（循環式的時間流，認爲時間和人的性命都會永遠輪迴下去）的。人類並沒有那麼聰明，會不斷重蹈覆轍，完全沒有進步。這種思考方式並非把歷史當成直線式的進步過程，而是循環式的、不斷重複的時間流，這一點與佛教輪迴轉世的想法相同。

尼采的「永劫回歸」否定了黑格爾的進步思想，他更進一步認爲，人生是無可取代、一次性的過程，這是人類的命運；當然，也有能坦然接受命運、努力活下去的人，這種人就是積極的虛無主義者。

「超人」與「權力意志」，尼采的存在主義

尼采認爲，當人類想堅強活下去時，若問要以什麼做爲最重要的理念，那就是「權力意志」；也就是想變強、變得偉大，並以此爲目標活下去。以齊克果來說，就算爲世間奉獻，到頭來也是一場空，因此認爲自己不過是個局外人，最後只能求助於神。只要相信神，就能活下去，心靈就能獲得平靜。

但是尼采斷言「上帝已死」。如果時間與歷史都不會進步的話，那麼能依靠的就只剩下自己了。尼采認爲那些接受「世上沒有神，也不會進步」、接受命運、努力活下去的人便是超人，他們憑藉著權力意志來推動這個世界。與齊克果的宗教性存在主義相比，尼采可說是確立了強烈肯定人生的存在主義。

話說回來，尼采的「超人」思想與希臘化時期的斯多噶學派有幾分相似。季蒂昂的芝諾（西元前三三五～二六三年）所創立的斯多噶學派告訴人們，只要能以理性控制激烈動盪的情感（pathos），就能獲得心靈平靜（恬淡寡欲）。冷靜接受命運、追求德性生活是最理想的生存之道，而羅馬帝國的皇帝與貴族們也對這種思考方式深有同感。

思考尼采與斯多噶學派的共通點後會發現，人類所思考的事多半是相似的，也很少出現特別到令人驚訝的優秀理論。人類的確沒有那樣聰明。

對基督教的批判

法文有個字，叫「ressentiment」，意思是「無名怨憤，怨恨、憎惡、嫉妒等情緒反覆攻擊並累積於內心的狀態」，通常用來指弱者對強者抱持的情感，以及民衆對王公貴族所懷的怨恨與嫉妒。有好幾位哲學家都用過這個字，齊克果將它當成哲學上的概念，尼采則大膽地使用它。

對於那些煩惱著無論怎麼勤奮工作，仍非常貧窮的人們，基督教是這麼說的：

「沒錯，你很窮，但能前往天國的正是你們這樣的人。有錢人要前往天國，比駱駝通過針孔還難，因此不必在意他們。天國之門是爲貧者開啓的。」

而這就是尼采所謂的「奴隸道德」。

他認爲，基督教巧妙地利用了貧困者因支配者和富裕階層的壓迫所產生的無名怨憤，並以天國爲餌食，使窮人成爲教徒。結果，許多人就此放棄了他們原先所具備「應該強悍活著」的心靈（權力意志），並接受命運、將自己交給上帝，落入被動的虛無主義中。

尼采不但批判基督教，幾乎可說是與教會產生正面衝突。話說回來，馬克思也曾說過「宗教是人民的鴉片」這種話。

在尼采的時代，生物學與物理學等自然科學都不斷在進步中，那些原先藉著神之名來理解的事物，也已逐漸能以科學說明。自柏拉圖時期開始建立的哲學與宗教打造出的世界觀，事實上正逐漸崩毀，因此尼采才斷言「上帝已死」。但他並不只是嘴上說說，同時試圖以「無名怨憤」來分析基督教所犯的錯。

希臘神話中，普羅米修斯由於憐憫挨餓受凍的人類，於是盜來天火。人類儘管免於凍餒，普羅米修斯卻必須受到宙斯的懲罰：被鎖鏈綁在高加索山上，讓一隻老鷹天天前來啄食他的內臟，又讓他不斷長出新的。從某方面看來，尼采對基督教奪走人們「權力意志」的批評和他所採取的行動（著書），讓他就像普羅米修斯一樣。

尼采後來精神崩潰，晚年在母親身邊度過，其思想對二十世紀以後的哲學產生非常大的影響。重要著作包括《悲劇的誕生》《查拉圖斯特拉如是說》《善惡的彼岸》等書。

另外，關於現代的無神論，知名演化生物學家理查．道金斯的《上帝的錯覺》一書整理得非常完備，值得一讀。

「三兄弟」哲學的共通與對照

本章一開始時說過，我認為齊克果、馬克思和尼采這三位，就像從黑格爾哲學中誕生的三兄弟，他們彼此之間也有兄弟般的共通點。

齊克果與尼采讓「存在主義」和「無名怨憤」的概念得以成立，就這一點來說，他們就像雙胞胎。但是就結果來看，相信神的齊克果與捨棄神的尼采，卻走上了完全相反的道路。另外，建立唯物史觀的馬克斯否認所有宗教，根本不認同神。在這方面看來，馬克思與尼采也有共通之處。

工業革命與民族國家的建立，是人類史上規模最大的兩項創新。在歐洲逐漸發展出世界霸權的同時，從擁有宏偉哲學體系的黑格爾哲學中，分化出三位哲學家各不相同的思想：反抗黑格爾的思考、向神尋求救贖的齊克果；尊敬黑格爾的理念、打算往科學更進一步的馬克思；不認可黑格爾的「絕對精神」，也與神斷絕往來、打算獨自生存的尼采。

從這三人分化自黑格爾哲學的思想，以及他們身為近代最後的哲學家來看，我想現代思想的框架大致上已經完備。如果覺得歷史會持續進步，那麼不需要依靠什麼，人類就能活下去；若覺得世界並不會進步，就要思考是否該依賴像宗教這樣絕對的存在，或者像普羅米修斯一樣，即使遭受責罰，也要靠自己的權力意志活下去。

至於將這三位比喻為黑格爾的三個兒子，或許會有人生氣地覺得「這實在太亂來了」，不過這只是我個人的假設，還請見諒。

4　佛洛伊德的精神分析學

佛洛伊德（西元一八五六～一九三九年）是有著猶太血統的奧地利心理學家，也被認為是精神分析學的創始人；換言之，他並不是哲學家。但他所提出的「潛意識」，卻對人類有非常大的貢獻。

包括尼采在內，佛洛伊德之前的哲學家都將哲學建立在理性，也就是「人類意識」這個基礎上。換句話說，全都是人類靠大腦思考的事情。

但佛洛伊德透過夢境爲病人進行精神分析時，卻開始懷疑：夢境是潛意識浮上表層的表現，該不會潛意識才是人類的動力吧？

佛洛伊德
（1856-1939）

「潛意識會讓人行動嗎？」

有很長一段時間，哲學家將理性思考的產物以文字寫成詞句，用精密的邏輯表現意識世界，其中也誕生了不少偉大的哲學果實。

但佛洛伊德卻表示，推動人類的，或許並非腦部的意識，而是潛意識。這是一種新的觀念。時至今日，腦科學研究已證實，大腦的運作中有九成以上都屬於潛意識，而那些部分很顯然會驅動人類。以這個角度來看，佛洛伊德確實爲原先的哲學找到了完全不同的切入點。

至於推動潛意識的又是什麼呢？佛洛伊德認爲是「欲力」（libido），並引發了極熱烈的討論。在拉丁文中，「libido」原來是「欲望」的意思，佛洛伊德用它來表示引發性衝動的力量。換言之，他認爲人類潛意識行動的背後，有著各式各樣的性動機。

好比「伊底帕斯情結」。佛洛伊德認爲，男孩爲了獲得母親的愛，於是下意識地憎恨身爲同性的父親。「伊底帕斯情結」是佛洛伊德自創的詞彙，取自希臘神話中伊底帕斯王的故事：他在不知情的情況下殺死了生父，並與母親成婚。至於「情結」（complex）這個詞，在精神分析學中指的是「複合的情感」。

關於「欲力」的解釋，佛洛伊德雖然著重於性衝動，不過到了他晚年的時候，學說內容已經產生了一些變化。他指出，支配人類潛意識的，包括生存本能（Eros，愛欲）與死亡本能（Thanatos，死欲）。人類有「必須留下後代！」的強悍生存本能；另一方面，想毀壞世界的死亡本能，是否也強烈存在人類心中呢？佛洛伊德思考後，提出「愛欲」與「死欲」的概念。

雖然佛洛伊德並不是以哲學家的身分確立自己的理論體系，但他在精神分析學所留下的大量成就（包含指出潛意識世界之廣），都對現代哲學界、思想界與藝術界等造成非常大的影響。

在進入二十世紀前的近代，我之所以舉出齊克果、馬克思、尼采和佛洛伊德來收尾，因為我認為，思考著潛意識的佛洛伊德，就像是走在齊克果和尼采身邊的堂兄弟一樣。

談到佛洛伊德的著作，《精神分析引論》《夢的解析》都非常知名。

除了佛洛伊德，還有榮格與阿德勒

最後稍微介紹一下曾與佛洛伊德共同進行研究，也留下優秀學術成果的兩位精神分析學家。

第一位是榮格（西元一八七五～一九六一年），出身於瑞士。他原先是佛洛伊德的學生，但由於佛洛伊德過

榮格
（1875-1961）

度將性欲和「欲力」連結在一起，因此產生反彈，最後選擇出走、建立自己的學派。榮格認爲人類潛意識的深層，有著超越個人經驗的先天性「集體潛意識」。他的學派稱爲「分析心理學」，著作包括《榮格論心理類型》等。在日本，最知名的心理分析師莫過於河合隼雄。

另一位則是阿德勒（西元一八七〇～一九三七年）。他曾與佛洛伊德共事，後來確立了自己的心理學派（個體心理學），並獲公認對現代人格理論及心理療法的確立有卓越貢獻。前幾年所出版、由岸見一郎和古賀史健合著的《被討厭的勇氣》引發了前所未有的「阿德勒熱潮」。

阿德勒
（1870-1937）

哲學下午茶5

齊克果的重擔

在進入二十世紀前，幾乎沒有什麼人知道齊克果，但他的一生卻有如傳說故事般跌宕起伏。齊克果（西元一八一三～一八五五年）出生於丹麥的哥本哈根，家境富裕，父親是位毛織品商人，他還有三位哥哥和三位姊姊，是家中的么兒。齊克果的父親出身日德蘭半島的貧困農家，甚至窮到必須跟教會借房子住，他常為此向神抱怨家中的貧窮、詛咒神；不過他在很年輕時便前往哥本哈根經商，後來也賺了大錢，家境才得以改善。此外，齊克果的父親還在妻子死後，強行讓妻子原本的女僕懷孕，讓這名女子成為續弦妻。

齊克果的父親認為，自己能富甲一方，是貧困時向神抱怨所得到的補償；但另一方面，他也對自己讓亡妻的女僕懷孕，且未在上帝面前為愛立誓一事感到罪惡與畏懼。因此，齊克果的父親似乎非常悲觀地認為，兒子將因天罰之故，難以活得長久。基於這些複雜的理由，他對自己五十六歲時才生下的么兒齊克果施以具有強烈宗教性的禁欲教育。

西元一八三〇年，十七歲的齊克果進入哥本哈根大學神學院學習哲學。那時候，他的兩位兄長、三位姊姊及母親俱已逝世。就在那時候，父親向他表白自己的過去與對上帝的畏懼。這讓齊克果受到非常大的衝擊，或許也感受到某種罪惡感。一八三八年，父親去世，但就在那段時期，齊克果愛上了一名十四歲的少女維珍妮，並在一八四〇年——齊克果二十七歲、維珍妮十七歲時締結婚約。

沒想到，才短短一年，齊克果便單方面毀婚。他並沒有說明理由，眾人對此事的臆測可說千奇百怪，包括對上帝的罪惡感、認為婚姻這種形式與對維珍妮的純愛並不相容；也有人猜測他是否有性功能或其他生理問題，甚至有人說他脊椎側彎。

解除婚約後，齊克果便前往柏林，觀賞莫札特的歌劇。之後又到柏林大學聆聽與黑格爾有深交的哲學家弗里德里希．謝林（西元一七七五～一八五四年）授課，而當時正是謝林開始轉向批判黑格爾的時期。西元一八四二年，齊克果回到哥本哈根，但整個人就像被什麼東西附身似地專注於寫作。就在西元一八五五年的晚秋，他倒在哥本哈根路邊，幾天後便死去了，享年四十二歲。他留下遺書，把遺產與遺稿都留給前未婚妻維珍妮，但據說維珍妮只收下了他的遺稿。

齊克果
（1813-1855）

哲學下午茶6

宗教是人民的鴉片？那哲學呢？

尼采曾激烈地批判基督教，認為教會巧妙地利用了窮人對富人的無名怨憤，一方面說天國之門是為窮人開啓的，要窮人安心走上信仰之路，好獲得信徒；另一方面，也奪走了這些人強悍的生存意志。

馬克思也抱持相同的邏輯：

「宗教是遭壓迫生靈的嘆息，是無人性世界中的人性，是無靈魂處境中的靈魂。它是人民的鴉片。」（引自《黑格爾法哲學批判》）

這篇論文寫於西元一八四三年，當時馬克思才二十五歲，英國對清朝發動的鴉片戰爭（西元一八四〇～一八四二年）才結束不久，馬克思可能因此將宗教比喻成鴉片（除了具有鎮靜麻醉之效，當時也用它來暗指社會衝突與問題）。

切開罌粟果實時，會流出白色的汁液，加工後就能製成鴉片。而吸食加熱鴉片所產生的煙霧，能讓人產生陶醉感與催眠效果，那種舒適被認為是「無人性世界中的人性」「無靈魂處境中的靈魂」。馬克思批評，宗教給予人們的安逸感與鴉片無異，並以此說服苦於專制支配的民眾隱忍。他的論點和尼采也十分相似。

世界上永遠會發生不可理喻的事，因此才需要毒品這樣能短暫讓內心感覺舒適的東西；有些人認為，能帶來相同功效的，便是宗教，這也是宗教與哲學不同的地方。不過我的想法是，若是相信某個理論，並藉此確立生存的自信與喜悅所在，那麼就像認為勞動階級應該統治世界的馬克思主義，其實也有不少與宗教相似的面向。不管在哪個時代，要尋找哲學與宗教之間的界線，都是難以蓋棺論定的難題。

順帶一提，用來提煉鴉片的罌粟，早在西元前三四〇〇年左右，美索不達米亞一帶就有種植。鴉片主要是做為止痛劑與安眠藥，至於變成毒品與遭到濫用的歷史，其實沒那麼久遠。以日本為例，西元一九五四年制訂《鴉片法》後，便禁止採集、持有、進出口與買賣鴉片。在那之前，日本到處都能見到紅、白、紫色的美麗罌粟花。

馬克思
（1818-1883）

哲學下午茶7

馬克思身邊無可取代的那個人

馬克思（西元一八一八～一八八三年）的名字經常與恩格斯（西元一八二〇～一八九五年）連結在一起，但兩個人的相遇其實是偶然。馬克思出生於德國的特里爾，在家排行老三，父親是一位律師。馬克思從波昂大學轉學到柏林大學後罹患肺結核，也因此無法依原本的期望成為大學教授。西元一八四三年時，他成為雜誌《德法年鑑》的編輯，並遷居至巴黎。

恩格斯則出生在德國萊茵，是一位企業家的長男。他在父親的要求下，自文理中學（德國的九年制高等學校）退學後，當了三年的學徒。西元一八四一年起，由於服兵役的緣故而停留在柏林，並在柏林大學聽了謝林的課。在那之後的兩年，他在英國曼徹斯特一間父親與他人合夥經營的紡織廠工作，並在那段時間裡，觀察到許多勞動者的生活狀態；西元一八四四年時，恩格斯在雜誌《德法年鑑》上發表了〈政治經濟學批判大綱〉這篇文章，並獲得馬克思的大力讚賞。

也在這一年，恩格斯與馬克思在巴黎碰面。自此，兩人便成為攜手參加社會經濟學分析與勞工運動的夥伴。

西元一八四八年，歐洲陸續發生法國二月革命，以及德國、奧地利的三月革命，革命風潮遍地開花。為了替共產主義者同盟（前身為「正義者同盟」）開路，馬克思和恩格斯發表了《共產黨宣言》。但是隔年，也就是西元一八四九年，由於掌權者的鎮壓增強，各地革命運動頻頻遭受挫折，馬克思與恩格斯便逃亡到倫敦。

馬克思在倫敦的生活重心是撰寫《資本論》，與妻子和三個女兒過著非常貧困的生活。當然他也有工作——美國激進派報紙的特派記者，但經濟上主要還是依靠恩格斯的資助。

當時恩格斯住在曼徹斯特，是個擁有雙重生活的人：平常在父親的紡織公司裡擔任要職，同時也是證券交易所的會員，還是個住在高級住宅的單身男子。但是一到了週末，便住在勞工之女的情人家中，是位革命者。自西元一八五〇到一八七〇年這段時間，恩格斯都過著這種雙重生活，並持續資助馬克思的家計。西元一八七〇年時，他賣掉了紡織公司的股份、離開倫敦，之後就一直與馬克思共同行動，同時也動筆撰寫包括他最具代表性的著作《自然辯證法》在內的書籍。西元一八八三年，恩格斯親眼見證了馬克思的離世，而直到恩格斯一八九五年臨死之際，才終於與情人正式成婚，隨即撒手人寰。對馬克思而言，恩格斯確實是一位非常寬宏、優秀，又有點不可思議的人生伴侶。

恩格斯
（1820-1895）

哲學下午茶8

尼采的哲學、健康與疾病

尼采（西元一八四四～一九〇〇年）出生於德國（當時還是普魯士王國）的萊比錫近郊，排行老大，父親是一位富裕的牧師。尼采相當受到日本人歡迎，有不少撰寫他生平的書籍；其中，現任明治大學教授清水真木的《尼采入門》可說是非常新的一部作品。

從大學到博士班，清水教授都以尼采為研究對象，過程中除了研究思想與學說外，也徹底查證尼采的各項紀錄與傳說等資訊，持續建構有關尼采樣貌的細節。透過清水教授的研究，我們也才得以確定尼采的思想核心有「健康」與「病態」這兩部分。

人類生理或精神上的健康與病態是怎麼回事呢？若能從這個角度試著思考「超人」與「永劫回歸」等思想，似乎就更能朝尼采的哲學更進一步——我想這並不是誤解，而是清水教授的直覺。

姑且放下清水教授的研究，無論如何，尼采這位哲學家，在人生理應最豐收的時期，持續與疾病奮鬥，並就此結束一生。

西元一八七〇年四月，二十五歲的尼采成為瑞士

尼采
（1844-1900）

巴塞爾大學的教授，但同年八月就爆發了普法戰爭，他因此從軍成為看護兵，卻又感染了痢疾與白喉而病倒。雖曾短暫復原，不過他的健康狀況自此每況愈下，也無法繼續在大學授課，最後於西元一八七九年離職。

西元一八八〇年春天，尼采在鬼門關前走了一遭。之後他只靠著大學的退休金，將精力全部集中於完成自己的哲學。為了不讓自己的知識活動發生問題，他養成了非常規律的生活：每年七到九月待在瑞士、十月到隔年四月則在北義和南法等地中海沿岸，過著簡樸的休養生活。在這樣的生活循環中，他完成了《查拉圖斯特拉如是說》和自傳《瞧！這個人》。他中規中矩的「漂泊者」生活一直持續到西元一八八八年，不料隔年一月於杜林因身心崩潰而住院。西元一九〇〇年八月在威瑪過世，享年五十五歲。

針對尼采的發狂，清水教授是這麼說的：

「尼采在道盡所有應述之事後發狂。發狂時，尼采已沒留下任何能夠表述的東西。」

第12章

激起二十世紀思想界漣漪的人

依我個人之見，二十世紀的哲學界並沒有像康德或黑格爾那樣能扛起一整個時代的人。就哲學與宗教層面來看，二十世紀是個切割而非整合的時代。

二十世紀經歷了兩次世界大戰，除了歐洲退燒、東西冷戰，社會主義體制也逐漸崩壞與結束；同時，自然科學方面大有斬獲，許多事情都獲得了解答——畢竟連構成宇宙的物質（物質、暗物質、暗能量）的比例都分析出來了。

也有些人認爲，二十世紀的哲學者非常「小家子氣」。這是由於科學發達，使得世上的未知之事大幅減少，所以很難再構思出什麼嶄新的理論。

這一章列出五位足以代表二十世紀思想界的哲學家：索緒爾、胡塞爾、維根斯坦、沙特和李維史陀。我很清楚，這麼做很容易被大家認定「太亂來」，但我認爲，如果要談論二十世紀的哲學，要不就是選擇其中五人，要不就得多到三十人，因此我選擇了前者。順帶一提，如果是三十人，大概就是前述這五位，再加上左頁表格中的這些人。

1 視語言為符號的索緒爾

索緒爾（西元一八五七～一九一三年）有「語言學之祖」或「近代語言學之父」的稱號。在他之前的語言學稱爲「歷史語言學」，是以語言系統、傳播關係及特異性等個別語言研究爲主。

20世紀的五位知識巨人

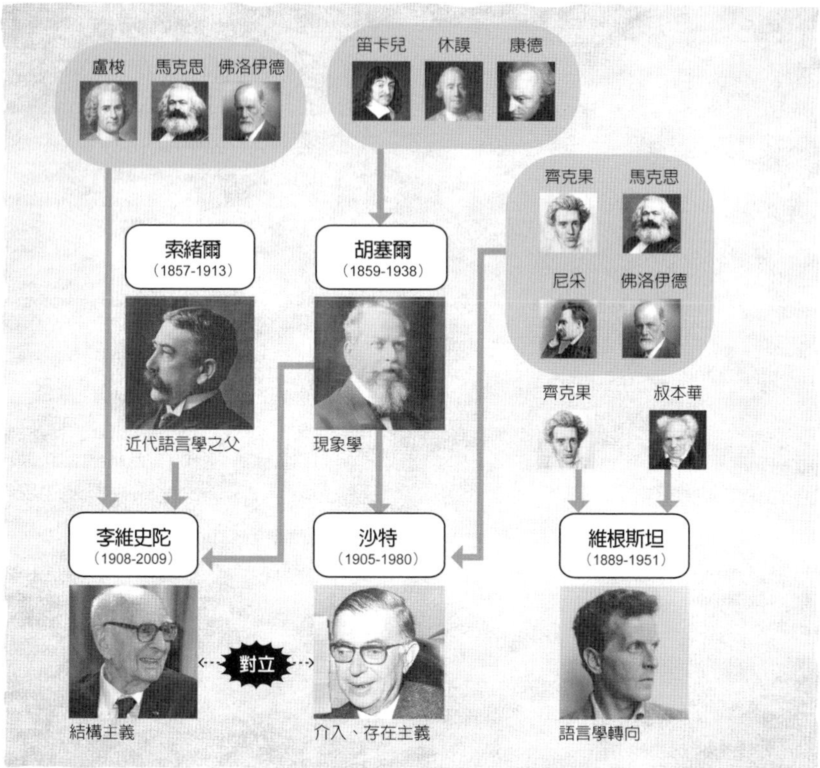

20世紀主要哲學家

查爾斯．桑德斯．皮爾士（1839-1914）	漢娜．鄂蘭（1906-1975）
亨利．柏格森（1859-1941）	伊曼紐爾．列維納斯（1906-1995）
約翰．杜威（1859-1952）	莫里斯．梅洛龐蒂（1908-1961）
阿爾弗雷德．諾斯．懷海德（1861-1947）	威拉德．范奧曼．蒯因（1908-2000）
約翰．麥格塔特（1866-1925）	以撒．伯林（1909-1997）
伯特蘭．羅素（1872-1970）	約翰．羅爾斯（1921-2002）
盧卡奇．格奧爾格（1885-1971）	吉爾．德勒茲（1925-1995）
馬丁．海德格（1889-1976）	米歇爾．傅柯（1926-1984）
赫伯特．馬庫斯（1898-1979）	尤爾根．哈伯瑪斯（1929-）
卡爾．波普（1902-1994）	雅克．德希達（1930-2004）
狄奧多．阿多諾（1903-1969）	愛德華．薩依德（1935-2003）

相對來說，索緒爾除了個別語言研究，也在語言本質的持續鑽研上獲得極大成就。

索緒爾從十幾歲開始，就不斷研究多種語言。隨著學習成果不斷累積的同時，他也發現，**人類所使用的語言，有著超越民族文化的共通特徵：所有語言都可能是一種「符號」**系統。

「符號」的法文是「signe」，與英文的「sign」同義；動詞是「signifier」，現在分詞則「signifant」，意思是**「能表示意義者（能指）」**，也就是以單一記號來表現的文字及其發音；過去分詞則是「signifié」，表示**「被賦予意義者（所指）」**，也就是一個記號所具備的概念和形象。

以「海」這個符號爲例，它是由「海」這個字，加上「ㄏㄞˇ」的聲音來表現。但是當我們看見「海」字，或聽見「ㄏㄞˇ」的發音時，腦中會浮現白色浪花或沙灘等景象。換言之，索緒爾發現，「海」這個符號是由「能指（文字與聲音）」及「所指（概念、形象）」所構成的。

索緒爾也認爲，一個詞彙，也就是構成符號的能指與所指之間並沒有絕對的關係。

這是什麼意思呢？

比如鮪魚和鰹魚，在英文裡，牠們都叫「tuna」。平常你說要買鮪魚時，老闆絕不會給你鰹魚；但如果是在英國，可就很難說了。蝴蝶和蛾也是，寫成國字並不相同，但在法語裡，這兩種昆蟲都被稱爲「papillon」。

索緒爾指出：人類並非針對存在於世界上的實體要素（如鮪魚和鰹魚）命名，而是世界上說著不同語言的人

索緒爾
（1857-1913）

們，以自己的方式整理開展在眼前的世界；也就是將世界做出各種區分後，標上記號（鮪魚或鰹魚、tuna），藉此認知各種實體要素。

把無邊無際的水面稱爲「海」，這是使用A語言的人所設定的符號。並在海的「能指」（文字與聲音）上，建立與白色浪花或沙灘等景象「所指」（概念、形象）的關聯。至於以「sea」來表示同一件事物的B語言使用者，用了哪些所指與這個符號產生聯繫，則與A語言使用者毫無關係。

規範世界的不是存在，而是語言

若是以三段式論證來表現索緒爾的思考模式，大致上會是這樣的：

一、語言這個符號系統由能指與所指構成。

二、但能指與所指之間並沒有絕對、本質上的關係。

三、並非先有世界上各式各樣的實體，人類再逐一爲它們命名；而是端看人如何區分這個世界，才能成立對事物的認知。

索緒爾發現，如何區分世界才是最重要的事情；區隔的方式不同，世界就會有所改變。

這是前所未有的概念。舉剛剛的例子來說，鰹魚和鮪魚兩種都屬於「洄游魚」，不過鮪魚的體型比鰹魚大很多。那麼國語的區分標準是體型大小嗎？另一方面，英語是否因爲同爲洄游魚，而用同一個字來稱呼牠們？事實上，沒有人眞的知道箇中理由，但我們可以很明顯地知道，用不同名詞稱呼鮪魚和鰹魚的語言，以及一律稱爲「tuna」的語言，兩者的認知絕對不同。「用什麼符號來區分世界？」索緒爾認清了這正是人類規範世界並建立各自世界觀的方法。

以下內容與第一章的開頭稍有重複，不過還是要重申一下。過去一直認爲，語言是人類爲了溝通需要而發展出來的；同時也認爲，人類爲了讓他人注意到自己的存在，因此從發出單音開始，由此建立更複雜的發聲方式。

但仔細想想，如果目的是爲了溝通，那麼只要用「啊」和「嗚」之類的單音就可以了；嫣然一笑或送份禮物，也能表達善意，根本不需要高階、複雜的語言。

過去的語言學家大多認爲語言是「思考的工具」，也就是爲了思考事物才產生的。因此索緒爾這種「人類用『語言』這項符號區分並認知世界」的想法，對近來的語言學產生了非常大的影響。至於索緒爾的思想，將由後面會提到的李維史陀等人繼承。

索緒爾家族幾乎都是學者。他們原先住在法國，十六世紀時搬到瑞士日內瓦。索緒爾本人則是年僅十九歲就進入巴黎語言學會的早慧天才，可惜五十五歲就過世了。他生前雖未出版任何書籍，但學生在他死後整理了於日內瓦大學上課的筆記，出版爲《普通語言學教程》。

2 使用超難懂用語的胡塞爾是最後的哲學家？

我看著「寶特瓶」這個實際存在的物體。正確地說，是我的大腦接收了由眼睛傳來的「這是寶特瓶」的訊號，然後認知到那是只寶特瓶。

但大腦位於我的頭骨中，在全然的黑暗裡，它一邊輸出電子訊號，一邊接收眼睛傳來的訊號，再確認那是寶特瓶，而不是由大腦直接認知到那只寶特瓶。因此嚴格來說，我無法證明寶特瓶確實存在——目前的腦科學研究是如此認為的。

胡塞爾（西元一八五九～一九三八年）大概沒想到，當他在發展自己的理論時，竟已預見到最尖端的腦科學才知道的事實：

「『世界』是一種現象而非實際的存在，這是由於『世界』實際上只存在人類腦中。人類如何確信這樣的世界眞的存在呢？」

接下來，仍以寶特瓶爲例來說明胡塞爾繼續談論如何確信某項事物眞的存在。

關於追求「人爲什麼確信寶特瓶眞的存在呢？其根據何在？」的理論，胡塞爾透過「現象學還原」這種令人難以理解的詞彙來表現。

胡塞爾
（1859-1938）

為了達成「現象學還原」，必須「存而不論」

爲了達成「現象學還原」，胡塞爾提出了「存而不論」（懸擱，epoché）的概念。

「存而不論」原本是古希臘哲學用語。懷疑主義者皮浪認爲，人們之所以會誤判事物，原因就在於斷言「XX就是……」。

爲了防止這種情況發生，對任何事情都不該草率判斷，而要有所保留。這種暫時不進行判斷的行爲就稱爲「存而不論」。

胡塞爾將「存而不論」的概念做爲個人哲學考察的基礎：針對人類日常生活中許多被認爲「不言自明」，但其實可以進一步懷疑的事物，暫時中止判斷。

說得簡單一點，就是**他主張不要做任何思考，先仔細觀察再說**。我們也可以說，「存而不論」這件事就是「現象學還原」的內容。

懷疑一切的你看著寶特瓶。然後試著摸摸它。如此一來，便能確定眞有寶特瓶在那裡（胡塞爾稱爲「經驗直觀」）；此外，你也有「寶特瓶由塑膠製成」「裡面裝著水」的知識（他稱爲「本質直觀」）。暫時對事物存而不論，透過經驗直觀與本質直觀，你便能明白寶特瓶確實存在。藉由這樣的過程，胡塞爾建構出如下的理論，並驗證人如何確信存在：

首先，一個人可以確認「看著寶特瓶」的自我存在，也就是接近「我思故我在」的概念。接下來，可以確信擁有「自我」的這副肉體存在。因爲擁有「自我」這項功能的大腦，就在自己體內。再接下來，試著用自己的身體碰觸別人的身體，確認有手、有腳，並依此確信其他人也是人類。

確認他人也是人類之後，我們就能明白：他人的體內也有大腦，因此他也擁有自我，稱爲「他我」（alter ego）。胡塞爾在這裡用了一個很難理解的語詞「互爲主體性」（主體間性，intersubjectivity），來表現「確信『他我』存在」這件事。

自己當中有自我；他人當中有他我。自己的大腦無法到外面的世界，因此無法證明寶特瓶存在。但自我是腦的反映，再加上同爲人類的他人之他我，都確信寶特瓶的存在。自我與他我確信的對象爲同一物，證明了人類相信客觀世界的存在。胡塞爾就是如此建構出他的理論。

胡塞爾建構出十分複雜的思考過程，完成他所謂的「現象學還原」；這樣的內容也非常逼近大腦的本質。雖然有些難以理解，但我認爲，他的態度非常符合「最後的哲學家」這個稱號。

胡塞爾的哲學被稱爲「現象學」。他一邊擷取二十世紀的自然科學所見所聞，一邊逐步建構出自己的理論。他承襲了康德認爲人類無法掌握物體本身（物自身）的想法，將人類所認知的「現象」當成對象。

胡塞爾出身奧匈帝國，擁有猶太血統，父親是織品商。最初的研究領域是數學，後來轉往哲學，據說海德格與沙特都受到他的影響。胡塞爾的著作甚多，《邏輯研究》可說是代表作之一。

3 凡不可說的，就該保持沉默

維根斯坦（西元一八八九～一九五一年）是位出生在維也納、後來入了英國籍，最後在劍橋過世的哲學家。

他有兩部最具代表性的著作，分別是西元一九二一年發表的《邏輯哲學論》和死後由學生出版的《哲學研究》。

維根斯坦的前後期思想轉變非常大。但與索緒爾一樣，他也針對語言學與哲學的關係提出了非常重要的觀點。

維根斯坦提出了「語言是世界的相片」這種想法。舉例來說，「鰹魚在海中游動」這項事實，只要透過語言，就能客觀地以言詞擷取出來。因此維根斯坦認為，**世界是由語言「拍攝」「擷取」的東西，若是沒有言語，我們就無法認知世界**。

此外，維根斯坦也提出了語言的兩種性格：一種是日常語言，也稱為自然語言，也就是平常對話中會出現的語言。另一種是科學語言，也就是可以拍攝擷取出自然世界真實面、具體、具科學性與合理性的語言。

「好像快下雨了」是日常語言，「海中有鰹魚在游動」則是能映照出世界真實面的科學語言。維根斯坦在

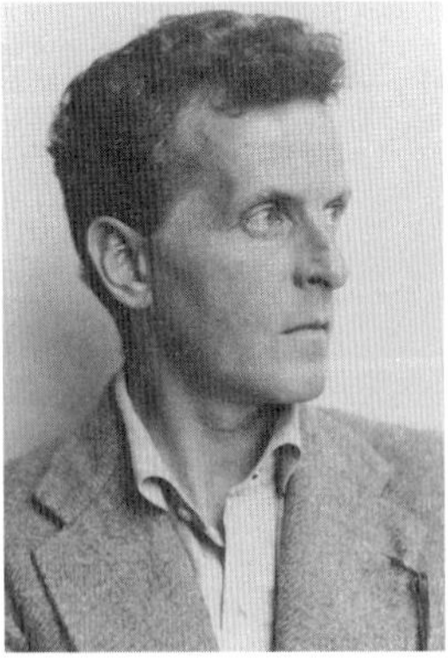

維根斯坦
（1889-1951）

《邏輯哲學論》中提到，若問這兩種語言何者較重要，當然是科學語言囉。他也認爲，科學語言可以擷取出客觀世界的一切並加以表現。這麼說的話，像是尼采那句「上帝已死」，能從中擷取出什麼東西呢？因此維根斯坦在《邏輯哲學論》最後寫道：

「凡不可說的，就該保持沉默。」

維根斯坦認爲，神的存在或死亡這種事情，並非可以認知的事實，因此沒有興趣進行分析。這是非常科學和唯物論的概念。

另外，維根斯坦也非常明瞭倫理的重要性，或許他是以「保持沉默」這種倫理性態度來表現自己的看法？

維根斯坦的「語言遊戲」

維根斯坦原先非常重視科學語言，但重新思考後，認爲人類其實生活在日常語言裡。人類平常並不會去想「世界是什麼？」這種問題，反而很重視「你看起來很有精神，眞是太好了」這種日常往來所用的語言。這讓維根斯坦開始思考：光靠分析的科學語言，是否仍無法了解這個世界呢？

舉例來說，假設有人說「好像快下雨了」，他或許是想表達：「所以帶著傘比較保險喔。」當然，他要說的也可能是別的，像是「好久沒下雨了，這樣一來，田裡的蔬菜就得救了」也不一定。語言必須在使用後，才能確定要表達的意思；也就是說，「脈絡」非常重要。

於是維根斯坦提出了「語言遊戲」這個概念。

這是他人生下半場才成熟的概念，完整的內容則寫在過世後才出版的《哲學研究》裡。

他所謂的「遊戲」是什麼呢？每項遊戲都各有規則和不同的慣用語。如果想成爲擅長該遊戲的玩家，就必須熟練其規則和用語。就像玩遊戲一樣，想待在某個生活圈或業界，就必須理解它特有的規則、了解如何使用表現這些規則的語言。由於語言具有如此具體且多樣化的姿態，維根斯坦才會稱爲「語言遊戲」。

也因此，一段文字和語彙所具備的意義，會根據出現在何種文化、何種世界的脈絡中而有所不同。關於世界或神或正義等問題，唯有學習不同民族及文化的語言，才能明白什麼是（該文化所謂的）世界或神或正義。爲此，**「玩」各種語言遊戲時，了解那些語言的背景才是最重要的。**這就是維根斯坦的結論。

舉例來說，針對「什麼是神學」這個問題，托馬斯·阿奎那（約西元一二二五～一二七四年）透過與哲學的比較來討論。但對維根斯坦而言，這麼做其實是毫無意義的，應該先思考並理解托馬斯·阿奎那所說「神學」這個詞的意義，並分析他生存的時代背景。維根斯坦認爲，哲學所給予的命題並非「什麼是神」「什麼是歷史」這種抽象的思考；分析不同民族與文化所認知的「神」或「歷史」是什麼意思，才是哲學命題所在。

這個世界有的，不過是語言罷了

維根斯坦認爲，分析語言才是哲學的本質工作，這項概念爲整個哲學界帶來極大的影響。在此之前，哲學的主要命題是了解「何謂神」「何謂歷史」「何謂善」，也就是以認識論爲主。但維根斯坦卻認爲，我們無法探索人類的意識內涵等問題，並將哲學的中心命題置換爲語言分析。換句話說，這個世界並沒有所謂客觀的存在，有的不過是語言罷了。這是非常近代的概念、也是唯物論的想法。

由於維根斯坦置換了哲學的主要命題，就像地動說對天文學帶來極大的顛覆，因此被後人稱爲「哲學的語言學轉向」。

和把語言當成符號的索緒爾一樣，維根斯坦的理論也是逼近語言學本質的討論，而他也被視爲分析哲學（注：Analytic philosophy，主要特徵是把哲學問題歸結爲語言問題，方法上則強調把複雜的思想體系分析爲較簡單的元素）的代表人物。其主要著作包括《哲學研究》和《邏輯哲學論》等。

4 沙特與存在主義

提倡語言遊戲的維根斯坦在西元一九五一年過世，他的晚年正好身處第二次世界大戰（西元一九三九～一九五四年）的混亂中。二戰對歐洲造成前所未有的損傷，可說是與納粹所代表的極權主義及法西斯主義對抗的一場戰爭。談到二戰結束後受到矚目的哲學家，沙特正是其中一人（西元一九〇五～一九八〇年）。

本章介紹的五位哲學家裡，沙特是讓我遲疑到最後的一位（其他四位倒是沒有什麼懸念），但若問我爲什麼不是介紹海德格、梅洛龐蒂或列維納斯，而是沙特，我也只能說是靠直覺。

沙特的思想被稱爲「存在主義」。齊克果認可神，並思考出宗教性存在；尼采則否定神，認爲即使如此仍活下去的超人，是強悍的存在。至於沙特，他是如此構思存在的：

「存在先於本質。」

沙特的存在主義被稱爲「無神論的存在主義」。如果神存在，就是神創造了世界，並決定世界與人類的本質。但如果神不存在，那麼人類的嬰兒就是先以物體的形態出現在世上，之後才會隨著成長，慢慢學習各式各樣人類的本質、開始思考許多事情。沙特認爲，人類「如同一個自由的存在般存在著」。

沙特
（1905-1980）© Desconocido

但如果人類是自由的，就表示我們必須憑藉自由意志來打造人類的本質。換言之，人類因此擁有無論要過什麼樣的人生、描繪怎樣的未來藍圖，都只能靠自己思考後執行的「自由」。另外，活著的人只要與社會有所關連，那麼「依靠自由意志行動」一事就不只是要對個人負責，也要對社會負責。

人類以個人意志打造出個人的本質是種自由。不過既然這個世界沒有神，那麼我們就無法從這種自由中逃脫。針對存在與自由的關係，沙特留下了這樣的註腳：

「人類被處以自由之刑。」

沙特在西元一九三八年發表了小說《嘔吐》，被稱爲「存在主義聖經」而引發話題；西元一九四三年時，又發表了《存在與虛無》一書。《嘔吐》出版時，沙特還是一位大學教授；至於撰寫《存在與虛無》時，則正逢巴黎在納粹德國占領下、反抗運動正盛的年代。第二次世界大戰從西元一九三九年持續到一九四五年，沙特最具代表性的兩部著作，剛好是在大戰將臨之際與戰火正酣時寫成的。

據說沙特爲了表現自己所感受到關於存在的不安，而設計出《嘔吐》的主角羅岡丹。但無論如何，身爲作家兼哲學家的沙特本人，的確因這兩本著作受到全世界矚目。

沙特的「介入」

沙特原先認爲「人類被處以自由之刑」，一邊感受著疏離，一邊與這種封閉狀況對抗。但他在二戰結束後提出了「介入」的主張，甚至開始實際執行。

「介入」的法文「engagement」，原意是契約或拘束。而沙特對這個詞的定義是這樣的：人類被放在某種狀況下，過著受拘束的生活，這是「個人自由」的眞實情況。但對於「個人遭到束縛」的現實，人可以採取主體性行動，且此事與改變人類存在的本質有所關連。這就是沙特的想法。自由的個人採取主體性行動，藉此實現社會與自身的改革，沙特稱此爲「介入」。

說起來，「介入」這個概念，其實就是原本被處以自由之刑的人類，在脫離此狀態後確立全新的自我。從這點來看，「介入」也可說是沙特繼續發展存在主義的一種形式。但一般認爲，他之所以提出「介入」，其實有別的原因。

第二次世界大戰中，同盟國戰勝了代表極權主義的法西斯陣營。不知道沙特是否因此對馬克思繼承自黑格爾的「長遠看來，歷史會進化」有所共鳴並感到贊同？有些觀點認爲，沙特就是因此才提出「介入」的概念。

內涵爲「自由的個人採取主體性行動」的「介入」，其歷史原點或許就是第二次世界大戰時對抗納粹的反抗運動——沙特自己就對巴黎的反抗運動深有同感，也曾參加過。從這點來看，「介入」的背後有著沙特自己的實際經驗爲支撐。

另一方面，或許因爲沙特將二戰的慘劇視爲教訓，因此他並不以唯物論爲主，反而以「介入」爲核心概念，重新建構從黑格爾到馬克思的進步史觀。

沙特的思想廣受自由主義社會矚目，有段時間還成爲巴黎學生運動的骨幹，也對日本的全共鬥運動（注：「全學共鬥會議」的簡稱，是日本各大學學生在一九六八至六九年間，爲了爭取學生權益而與校方協商的運動）產生非常大的影響。從這方面來說，對二十世紀的哲學界而言，他的存在確實占有非常特別的一席之地。

先前法國所展開的「黃背心運動」（注：法國於二〇一八年十一月開始的大規模抗議運動，起因是示威者不滿油價持續上揚，政府又調漲燃油稅），或許也算是「介入」的一種呈現。

沙特出生在巴黎十六區，父親是一位海軍將校，但他出生不過十五個月，父親便不幸病逝，後來就在外祖父史懷哲家長大成人——曾獲一九五二年諾貝爾和平獎、人稱「非洲之父」的阿爾伯特．史懷哲醫師，即是沙特的表舅父。

沙特一輩子都特在巴黎，是一位中產階級知識分子。至於沙特的伴侶，也擁有不亞於他的名聲，她正是以女性解放運動先驅者聞名、撰寫《第二性》的西蒙．波娃。

5 李維史陀對沙特的正面否定

李維史陀（西元一九〇八～二〇〇九年）是出生在比利時的人類學家。他在西元一九六二年出版了《野性的思維》一書，並在該書最末章〈歷史與辯證法〉強烈批判了沙特的「介入」。

李維史陀的研究是以東南亞爲首、世界各地的原住民社會與文化結構。他除了曾任教於巴西聖保羅大學，也曾在南美的原始部落進行田野調查。在這些過程中對文明／原始社會的思考，促成他後來撰寫《野性的思維》一書。

李維史陀在該書中批判黑格爾的絕對精神和馬克思的唯物史觀，更進一步反駁沙特的「介入」。因爲在調查原始部落的過程裡，他親眼確認世界並沒有依照「進步史觀」的設計圖運作；沒想到沙特竟像追隨者似的，照著很明顯有破綻的進步史觀，編織出「介入」的概念。李維史陀因此提出強烈批評。

李維史陀眞正的想法，是藉由批判沙特的同時，也批判整個西洋文明。沙特說「自由人類所採取的主體性行動能改革世界」，但並非只有依照這種設計圖進行改革的社會才叫人類社會；並不是只有像沙特這樣，居住在巴黎、夏天還有兩個月假期，能自由耽溺在思考裡的人才叫

李維史陀（1908-2009）
© UNESCO / Michel Ravassard

人類。有些人正在某座山頭追獵山豬，也有許多社會是在自然中過著自給自足的生活。世界是由許多不同社會構成的，不是只有具備秩序的近代國家才叫人類社會，大家應該更認清這項現實才對。李維史陀認為，人類具備了科學性思考與野性思考這兩種思考模式。

那麼規範了人類主體性行動的，究竟是什麼呢？

世界的起始與終結都沒有人類

請回想一下索緒爾的理論。

這個世界（人類所居住的地上空間）並不是由人類為世上各項要素一一命名後才形成的。世界原本就已存在，住在不同地方的人們看著開展在眼前的這片風景，各自以不同的符號來區隔並認知。而索緒爾所謂的「符號」，就是語言。

針對社會與人類主體性行動之間的關係，李維史陀深入研究索緒爾的語言論後，對自己的學問也產生很大的幫助。

相對於沙特認為「自由的人類採取主體性行動，將使社會產生變革」（即「介入」），李維史陀的論點則建立在「人類行動受到社會規範」。索緒爾表示，語言區隔了世界，李維史陀則進一步思考，認為社會結構形塑了人類的意識。

以日本為例，二次大戰後的日本社會，打造出現在的日本人；江戶時代的社會，則打造出江戶時代的日本人。即使同為「日本人」，卻是完全不同的。

直到現在，仍有許多人會說「日本人的本質並非獨創，而是改良」或「日本人的本質就是追求完美、認真工作」。但李維史陀完全否定了這種說法。不同的時代結構，會形塑出屬於這個時代的日本人，並沒有「任何時代都通用的日本人本質」這種東西。

事實上，自由的人類也沒有「人類主體性行動」這種東西。李維史陀認為，人類身處社會結構中，會變成「社會的樣子」而生存下去。世界不一定會進步，除了先進國家，當然也有未開發國家，人類只能配合社會的要求而生存。這種思想被稱為「結構主義」。順帶一提，結構主義的本質是方法論，提取研究對象的構造（構成要素）後，再試圖整理、整合要素間的關係，以期對研究對象能有綜合性理解。

「社會結構形塑了人類的意識。並沒有完全自由的人類。」

時至今日，在自然科學上，這種結構主義被認為是最接近正確答案的思考方式。李維史陀研究了許多原始社會，並從這樣的角度批判文明社會，我想他應該是在這個過程中發現社會結構對人類意識的形塑吧。

李維史陀是出生於比利時的法國人，家族是出身阿爾薩斯的猶太人家庭。父親是畫家，他的朋友中也有許多藝術家。他曾在第二次世界大戰期間在美國度過流亡生活，也對日本文化非常感興趣，還到過日本好幾次。他在西元一九五五年出版名著《憂鬱的熱帶》，是以他在巴西探訪少數民族紀錄為主的遊記。之所以受到世人矚目，除了對文明的批判，十分優美的文筆也引發了廣泛討論。在該書的最後一章（第九章）裡提到：

「世界剛開始時沒有人類，結束時想必也沒有吧。」

世界的存在並不需要憑藉人類的意志或認知來認可。世界自己開始，也會自己結束。這就是李維史陀的想法。在自然法則面前，人類應該更謙虛才對。目前已知地球的生命誕生自星塵，地球上的水總有一天也將因乾涸而導致生物滅絕。就自然科學來說，李維史陀的思考方式是非常正確的。胡塞爾身為傳統哲學家的最後一人、拚了命思考人類的存在與認知，若是聽到李維史陀的想法，或許也會深深懷疑起「自己的哲學到底算什麼」吧。

結構主義登場後，哲學的工作結束了嗎？

世界是如何形成的？
人類從何處來，該往何處去？
人類是爲何而生的？

心心念念著這些最根本的命題，我們一路追隨哲學與宗教的腳步，來到二十一世紀。

第二次世界大戰結束時，世界上有許多人是這樣想的：「人類能否再次進步？並不是依靠黑格爾的絕對精神，也不是靠馬克思的唯物史觀，而是靠自由的人類採取主體性行動。」

這種思考方式在自由社會中獲得極大支持。即使不知道沙特是誰，這種意識形態也在人們心中留下強烈印象。

但李維史陀卻表示：「人類並非自由的存在，也無法做出什麼具備主體性的偉大行動。」這個徹底與唯物論切割的想法一旦出現，不禁讓人感受到人類的思考模式很可能已走到盡頭。今後是否還有學生想進入哲學系就讀呢？眞令人擔心。

自然科學發達、腦科學也大有進展，人類世界中的未知已大幅減少，過去由哲學、神學和宗教負責的範圍也已逐漸縮小。我想這就是當今世界的趨勢，人們對哲學及宗教的關注日漸薄弱也是理所當然的。「不說別的，念這個對找工作沒有幫助啊！」一定會有人這麼說吧。

儘管如此，人類在數千年這麼漫長的時間裡，爲了活得更好，或是爲了躲避對死亡的恐懼，拚命思考出的智慧結晶，就是哲學與宗教。也說不定，找出通往明天之門的線索，就隱藏在這些學問的某處。

至少我如此深信，所以才寫了這本書。

哲學下午茶9

維根斯坦有如沉思者的一生

賦予「語言遊戲」定義的維根斯坦（西元一八八九～一九五一年），他的一生完全就是位「沉思者」。

生平

他的父親是在鋼鐵業大獲成功的維也納富豪，母親則是非常有名的鋼琴家，布拉姆斯與馬勒也經常往來家中。夫婦倆生育了五個兒子與三個女兒，最小的就是維根斯坦。維根斯坦年幼時曾患有非常嚴重的口吃，因此十四歲前都在家自學。

由於母親是鋼琴家，因此家中經常聚集許多藝術家，像是雕刻家羅丹、詩人海涅等。但不幸的是，維根斯坦的手足多有憂鬱症傾向，四位哥哥中，就有兩位因此自殺身亡。

步上哲學家之道

維根斯坦長大後，對機械工學產生興趣，因此前往曼徹斯特大學工學系留學。在學習數學基礎理論的過程中，他遇見了劍橋大學三一學院的伯特蘭．羅素（西元一八七二～一九七〇年）。羅素不但是非常有名的數學家，也是位邏輯學家和哲學家，他看出維根斯坦在哲學方面的資質，因此將維根斯坦找去三一學院，讓他學習哲學。

《邏輯哲學論》出版及其後

西元一九一四年，一戰爆發後，維根斯坦成為祖國奧地利的志願士兵，上了戰場。他非常勇敢地作戰，但身為軍人的日子異常孤獨，心中好幾次湧上自殺的念頭。努力壓抑這般苦悶之餘，他也持續思考《邏輯哲學論》的內容，並寫下草稿。

奧地利戰爭結束那天，維根斯坦正在義大利的俘虜營，《邏輯哲學論》的原稿也已寄到了羅素手上，並於一九二一年出版，隨即在哲學界引發極大迴響。

但維根斯坦卻短暫離開學術界。談了一場小小的戀愛、度過約八年精神流浪的日子，才回到劍橋大學成為哲學教授，就這樣終生未婚。而他與英國經濟學家凱因斯之間的深厚友情，也令人津津樂道。

順帶一提，維根斯坦死後才出版的《哲學研究》原稿並未留存於世。

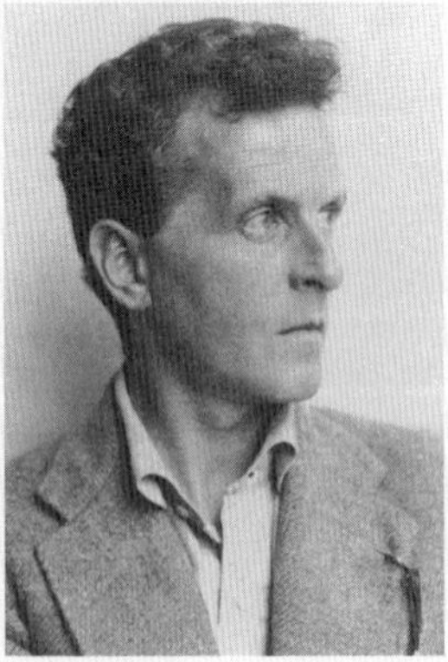

維根斯坦
（1889-1951）

伯特蘭．羅素
（1872-1970）

後記
即使如此，人類仍將繼續探索智慧

二〇〇五年，美國的未來學家庫茲維爾出版了《奇點迫近》（*The Singularity Is Near*）一書。一般來說，「奇點」這個詞有「單數」「異常性」等涵義，不過庫茲維爾用這個詞彙來表示人工智慧（ＡＩ）超越人類智能的轉換點（技術性奇點），同時預言這個奇點將在二〇四五年到來。

對於奇點降臨，有樂觀的看法，也有悲觀的。

什麼是ＡＩ？我認爲就和汽車是一樣的。由於人類奔跑的能力有一定極限，因此發明了汽車這種能在地面上高速行駛的機械。

不過就算是有「閃電」之稱的短跑選手尤塞恩．博爾特，應該怎樣都不會想跟汽車賽跑吧。所謂的競賽，就是要比較人類彼此的能力，才有意義。汽車是工作或約會時使用的；但要是酒駕的話，那就變成殺人了。只要好好使用，汽車就會是非常方便的工具，所以才會連自動駕駛都出現了。飛機自然也是相同的道理。

那麼，ＡＩ是什麼？

ＡＩ是爲了補足人類的計算能力而開發的；「計算」指的當然就是計量算術。比起人腦的計算速度，ＡＩ確實非常優越；但人類卻也能將ＡＩ用於像是使汽車狂奔等破壞性目的，甚至爲了讓導彈精確地破壞目標，開發出具高度計算能力的電腦，大幅提高成功率。

不過我無法同意「總有一天，ＡＩ超越人類智力的奇點將到來」這個概念。畢竟人腦還有許多未知的領域，目前對大腦的活動所知仍然甚少，因此我認爲，要把連人類都還不明白的大腦結構置換爲ＡＩ是非常困難的。當然，也有人認爲，若是讓ＡＩ不斷學習人類的行動模式，應該也能用來分析大腦活動。

不管怎麼做，還眞各有不同的難題啊。就目前來說，我認爲還是把ＡＩ當成和汽車一樣的機械來使用即可。

太空人在宇宙裡想些什麼？

被稱爲哲學家的那些人，在各種不同的歷史背景下粉墨登場，拚了命思考什麼是世界、什麼是認知、什麼是人類、什麼是生存……等許多問題，並努力將自己的思想化爲理論。後世的哲學家則針對前人的論點進行反駁或修正，就像站在巨人的肩上望向遠方，一步步深化前人留下的哲學軌跡，同時也提高人類的智識。

另一方面，自然科學的發達程度之高，已能爲大家解答許多關於宇宙、地球和人類的事。此外，腦科學與心理學的高度發展，也已對大腦運作和認知能力提出許多科學性的解答。

但話說回來，就算明白了這麼多事，我們仍然會失戀、會爭執，也過著跟數千年前的人類無異的人生。對我們這些普通人來說，知道地球的壽命有多長、知道人類如何出現與滅亡，就能得到幸福嗎？或者，知道了才是一種不幸？

目前的人類已經能進入宇宙、登上月球。首位進入太空的前蘇聯太空人尤里．加加林曾說：「地球是藍色的。」這句話，是人類首次從宇宙看向自己居住的星球所發出的感慨；當然，在那之後又有許多人前往宇宙。不過，我希望大家特別注意一件事。

以美國的太空人來說，有不少人在回到地球後，皈依了某個宗教。

直到中世紀爲止，宇宙都是神的領域，當太空人從這樣的宇宙眺望著自己出生長大的藍色行星時，他們會想些什麼呢？這當然因人而異，不過應該多少會想到生命或生存之類的事吧？在那個環境裡，他們也能切身感受到，只要太空船或太空站發生任何故障，自己就很有可能回歸塵土。從這一點來看，太空人會想皈依宗教，也是很理所當然的。

包含ＡＩ的發展在內，美國可說是掌握最尖端科技的國家，但同時，許多重視心靈層次的新興宗教或靜心、瑜伽等活動也非常活躍。這究竟是爲什麼呢？

大家試著思考一下吧。

在人類拚命思考「什麼是世界」「什麼是人類」的年代裡，出現了「天堂」與「地獄」的概念。現在新的科學發現則告訴我們，我們誕生於星塵；當地球上的水乾涸之際，人類也必然滅絕。但是問「你比較喜歡哪種概念」根本毫無意義，就跟問「你要人腦還是換裝ＡＩ」一樣。因爲就算知道再多知識，只要我們活著，就必然要面對生老病死，完全無所遁逃。

太空人打開宗教的大門、掌握最尖端科技的國家熱衷於心靈養生，感覺好像很衝突，但是對始終與科學或哲學無緣的普通人來說，這不正是我們爲了尋找生命支柱一直在做的事嗎？

即使如此，人類仍將繼續探索智慧

有一種稱爲「本質主義」的思考方式，認爲所有事物都擁有不變的核心（本質）；柏拉圖的「理型論」也算是本質主義的觀念。這種立場認可超自然原理的存在，並強烈否定結構主義。身兼教育家（華德福教育創始人）及神祕學家（人智學創立者）的魯道夫．史坦納（西元一八六一～一九二五年）便是站在本質主義的角度，認可人類具有靈性能力的同時，也確立他個人的教育理論，並依此設置了從初等到職業教育的綜合學校。時至今日，全球仍有數百所華德福體系學校。

就算所使用的不是史坦納那麼特別的方式，也有許多教育者爲了引導出孩子原本就具備的才能，以各種不同的方式不斷努力著。

許多人都認同人類有隱藏的才能、世界有其本質性的價值，並努力證明這一點。另一方面，即使自然科學、腦科學和結構主義的邏輯都告訴我們，人類的意識不過是自己所生存的社會複本，並沒有所謂的「自由意志」，但應該還是許多人暗自想著：「我才不想相信那種事。」

沒錯，時至今日，《刑法》仍會依「有無故意」做爲判刑輕重的標準。我想這是因爲如果不認可自由意志的存

魯道夫．史坦納
（1861-1925）

在，就無法解釋人類如何擁有裁量犯罪的智慧，因此把「人類擁有自由意志」做爲前提，能讓事情比較好理解。

到頭來，人類還是使用過往主流的本質主義式概念來維持社會秩序，而不是透過結構主義、自然科學和腦科學所得出、更接近眞相的想法。簡單來說，其實就是巧妙利用日常性概念，將一切建立於虛構的世界觀。

這樣很糟嗎？不，我認爲這是人類的生存智慧。

哲學和宗教，可說是人類爲了尋找活下去的智慧而踏上的道路。至於所謂的「活下去的智慧」，我想也可以說是「如何面對不幸的智慧」。

人類必經的生老病死該說是不幸呢，還是宿命？人類不斷在思考究竟該如何面對這些無法逃避的關卡，然而即使經過數千年，我們仍得不到確切的答案。

這些年來，尼采的哲學在全球掀起熱潮。尼采斷言「上帝已死」，並提出「超人」的概念，認爲人類具備強烈活下去的意志。

尼采的思想和過去的某個哲學學派十分相似，那就是斯多噶哲學。我個人一直非常憧憬斯多噶學派的思考方式。

尼采的思想與斯多噶學派的共通點，在於接受自己的命運、積極且強而有力地活下去。我認爲現在對尼采感興趣的人，或許正是即便知道人類終有滅絕的一天，也想把人生活好活滿、積極接受命運的人。

回顧過往，思考出「神」的人類，後來被神所支配；從神手中取回自由後，接下來又進入受科學進步所左右的時代。即使科學揭示了許多殘酷的眞相、即使身處這樣的時代，仍有許多人接受無情的命運，同時更強烈地期許自己「要積極努力」。

擁有這般意志與欲望的人類，想必會繼續站上巨人的肩膀，建構出將二十一世紀看得更透澈的哲學或思想。

我認爲，現在的我們或許正站在下一個世代的哲學與宗教地平線上。

我從孩提時代就是個書蟲了，正式接觸哲學書籍則是大學之後的事。那是因爲我有位出身大城市的同學，從高中就開始讀馬克思與列寧的書。受到他的刺激，我也拿起了那些書。

當初我最先閱讀的是馬克思的《一八四四年經濟學哲學手稿》，等到我把馬克思的書都看過一遍之後，便將手伸向了黑格爾，然後是康德，最後一路讀到柏拉圖。當時中央公論社開始發行「世界名著」系列，而在我剛進大學時開始出版的岩波書店「岩波講座——哲學」系列和岩波文庫，也著實惠我良多。

自那時起，我吸收了許多哲學與宗教的知識，本書即是依據這些所整理出來的。因爲希望每日過著繁忙生活的商務人士們，能多少對哲學與宗教產生些興趣，因此大刀闊斧地修剪了枝葉（或許也有不小心砍了樹幹的部分），盡可能將本書寫得簡單易懂。

進入社會後，我就不曾像學生時代那樣埋頭閱讀哲學書籍了，因此對於這方面的見解是否仍跟得上時代並沒有自信，還請讀者諸君不吝惠賜意見：

hal.deguchi.d@gmail.com

由於受到許多人的幫助，本書才得以完成，我想對以下幾位奉上深厚感謝：

將文章整理得清晰富條理的小野田隆雄先生、協助校對的矢彥孝彥先生與加藤義廣先生、提出本書企畫案的鑽石社寺田庸二先生，以及立命館亞洲太平洋大學的清家久美老師，在閱讀草稿的階段給了我十分寶貴的建議。小野田先生、矢彥先生、加藤先生、寺田先生、清家老師，真的非常感謝各位。

圖片出處

- 哥貝克力石陣（Archaeological work in Gobekli Tepe）© Teomancimit：
https://zh.wikipedia.org/wiki/%E5%93%A5%E8%B4%9D%E5%85%8B%E5%8A%9B%E7%9F%B3%E9%98%B5#/media/File:G%C3%B6bekli_Tepe,_Urfa.jpg
- 阿胡拉．馬茲達（Ahuramazda）© Ziegler175：
https://commons.wikimedia.org/wiki/File:AhuraMazda-Relief.jpg
- 入教儀式Navjote © Tyabji：
https://commons.wikimedia.org/wiki/File:Navjote_Yazdi.jpg
- 阿里斯托芬，commons.wikimedia.org：
https://upload.wikimedia.org/wikipedia/commons/2/2e/Comedies_of_Aristophanes_%28Hickie_1853%29_frontispiece.jpg
- 懷海德 © Wellcome Trust：
https://commons.wikimedia.org/wiki/File:Alfred_North_Whitehead_-_cropped.jpg
- 描繪伊蘇斯戰役的馬賽克磚畫，commons.wikimedia.org
https://upload.wikimedia.org/wikipedia/commons/e/e1/Alexander_the_Great_mosaic.jpg
- 佛陀 © Akuppa John Wigham from Newcastle upon Tyne, England
https://commons.wikimedia.org/wiki/File:Emaciated_Siddhartha_Fasting_Gautama_Buddha.jpg
- 盧克萊修，commons.wikimedia.org
https://commons.wikimedia.org/wiki/File:Lucretius_drawn_by_Michael_Burghers.png
- 季蒂昂的芝諾，commons.wikimedia.org
https://commons.wikimedia.org/wiki/File:Illustrerad_Verldshistoria_band_I_Ill_175.png

- 西賽羅 © José Luiz Bernardes Ribeiro
  https://commons.wikimedia.org/wiki/File:Bust_of_Cicero_(1st-cent._BC)_-_Palazzo_Nuovo_-_Musei_Capitolini_-_Rome_2016.jpg
- 商鞅 © Fanghong
  https://commons.wikimedia.org/wiki/File:Statue_of_Shang_Yang.jpg
- 孫武，commons.wikimedia.org
  https://commons.wikimedia.org/wiki/File:%E5%90%B4%E5%8F%B8%E9%A9%AC%E5%AD%99%E6%AD%A6.jpg
- 韓非，commons.wikimedia.org
  https://zh.wikipedia.org/wiki/File:%E9%9F%93%E9%9D%9E%E8%82%96%E5%83%8F.jpg
- 法輪，commons.wikimedia.org
  https://commons.wikimedia.org/wiki/File:Bhavacakra_stone.jpg
- 佛足石，現藏於日本東京世田谷區善養密寺，commons.wikimedia.org
  https://zh.wikipedia.org/wiki/%E4%BD%9B%E8%B6%B3%E7%9F%B3#/media/File:Buddha-Footprint.jpeg
- 馬蒙，commons.wikimedia.org
  https://commons.wikimedia.org/wiki/File:Mamun_sends_an_envoy_to_Theophilos_(cropped).png
- 沙特 © Desconocido
  https://es.m.wikipedia.org/wiki/Archivo:Jean_Paul_Sartre_1965.jpg
- 李維史陀 © UNESCO/Michel Ravassard
  https://commons.wikimedia.org/wiki/File:Levi-strauss_260.jpg

國家圖書館出版品預行編目資料

哲學與宗教全史：人類三千年的思考之旅／出口治明 著，黃詩婷 譯
-- 初版 -- 臺北市：究竟，2020.10
416面；14.8×20.8公分 --（歷史：73）
譯自：哲学と宗教全史
ISBN 978-986-137-303-4（平裝）
1. 哲學史 2.宗教史
109 109011723

Eurasian Publishing Group
圓神出版事業機構
用心與你對話・視野無限寬廣
究竟出版社
Athena Press

www.booklife.com.tw reader@mail.eurasian.com.tw

歷史 073

哲學與宗教全史：人類三千年的思考之旅

作　　者／出口治明
譯　　者／黃詩婷
發 行 人／簡志忠
出 版 者／究竟出版社股份有限公司
地　　址／台北市南京東路四段50號6樓之1
電　　話／（02）2579-6600・2579-8800・2570-3939
傳　　真／（02）2579-0338・2577-3220・2570-3636
總 編 輯／陳秋月
副總編輯／賴良珠
責任編輯／林雅萩
校　　對／林雅萩・蔡緯蓉
美術編輯／金益健
行銷企畫／陳禹伶・詹怡慧
印務統籌／劉鳳剛・高榮祥
監　　印／高榮祥
排　　版／莊寶鈴
經 銷 商／叩應股份有限公司
郵撥帳號／18707239
法律顧問／圓神出版事業機構法律顧問　蕭雄淋律師
印　　刷／祥峰印刷廠
2020年10月　初版
2023年11月　4刷

定價430元　ISBN 978-986-137-303-4